中國古代
文化經濟史

張永昇　編著

三民書局

二版說明

　　本書從中國史的角度出發，探討在朝代更迭的歷史長河中，文化與經濟的趨勢、內涵如何變化；並納入臺灣文化和經濟的發展過程，包含史前時代、原住民生活背景、外來勢力在臺統治、漢文化移入，以及戰後等時期，除了釐清臺灣與中國之間的歷史關連與差異，也探討臺灣文化轉變與經濟變遷背後的驅動力，幫助讀者理解臺灣在亞洲乃至世界上所扮演的角色。

　　本次改版，除延續初版編寫時之要點，亦將一般讀者的閱讀體驗納入考量，在版面設計、內容調整上，希冀能提供讀者更舒適的閱讀體驗。

編輯部謹識

編寫要旨

一、 本書之編寫，意在提供大專院校非歷史系學生的通識教育課程「中國經濟發展史」、「中國歷史與文化」、「臺灣經濟與文化史」教學之用；對前述主題有興趣的一般讀者亦可用作自學、補助參考之讀本。

二、 本書論述觀點以中國文化與經濟發展為主體，兼及臺灣文化與經濟發展史，內容淺顯易懂，適合自修或一學期課程運用。

三、 本書附錄有「中國歷史文化經濟年表」、「臺灣歷史文化經濟年表」、「參考書目」，足供讀者參閱及做進一步研究之用。

四、 本書是筆者在「歷史與文化」、「本國經濟史」的課程講稿基礎上經補充改寫而成，書中還吸取了中國大陸、臺灣、日本及國外學者的某些研究成果，編纂而成。因非學術性著作，且限於篇幅，故正文中不一一註名出處，其中「文化史」部分是取自王仲孚、秦照芬、陳文豪、陳惜珍、陳淑芬、李貴豐等前輩的相關論著；「經濟發展史」部分是取自陳寅恪、唐長孺、李劍農、侯家駒、李錦綉、田昌五、杜瑜、鄭學檬、趙岡、陳鍾毅、趙靖、漆俠、童書業、傅筑夫、曹貫一、加藤繁等學者的著作；「臺灣文化與經濟發展史」的材料主要參考張勝彥、許雪姬、吳文星、戴寶村、薛化元、陳鴻圖、溫振華、李筱峰、林呈蓉、吳密察、若林正丈等學者的相關論著，是重要的參考書籍，於書後參考書目中列明，以示敬意。

五、 關於本書體例部分，採中國紀元，附上西元紀元。

六、 教書是學習，寫作也是學習，未盡之處，尚祈專家、讀者多賜指正，以便進一步提高修改。

中國古代文化經濟史

目次

二版說明

編寫要旨

第一章　緒　論　　　　　　　　　　　　　　　　1

　　第一節　「文化」與「文明」之涵義　　　　　1

　　第二節　文明與經濟發展　　　　　　　　　　6

第二章　遠古到秦漢之文化與經濟　　　　　　25

　　第一節　遠古到秦漢時期文化之演進　　　　25

　　第二節　先秦時期經濟之發展　　　　　　　41

　　第三節　秦漢時期經濟之發展　　　　　　　61

第三章　魏晉到隋唐之文化與經濟　　　　　101

　　第一節　魏晉隋唐時代文化之發展　　　　101

　　第二節　魏晉南北朝時代經濟之變化　　　111

　　第三節　隋唐五代經濟之發展　　　　　　136

第四章　宋元明清時期之文化與經濟　　　　167

　　第一節　宋元明清時期文化的成就　　　　167

　　第二節　兩宋時期經濟之發展　　　　　　181

　　第三節　元代經濟之發展　　　　　　　　209

第四節　明清經濟之發展 222

第五章　臺灣史前到戰後之文化與經濟 253

第一節　史前、原住民文化與經濟 254

第二節　荷鄭時期的臺灣經營 258

第三節　清領時期臺灣之經營 264

第四節　日治時期臺灣文化與經濟之發展 277

第五節　戰後臺灣多元文化之發展 288

參考書目 293

附錄一：中國歷史文化經濟年表 298

附錄二：臺灣歷史文化經濟年表 310

第一章
緒　論

第一節　「文化」與「文明」之涵義

綜觀人類的歷史是一部文明史，延伸了好幾代的文明，從古老的蘇美文明到埃及、古希臘、羅馬、中美洲到基督教及回教文明；並經歷好幾代中國和印度文明，文明提供了人類最廣義的認同。因此何謂「文化」(culture)？何謂「文明」(civilization)？若就二者之涵義言，其涵義雖接近，但並非完全一致，終未能形成一種廣泛的共識。

先就「文化」(culture) 一詞言，其字源自拉丁文 Cultura，原義是指耕種和植物培育，含有培育、修理、生產、祭祀等意義。後經羅馬哲學家西塞羅 (Cicero) 將之引申用於道德和理智的修養上解釋，此核心意義恰與中國「文治教化」、「人文化成」之意不謀而合。

近代人類文化社會學之父泰勒 (E. B. Tylor) 在其《原始文化》(*Primitive Culture*) 一書中說道：「文化是一個複合體，包括知識、信仰、藝術、道德、法律、風俗和一切創造人類社會成員的能力與習慣」；其後又補充說明：「文化是人類由生活經驗所獲得的智慧，使他們與其他動物有分別」。英國社會史學家湯瑪斯 (Thomas) 則強調說：「文化是任何一群

人之物質社會的價值，無論野蠻人或文明人都有文化」。誠如近代文化史
大師黃文山先生所說的「文化是人類為生存的需求，在交互作用中，根
據某種物質環境，由動作、思想和創造產生出來的偉大叢體或體系」。當
代美國人類學家克魯伯 (A. L. Kroeber) 和克羅孔 (Clyde Kluckhohn) 在
其合著 《文化 ： 關於概念和定義之批評性檢討》 (*Culture: A Critical
Review of Concepts and Definitions*) 一書中也明言：「若將一般的文化看作
一個敘述概念時，意即人類創造所累積起來之寶藏；書籍、繪畫、建築
等。除此之外，還有我們適應人事和自然環境的知識、語言、風俗，成
套的禮儀、倫理、宗教和道德，都在文化的範圍之內。……所謂文化乃
歷史裡為生活而創造出來的一切設計。這一切設計，有些是顯明的，有
些是隱含的。有些是合理的，有些是反理的，也有些是非理的。這些設
計中在任何時候均是人類行為之潛在指導」。由上可知，這些學者對於文
化的定義形形色色，而文化的定義大致可分為廣義和狹義兩類。

　　廣義言，文化亦就是「人化自然」，人類有意識地作用於自然界和人
類社會的一切活動及其成果。人類把人的智慧、創造性、感情開發於自
然，使自然成為被人所理解、溝通和利用的對象，是人類改造自然和社
會而逐步實現自身價值觀念的過程。因此，文化是人類生活的總和，它
包括精神生活、物質生活和社會生活等極其廣泛的方面。狹義來說，文
化就是人的全部精神創造活動，是意識、觀念、心態和習俗的總和。文
化雖有廣、狹二義，但二者又互為表裡，如在探討觀念文化和心態文化
問題的時候，不能忽略了物質文化、制度文化、行為文化對觀念和心態
文化的制約與影響。

　　文化一旦構成，便有其獨立的系統、形態和結構，便可據此將文化
做出各式不同的分類，以掌握不同的文化特徵。就文化不同功能言，可
劃為飲食、禮儀、服飾、企業、校園等文化；就不同形態分，可分為精

神、物質、制度、行為等文化；以不同的環境和地域論，可分為東方、西方、中國、日本、英國、美國、大陸、海洋、次大陸等文化；亦可從文化的歷史演變的角度分，將其分為遠古、中古、近古、近現代、後現代文化等。文化雖有特殊性和區域性，但亦具有普遍性和共性。人類在不同時期所創造出的文學藝術珍品，農業生產技術的發明，風俗習慣、道德規範、生活方式與情趣等，在在地反映了文化的人類共同性，為人類共同的生活體驗和財富，為全人類所擁有和繼承。文化是人類共同性的特徵，在從事文化研究時就要注意到它的整體結構和共同性的特徵，了解不同文化之間的相互重疊性和溝通性。

　　在論述文化的涵義時，有必要區別一下文化與文明的概念。文化與文明是兩個既有聯繫又有區別的概念，在文化研究中有必要加以區分，並分別把握其內涵。

　　至於「文明」這一詞的定義，在中國古代的詞類中，與「文化」的涵義非常接近，容易混淆。《尚書》中有「睿哲文明」的記載，意為「文德照耀」；《周易‧賁卦》記載：「文明以止，人文也」，其意是說大自然的規律狀態，陰陽、晴晦、剛柔、正反、強弱、生滅雖諸般交錯，但始終有其紋理（紋路理絡）而不亂，循其紋理，則可達至中和，反映在人事上（即人類在歷史的活動），便是文明，隱含在人文之範圍內。易言之，「文明」之涵義可歸納於人類整體歷史活動的大範圍，亦即是文化之發展與活動之狀態，文明便是人類整體文化發展階段之呈現。如前英國社會史學家湯瑪斯就強調說：「文化是任何一群人之物質社會的價值，無論野蠻人或文明人都有文化」。由此可知，各不同地區，不同人民本身所發展出來的文化，並沒有優劣之分，在各自發展或互相接觸後比較時，則有強弱之別，此即文明之呈現。換句話說，文明是文化更具體而漸往高度發展的呈現，不同民族往往習慣於本身的文化屬性而不願意或認為

沒有需要提升其程度，常表現出對外來高度文明的排斥。如中國自清中葉以後，一切的文化活動都在原地踏步；反觀西方各國自大航海時代、工業革命以後，爭相發展工業，帶動商業發展，文化越往高處提升，其文明越來越進步，最終成為主導世界大局的力量。亦就是說「需要」是文化、文明進步之母。

　　文化有所謂「強勢文化」和「弱勢文化」。「強勢文化」亦指能力較強、效率較高，從而包含文明價值較多的文化系統。反之，「弱勢文化」則是指能力較弱、效率較低，從而包含文明價值較少的文化系統。文化的差異原就因時代、地域和民族的不同，但隨著科技的進步、交通的改善、資訊的加強，不同民族、地域之間以經濟交往、文化交流、政治對話、軍事征服等各種方式，漸漸打破了固有的文化疆界。然而，在世界一體化（也就是時、空一體化）的過程中，不同文化系統之間彼此影響和相互滲透並不是自願的。在這一過程中，「強勢文化」常常居於主導和支配的地位。這種影響和滲透自然有其好的一面，它使得居於劣勢地位的「弱勢文化」不得不改變其固有的文化，以提高其文明含量。但是，這種影響和滲透也有其壞的一面，它使得不同民族和地域之間的文化差別越來越小，文化面貌日漸趨同。總之，在這種全球化的歷史進程中，也正是人類文明不斷減少其外在的文化差異的過程。

　　儘管人類的文明需求在本質上是一致的，但由於不同地域、不同民族的人類群體生存的自然環境和社會條件不同，因而滿足其文明需求的文化方式也就不盡相同。以中國人的飲食為例，有所謂「東酸西辣南甜北鹹」的飲食習慣，這些習慣的形成或受制於不同地域的物產條件，或歸因於人體在不同氣候環境下的生理需求，是有其道理存在的。再就筷子和刀叉作為一種文化要素分析，它們的功能是將烹飪好了的食物往人們的嘴裏送，從而改變人類用手抓飯吃的不良習慣。但是，筷子和刀叉

只有分別在中餐和西餐之不同的飲食結構中，才可能體現其文明的價值，否則，無論是用筷子吃牛排，還是用刀叉吃飯，都只能成為一種笑談。

在不同的文化結構中，有些要素雖然具有鮮明的民族或地域特徵，但其內在的功能卻有相似之處。誠如佛教信奉釋迦牟尼，基督教信奉耶穌基督，伊斯蘭教信奉穆罕默德，它們之間雖相互排斥，有時甚至勢如水火，但從文明的角度上看，它們又都有滿足人們終極關懷的相似的文化功能。在這種情況下，如果人們只看到外在的文化形式的差異性，而看不到內在的文明價值的一致性，就可能導致盲目的文化衝突，甚至把這種文化的衝突誤認為是文明的衝突。

錢穆在《中國文化史導論》的「弁言」中指出：「大體文明文化皆指人類群體生活言。文明偏在外，屬物質方面，文化偏在內，屬精神方面。故文明可以向外傳播與接收，文化則必須由群體內部精神積累而產生」。文化的範圍較寬，文化與人類社會幾乎是同時產生的，有了人類的活動，文化自然隨之開始。而文明則是人類歷史發展到一定時期，文化發展到一定階段後才產生。人類社會從遠古時代歷經蒙昧、野蠻和文明三個不同時期，「文明」是對「野蠻」的否定，是作為「野蠻」的對立概念而出現的。文明又通常同人類物質、智慧和品德的進步相關聯，是人類社會進步的標誌。

現今西方學者都將「文明」視為以科學技術發展為標誌的物質文明，而把「文化」視同包括宗教信仰、價值觀念、風俗習慣、社會心態等內容為主的精神文明。陳啟雲先生則指出：「文明一詞，指在特定時空存在的歷史文化整體，如古代中華文明、漢代文明等；文化則指此文明中具體而微、可以分別討論的成分，如漢代物質文化、語文、文學、藝術、體制、宗教、思想等」。

綜合以上所述，文化與文明是兩個相近但又不同的概念：文化與自

然相對，文明與野蠻相對；文化更多地體現著人類的共同性，文明則更多地體現著歷時性；文化指向永久，文明則強調狀態。文明的政體可以因政治、社會的變遷而崩潰，文化的因子則會繼續留存、積存而成為文化傳統。此時，文化與文明兩者之間又存在著密切的關係，文化創造了文明，文化是母體，文明是子體；文明又推動並發展了文化，二者相互依賴和互動，共同推動著人類社會的進步和發展。亦就是一個社會文明昌盛時，都是文化比較發達的時候；反之，若野蠻盛行，文明蒙難，必然會出現文化上的危機。

第二節　文明與經濟發展

經濟發展 (Economic development) 是一涵義廣泛的專有名詞，以中國經濟發展為研究對象的學科，既是歷史學，也是中國歷史體系內的一門經濟學，是具有經濟學與歷史學雙重特點的學科。促使每一個時代經濟發展進步或衰退的因素，包括人口的增減，新耕地的開發與利用，市場的擴大與縮小，技術的改良與變革，河運、交通、灌溉與制度、習俗、生活方式的演變等等。

在中國歷代史書中，尤其是歷代紀傳體史書，都十分地重視經濟的發展和演變，司馬遷《史記》中的〈平準書〉（記述了漢代建立至武帝以前的財政演變）和〈貨殖列傳〉（記述了春秋戰國以來商品生產和商品流通的發展、工商業者的活動和各個經濟區域的特點，以及其相互的聯繫等等）為其濫觴，至班固《漢書》中的〈食貨志〉以「食」和「貨」來分別代表社會的生產和流通，是研究中國經濟史最基本的材料。另外，政書中貫通古今的《十通》（三《通典》、三《通志》、四《文獻通考》）記述了歷代政治、經濟、文化、軍事等典章制度的演變，尤以四《文獻

通考》內容最為豐富，四《文獻通考》的〈食貨門〉匯集了大量的經濟
史文獻，比較完整地記述了自上古至清末，有關典章制度的沿革和財政
經濟方面的重大事件，它們構成了中國傳統經濟史學中又一首尾相續的
重要系列。

在 1930 年代，陶希聖主編的《食貨》半月刊，則是當代中國經濟史
研究中頗有影響力的一個刊物。《食貨》絕大部分文章是與社會經濟型態
或經濟發展有關的；另外，也有少量文章涉及社會生活領域的，如飲食、
婚姻、宗教信仰、婦女、以至城市中的夜生活等。把經濟與社會聯繫起
來研究，是十分正確和必要的。因為經濟活動的主體是人，而人是組織
為社會的，經濟活動只是社會活動的一部分。在西方，法國年鑑學派就
是因 1929 年創辦的《經濟與社會史年鑑》把經濟與社會的歷史聯繫在一
起研究而得名的。

對中國古代經濟發展的學習與把握應當立足於整個中國古代社會，
立足於它所存在的經濟環境，用綜合的、發展的觀點去分析、去研究，
構築整體的經濟史觀，把握中國古代經濟發展的脈絡與特性。為達到這
一目的，首先要對中國古代經濟發展中的若干重大問題有一個初步的了
解，比如經濟發展過程中的經濟結構問題、經濟技術發展的問題、經濟
制度與經濟政策問題、經濟區劃問題、傳統經濟的歸宿問題等等，都應
當有所思考，有所認識。

經濟結構主要包括農業、手工業與商業，在此基礎上，還應當著眼
於立足於其上的城市經濟與鄉村經濟的關係，進而探求其成因與影響，
這是研究中國古代經濟發展脈動的重要一環。

中國古代農業經濟結構的特點，亦即以土地經營為核心的綜合型經
濟。如戰國時代男「種穀必雜五種」，女「修蠶織」，反映當時以家庭為
單位的特色。這一方面固然是由於自然條件與生產對象在一定程度上為

農民提供了這種可能性，如蠶織、麻織均可在家完成，但更重要的一方面則是由於農民生產率較低，生產所得除繳租納賦外，所剩無幾。因此，絕大多數的農村人口中都投入土地經營。這就使得歷史上的農村社會分工薄弱，專業手工業者十分少見。農民進行著小土地經營，除向官府或地主完賦納稅外，在生產經營上有較大的自主權。

現在，我們可以回頭看一下，形成中國古代經濟結構的原因是什麼？就是三次社會大分工的問題。中國歷史上雖然也出現了農業與畜牧業的分工、農業與手工業的分工，以及農業與商業的分工，但中國歷史上的這三次大分工都是相對的、不徹底的，這是造就混合型、多元型經濟結構的直接原因。那麼，中國社會為什麼沒能實現真正意義上的社會大分工，原因又有二：一是由於中國獨特的自然環境所造就的經濟特性，一是由於中國文明起源所造就的社會環境對經濟發展的影響。

中國文明的起源一直眾說紛紜，把握中國文明起源的關鍵在於傳說中的洪水時代。在八千年前開始的堯舜禹時代，戰爭與洪水是兩大主題，最終堯舜禹將共工與三苗驅逐到西北與西南地區，大禹治水也取得了完全的成功。戰爭與洪水最重要的成就是，部落聯盟的強化，以及國家政權的萌生，國家的出現是國家機器的建立，以及國家按地域而不是再按氏族血緣關係劃分與管理其國民。但中國文明的產生似乎並非如此，八千年前左右的戰爭與洪水使東方地區的部落結構迅速強化，以部落或部落聯盟為單位的激烈的戰爭與嚴峻的防洪形勢，使其內部萌生了國家機器的雛型，家族不僅未瓦解，而且漸漸成為相對獨立的社會單元，形成了星羅棋佈的以宗法血緣關係為紐帶的父系家長制的城邦國家，其雛型應當產生於六、七千年前。目前，在黃河與長江流域已經陸續發現了五千年前的用夯土城牆或石頭築成的城邑遺址，它們大者可有一百萬平方公尺，小者只有數千平方公尺。在其周圍，都分佈著大大小小的聚落，

已出現了與後世相似的都、邑、村三級行政結構體系，這也就是古文獻中所說的「萬國時代」。至四千年前，統一的夏王朝方告誕生。

中國文明的形成途徑給中國古代社會的發展帶來了三點重要影響：第一，國家運作先於經濟發展與社會大分工而出現，社會組織的過早形成，制約和限制了三次社會大分工的進程；第二，自國家出現後，政治活動、政治組織與政治目的一直是中國古代社會先導性的內容，這在城市的發展、國家經濟政策與其他社會政策的制定中都可以得到明顯的印證；第三，國家自產生之日起就與宗法血緣關係交織在一起，因此，按地域而不是按血緣關係劃分國民一直沒有真正地實現。以上三者都對中國古代經濟結構的形成與發展帶來了不可磨滅的影響。

經濟技術是經濟發展的動力，在中國古代社會，它主要由農業生產技術與手工業生產技術兩大部分組成。放到整個中國古代社會這一大環境中去考察，我們會發現，中國古代的農業生產技術與手工業生產技術，無論從其先進性而言，還是從其技術體系而言，為中國古代經濟的輝煌與中國古代社會的繁榮奠定了堅實的基礎，它們在長期的發展中形成了獨具特色的發展道路。

就農業生產技術而言，其基本組成包括農業耕作技術、水利灌溉技術與農產品加工技術，其中農業耕作技術更是後二者的基礎。中國古代農業耕作技術的最突出特色便是精耕細作，西周春秋時代，中國農民的生活經營尚含有一定的粗放性質，但自戰國秦漢以降，精耕細作日漸占據主導地位。農業生產由輪荒制過渡為連作制、二熟制甚至多熟制。生產過程包括播前整地、播種、中耕、收割以及水利灌溉、施肥等，勞動力投入十分密集。以中耕為例，南北朝時代即已要求「苗出壟則深鋤，鋤不厭數，周而復始，勿以無草而暫停」。

精耕細作的實施是由特定的自然條件所決定的，中國土壤與氣候的

特性以及頻頻發生的水旱災害，使大面積的粗放經營難以建立。「廣種未必多收」已久為古人熟誦。西晉傅玄即明確指出：「農夫務多種，徒喪功而無收」。只有小面積的精耕細作才能比較有效地減輕不利的自然條件影響。如北方農民的中耕過程，只要做到「勞欲再」，「不憚功力」，就可達到「旱亦保澤」的效果。農諺所云「鋤頭底下三分澤」，也正是以精耕細作消弭旱災的經驗。精耕細作的其他方面，諸如施肥、水利灌溉等項對不利自然條件的緩解作用就更明顯了。因此，歷史上中國農業產量的多寡不取決於播種面積的多少，而是取決於精耕細作的水準。北魏著名農學家賈思勰就曾告誡道：「凡人家營田，須量己力，寧可少好，不可多惡」。歷史上中國農業勞動力的耕種面積，也一直在二十至三十畝左右徘徊，近代以來更是急落直下，這正適應了中國地少人多的自然制約。中國歷史上人口與土地的問題，要求農民的生產經營必須以增加單位面積的勞動投入等措施，而不是以擴大耕地面積的方式來提高農業收穫量，但這也必然造成中國農民勞動生產率的低下。

　　這種精耕細作在一定歷史時期內，會使農業生產技術與農業產量達到一定的水準，與整個農業經濟的繁榮，但是，這種精細化農業的發展道路，又壓縮生產工具與生產技術的進步空間，難以出現新的突破與變革。與技術發展相應，精耕細作還直接制約著中國古代農業的轉化。精耕細作所帶來的農民勞動生產率的低下，加之朝廷、官吏、商人等層層的剝削，使歷史上的中國農民除完賦納租外，已無多餘的產品進行交換。不僅租種地主土地的佃農們「終歲勤勉，所得糧食除完交田主租息外，餘存無幾，僅堪糊口」，就是那些自耕農民能做到收支相抵也很難得了。遇有水旱災或「賦斂不時」，仍要「賣田宅、鬻子孫以償債」。因此，歷史上中國農民的自給自足經營，始終未能完成向商品經濟的轉化。這直接延緩了中國古代農業的轉化，也決定了歷史上的中國農業，長久以來

本身無力進行大規模的技術改造，更不可能出現歐洲歷史上曾經出現過的以農業積累促進工業化進程的現象。中國農業的進步與改造有待於工業化的發展。

　　就手工業技術而言，其最大的特點是實用技術的發達與成熟，不論是我們率先發明的技術還是後天引進的技術，都能在很短的週期內臻於成熟。這種技術的實用性實際上可以作為對中國古代所有技術門類的表徵。有些自然科學史著作將中國古代標誌性的科學技術簡稱為四門（領先）科學、三大（技術）門類、四大發明。四門科學為天文、數學、農學、醫學；三大門類為紡織、陶瓷、建築；四大發明為造紙、火藥、活字印刷與指南針。就中國古代對人類文明進步的貢獻而言，這一歸納是比較準確的。若將它們與西方科學技術的發展相比，不難發現，無論是科學還是技術，都具有很強的實用性色彩。以四門領先科學而言，中國古代有豐富的農學著作與一個又一個知名的農學家，無論是《氾勝之書》還是王禎《農書》，都是農業技術方法的匯集。同樣，天文、數學與醫學也是如此，數學是偏向曆法編制與現實生活所需的計算數學，沒有形成完整的數理邏輯系統。三大技術門類與四大發明也都沒有相應的理論依託與技術體系支撐，實際上多是單項技術與發明的集合。因此，在中國的明清時代，當西方世界近代科學技術如雨後春筍般蔚然興起時，中國的科學巨匠們也在進行著不懈的努力，出現了四大科學名著，即《本草綱目》、《農政全書》、《天工開物》與《徐霞客遊記》。但遺憾的是，《本草綱目》、《農政全書》與《天工開物》都是集以往技術之大成，裡面並沒有能探討傳統技術與科學發生突變的因素；《徐霞客遊記》首先是記遊作品，其次才是一部地理學著作，自然也不會有近代地理科學體系的萌生。

　　中國古代的經濟制度與經濟政策包括土地賦役制度與工商政策兩個組成部分，儘管兩千多年以來朝代更迭，經濟起伏，而且還經歷了若干

次的民族遷徙與融合，但兩大經濟政策的主線一直沒有間斷，一直沿著中國古代社會固有的道路行進，其中的波折與起伏都未能改變其方向。

中國古代的土地賦役政策可以劃分為三個階段：第一階段是自夏商西周至井田制瓦解，其特點是稅人與稅地的合一，井田制及建立在其上的賦役徵收方式是典型代表；第二階段是自戰國授田制到中唐均田制的瓦解，其特點是以人戶為稅基的賦稅占主導地位；第三階段是自兩稅法到清朝的「攤丁入畝」，其特點是以土地為稅基的賦稅逐步占據主導地位。這三個階段的歷史演進與宗族土地所有制、土地國有制、土地私有制三種土地形態的轉變關係密切。我們必須由此著手分析，才能把握中國古代土地與賦役制度變遷的內在關係。

西周時代，宗族土地所有制是基本的土地所有制形態，其政治基礎是大大小小的宗族與宗族集團，其形式是自天子以下向諸侯、卿、大夫、士的層層分封，其賦役方式則是以井田為單位的「徹」與「藉」。「徹」與「藉」都是以井田為單位進行的，徹法行之於統治宗族，即國人，九夫為井，每夫擁有百畝之田，所產歸己，另外共耕百畝之田，所產上交宗主，是一種「九一而助」的勞役賦稅，這是什一之稅；藉法行之於被統治宗族，亦即野人，野人十夫共井，以十家為共耕單位，共同耕種千畝公田，另外，每夫還有自己的百畝份地，其產量為 50%。

這一經濟制度有三點特性，第一，它是一種層次利益歸屬，雖然對於周天子來說，「溥天之下，莫非王土；率土之濱，莫非王臣」，但周天子所擁有的與其說是土地的所有權，不如說是領土的主權。土地所有權被大小宗主分層擁有，「藉」與「徹」的收益當然也歸入他們名下，周天子只能從各諸侯國君那兒得到一定的「貢獻」。第二，無論是國人還是野人，對所耕種的土地都不擁有完整的所有權。國人有有限的所有權和使用權，「徹」的性質是稅；野人只有有限的使用權，「藉」的性質是租稅

合一。不論國人還是野人，其輪作、休耕與定期換土易居都在宗族主的統一調配下進行。第三，基於以上兩點，賦稅稅基既不是單純的人丁，也不是土地本身，而是稅人與稅地的合一。

　　春秋戰國是中國古代社會的劇變時代，表現在土地關係上則是宗族土地所有制向土地國有制的轉換。春秋時代，出於列國相爭、富國強兵的需要，各國紛紛進行經濟變革，其方向無一例外都是強化國家機器，加強國家政權對經濟權益的支配力量。無論是「初稅畝」，還是「作爰田」、「作丘甲」，實際上都是劃一稅制、逐步消弭國野區限，將宗族主對土地的所有權與收益權轉換到國家手中。至戰國時代，伴隨著郡縣鄉里制度的建立，國家也取得了境內土地的所有權，在此基礎上，實行了面向全體國家編戶齊民的「授田制」。對於戰國授田制，應當從以下幾方面來認識：第一，戰國授田制是一種特定形態下的土地國有制，它具有宗族土地所有制轉向土地私有制的作用，國家政權將從宗族主那兒收回的土地所有權，實際上又轉向了它的齊民，授田制下，以什一之稅為主，這種稅率的降低與劃一，告訴我們農民受田的私有化趨勢，至秦王朝時代的「令黔首自實田」，則標誌著這一過程的完成；第二，正由於授田制只是地權關係的轉換，所以，它並不是整齊劃一地按統一的標準向編戶齊民授予土地，對於自春秋以來業已形成的土地私有並未觸動；第三，授田制的真正意義是通過授田與賦役徵發這種直接的經濟利益關係，實現對編戶齊民的直接管理與控制，這一點與同時建立的鄉里制度是相輔相成的；第四，授田制下的賦稅徵收是「頃畝而稅」，如《雲夢秦簡·田律》云：「入頃芻稿，無墾不墾，頃入芻三石、稿二石」。也就是說，不管一位農夫墾種的土地是否達到授田數一頃，都要以頃為單位交納田賦，這種田賦實際上是以人丁為稅基，是稅人而非稅地。

　　授田制奠定了中國古代賦役制度第二階段的基礎，自兩漢到中唐以

前的賦役制度，兩漢的田稅也好，曹魏的屯田戶調也好，兩晉南朝的占田戶調式也好，北朝隋唐的均田制也好，都是在這一基礎之上做變化。對這一階段的賦役制度，我們應當把握這樣幾點問題：

第一，這一階段仍處於中國古代社會的私有化時期，其特性是私有地權不斷被肯定，王有色彩的不斷減弱。兩漢時代，私人土地所有制得以鞏固與發展，但這一時期，土地國有化的色彩還比較濃厚，國家不僅擁有山林川澤、未開墾土地、無主荒地以及它直接管理和經營的土地的所有權與使用權，而且還擁有全國土地的終極所有權。換言之，也就是說，這一時期的私有地權還只是一個不完整的法權，因此，才會有漢武帝時對商人土地的直接剝奪，才會有西漢後期層出不窮的「限田」動議，也才會有王莽新政中的土地「王有」政策。

曹魏屯田制是特定歷史條件下的短暫存在，此後，無論是兩晉南朝的占田制、戶調制，還是北朝隋唐的均田制，實際上都是加速土地私有化的轉變。均田制的實質不是剝奪原有的私有土地，而是不斷地將國有土地轉化為私人占有的土地。從這個意義上看，與其說均田制是受北方游牧民族原始公有制的影響，不如說它是戰國授田制的餘緒或翻版更恰當。

第二，自兩漢以來，無論是漢代的三十稅一，還是均田制與占田制，其實質都是「頃畝而稅」，也就是以丁口為稅基的稅人，所以，直至開元天寶之前，李嶠仍言「國計軍防，並仰丁口」。這是土地私有者不具有完整地權的體現。至兩稅法頒行，經一條鞭法迄攤丁入畝，中國古代的稅賦體系由稅人轉為稅地，這實際上也標誌著土地私有化的最終完成，標誌著國家對土地私有的完全的法權認可。

第三，在稅人的賦稅體系下，土地私有權是不完整的，但也正是這樣的歷史條件，為土地私有提供了充分的發展空間，因為土地的占有量與賦稅徵收沒有必然聯繫；兩稅法以後「稅地」的賦稅體系，雖然給予

土地私有權完全的法權認可，但以土地的實際占有征納稅賦，卻又為土地私有制的發展，特別是大土地所有制的發展帶來了一些制約影響。

自中唐兩稅法起，中國賦稅制度進入了第三個階段，這一階段有兩個突出的特點：一是自兩稅法到攤丁入畝，完成了以土地為稅基的賦稅體系的構建；二是在這一階段，間接稅如工商稅收在國家財賦收入中的地位迅速提升，「國計軍防，並仰丁口」的局面被打破後，取而代之的不是「並仰地畝」，而是直接稅與間接稅的並重。

在宏觀把握中國古代土地與賦稅制度的變遷時，除上述問題外，我們還應對大土地所有制有一個客觀的認識。

長期以來，史學界對於中國古代的土地問題似乎有一個看法，即在注意土地私有化趨勢的同時，特別注重地權的集中，過高地估計了土地兼併與農民失去土地的程度，在研究中多是使用史家或當時的政論家們所感嘆的「富者田連阡陌，貧者無立錐之地」之類的議論來立論。這種立論容易掩蓋中國古代土地關係的實際情況。誠然，在土地私有化的狀態下，土地兼併一刻也不會停止，但在兼併的同時，地權的不斷轉移與分散，這是中國古代土地關係的特色所在。

為什麼自漢代以來，經歷了兩千年的土地兼併，中國社會的地權關係仍然如此?其原因當然與中國古代特有的地權轉移與分散化趨勢有關。那麼，中國古代地權轉移與分散化的根源又在哪兒呢？我認為有三點原因：第一，大土地所有者的多元化與非身分化。中國古代的大土地所有者主要由官僚、商人、鄉村地主三部分人構成，其中也不乏三位一體或二位一體者。第二，中國古代的土地私有化起步早，進展快。自漢代以來，土地買賣便較為發達，以後的歷史時期雖有起伏，但大致上還是土地私有的日益發展與土地買賣的頻繁。宋人所言「貧富無定勢，田宅無定主」、「古田千年八百主，如今一年一換家」等語道出了土地買賣對地

權轉移的影響。第三，中國古代的家產繼承制度是諸子的平均繼承。西漢時有兄弟三人分家，不但「田業生貲，平均如一」，就連堂前的紫荊樹也要「破為三，人各一份」。《唐律》則明文規定：「諸應分田宅及財物，兄弟均分……兄弟亡者，子承其分，兄弟俱亡，則諸子均分，其未娶妻者，別與聘財」。可謂均而又均，在諸子平均繼承制下，土地一再在繼承中被分割，雖然有土地兼併的一次次聚合，但還是無法抗拒諸子均分的化整為零，正如北宋袁采所言：「多兄弟都分後浸微」。對於大土地所有者來說，有多少家庭不是多兄弟者呢？

　　土地與賦稅制度已述於上，現在我們來看工商政策，中國古代的工商政策有三條基本原則，即抑商、官辦與壟斷。

　　抑商可以說是秦漢以來歷代王朝一以貫之的工商政策，其前提是由於中國古代社會的統治基礎是鄉村農民以及他們的農業生產，所謂「國計軍防，並仰丁口」，仰仗的完全是鄉村農民。而中國古代社會商業的發達與繁榮，形成了對鄉村農民的衝擊，他們一方面通過商品交換與高利貸壓榨農民，另一方面則將大量的金錢投入土地，兼併農人，更重要的是商業活動豐厚的利益回報，吸引著相當一部分農民「舍本趨末」，削弱了王朝的統治基礎。在這種情況下，各個王朝無一例外地都實行了「重農抑商」政策。重農無非是輕徭薄賦，或給予一定的法律地位，但難以真正兌現，因此，它往往只作為抑商的目的出現。抑商主要是通過貶抑商人的法律地位，以及稅收政策、強力剝奪等方式，削弱商人的力量。比如，西漢王朝建立後即規定商人不許乘車騎馬，不許為官，不許著絲絹服裝；秦漢時代的「七科謫」，有四類與商人有關，即賈人、嘗有市籍者、大父母、父母嘗有市籍者。這四類人要與罪犯、贅婿、閭左等被征調戍邊。至明洪武十四年（1381 年）仍下令：「農民之家許穿紬紗絹布，商賈之家，止穿絹布。如農民家但有一人為商賈，亦不許穿紬紗」。

　　當然，中唐以來，隨著間接稅在國家財賦體系中地位的提高，王朝的抑商措施也有所變動，後來清朝更有「恤商」與「利商」之說。但從總體上講，抑商一直是整個中國古代社會工商政策的一條主線。

　　抑商政策並不能改變中國古代的商業發展，因此，西漢晁錯即言：「今法律賤商人，商人已富貴矣；尊農夫，農夫已貧賤矣」。抑則抑矣，商業仍處在不斷的發展之中。不過，抑商政策對商業資本的流向還是發生了重要影響。

　　官辦政策存在於工商業的各個方面，歷代王朝都有龐大的官手工業體系，也都從事著官營商業，尤其是官手工業，不僅供給著整個王朝的基本需求，而且還控制著關係國計民生的幾乎所有重要的手工行業。如唐王朝管理官手工業的部門就有少府監、軍器監、諸鑄錢監、將作大匠、甄官令等。少府監即有工匠一萬九千多人，將作監有一萬五千多人，除京城與宮中設有多處大型手工業作坊外，各地也設有各種官手工業機構，主要有采礦、冶金、鑄造、軍器製造，以及從事各種手工業製造的「作院」等等。維持官手工業運轉的不是正常經營與交換，而是帶有強制性的「任土作貢」與「匠籍」制度，分別保障著其原料供應與勞動力投入。在這種情況下，私營手工業與個體手工業者的發展空間大受影響。

　　壟斷政策的集中體現是自秦漢以來的禁榷制度。自秦漢至明清，除某些短暫的特定時期外，歷代王朝對於商業利潤豐厚的行業都實行壟斷政策，鹽、鐵、酒、茶便是主要對象。中國古代的工商壟斷政策可以劉晏的榷鹽法為界，劃為前後兩個時期：前期的壟斷以官辦為主，後期的壟斷則是官與商的結合、以特許商人的商運商銷為主。正因為此，後期的壟斷深度與廣度都大為拓展，壟斷收益在王朝財賦收入中占有重要地位，有時，甚至可以占到二分之一。這種官商結合的後期壟斷對於傳統經濟的轉型，以及資本主義萌芽的成長有著十分強烈的負面影響，是阻

礙近代歷史進程的主要障礙之一。

　　中國古代的經濟區域，首先是在農業生產與農業經濟的基礎上形成的。就已知的考古發現看，中國古代最早的經濟區域是黃河中下游經濟區與長江下游經濟區，前者以磁山文化、裴李崗文化、後李文化、北辛文化為代表，後者以河姆渡文化為代表；前者是以粟為主的旱作農業，後者是以稻為主的水田農業，時代均在新石器中期，也就是距今七八千年以前。在新石器時代晚期，形成了幾個較為穩定的經濟區域，有黃河上游的馬家窯文化區、中游的仰韶文化區、下游的大汶口文化區、遼河中上游的紅山文化區、長江中游的大溪文化區與屈家嶺文化區、下游的馬家濱文化區與崧澤文化區，還有珠江流域的石峽文化區等等。限於資料，新石器時代各經濟區的變遷情況我們還無法有一個比較清晰的輪廓，比較突出的變遷是河姆渡文化的衰落。新石器中期的河姆渡文化是中國稻作農業的主要起源地，此時長江下游的經濟文化與北方黃河流域的文化相互輝映，各具特色。但自新石器末期到國家形成的過程中，這一地域漸漸落伍，秦漢時代，與黃河流域的發展相比已無法同日而語。

　　進入文明時代後，經濟區劃一直處在發展變化中。中國經濟的重心經歷了由東到西、又由西返回、再進而南下的過程。

　　夏商時代，中國古代經濟的重心在黃河中下游地區；西周時代，則移至關中地區；春秋戰國時代，東方諸國經濟迅速崛起，但沒有形成一個穩定的經濟重心，屬於多重心時代。也正是在這種多重心的經濟發展中，關中以及蜀中這塊被班固統稱為「秦地」的區域占據了龍頭地位，秦始皇依託著這種經濟上的優勢實現了統一大業。西漢時代關中與山東並為兩大經濟重心，但山東地區的經濟發展狀況明顯強於關中。馬端臨所言：「漢初致山東之粟，不過歲數十萬石耳。至孝武而歲至六百萬石，則幾十倍其數矣」，實際上反映了山東與關中的經濟現實。東漢時代，關

中凋敝，經濟重心完全東移，自洛陽到青齊一帶是當時無可爭辯的經濟重心。魏晉南北朝時代，又是中國古代史上經濟重心的多元化時代，這一時代，先是山東、巴蜀、江東三大經濟重心的並立，其後的變化都是在此基礎上進行的。隋唐時代，各地經濟都得到長足的發展，其格局仍是三大經濟重心的並立，但其內容已大不同於前代。這一時期所形成的是以長安、洛陽為基礎的商業貿易與手工業重心、以揚州為基點的江淮綜合經濟重心和以益州為基點的農業、手工業重心。宋元明清時代，是中國古代經濟區劃發展的成熟時代。這一時代，就經濟比重與經濟發展水準而言的經濟重心已移至南方，但與此同時，則是各類經濟不斷拓展，不同類型的專業化經濟重心越來越多，分佈也越來越廣，實際上，又進入了一個經濟多元化與多重心的時代。

在中國古代經濟區劃的變遷中，我們可以看到三點基本趨勢：首先，中國古代經濟區域變遷過程的同時，也是中國古代經濟區域的不斷拓展過程。唐宋時代及其以前，這種經濟的拓展方向與經濟重心的移動是一致的，秦與西漢時代，關中為經濟重心所在，其經濟區域的拓展首先是在與之毗鄰的巴蜀、新秦與河西開展的；唐宋時代，隨著經濟重心的南移，經濟區域拓展的方向也轉向與其相鄰的珠江流域與長江中游地區。明清時代，經濟區域的拓展表現出無主題的放射性特點，核心內容是以黃河與長江流域為中心，向周邊地區如東北、西北、西南以及臺灣等地區的全面拓展。

其次，中國古代經濟區域變遷過程的同時，也是經濟重心多元化的過程。在經濟區域的變遷過程中，經濟重心的移動趨勢清晰可尋，但在人們所熟知的經濟重心移動的同時，我們可以看到新的經濟重心越來越失去其惟一性，區域性、複合性、專業性的經濟重心開始增多，尤其在中國古代經濟重心完全南移後，多重心的經濟區劃新格局也告形成，在

這一新格局中，以貿易（包括海外貿易）、手工業為主要內容的城市經濟重心占據著重要位置。

再次，中國古代經濟區域的變遷過程，也是政治重心與經濟重心的分離過程。秦漢及其以前，中國的政治重心與經濟重心是一致的，東漢之都洛陽、西漢之都長安以及夏商周秦建都，都是如此；魏晉南北朝時代，各國的都城也都是定在各自的經濟重心地帶。自隋唐起至北宋王朝，隨著經濟重心的東移與南下，政治重心與經濟重心開始分離。不過，這一歷史時期可以看作一個過渡時期，其實質是政治重心遷就經濟重心，唐王朝對東都洛陽的重視，武則天、唐玄宗以及其他帝王們經常性地移駐東都，都包含了「就食」的內涵；北宋之定都開封這個四戰之地，主要是因為靠近經濟重心的經濟目的。元明清時代，隨著政治重心的北上，政治重心與經濟重心完全分離，這是經濟發展日益具有獨立性以及交通運輸發達的結果。

現在我們再來分析一下在中國經濟的發展史上，是哪些因素影響著經濟區劃與經濟重心的變動。要而言之，這些因素主要有五項，即自然環境的變動、人口的流徙、經濟貿易交流與交通的發展、技術發展與經濟結構的變化、政治與戰爭的影響。分述如下：

一、自然環境對經濟區劃變遷的影響

前面我們已經講到自然環境對經濟社會發展的影響，就其對經濟區劃變遷的影響而言，體現在兩個方面：一方面是自然環境本身的變化所帶來的影響；另一方面是人類對自然界所施加的影響的反饋。如西周末年，隨著整個中國北方氣候由暖轉寒，關中地區旱災頻發。其中，第一場大旱自共和十四年（西元前 828 年）到宣王六年（西元前 822 年），持續了七年之久，從當時的禱年詩《雲漢》，可以十分強烈地感受到席捲關

中的大旱，整個詩篇以旱起興，對旱情的描述占了大半篇幅。時隔四十年左右，關中地區又發生了第二次大旱，而且是震災、旱災並起，據《史記‧周本紀》的記載，周幽王二年（西元前 780 年）「三川竭，岐山崩」。西周時代，關中經濟所依託的是以輪作休耕制為基礎的原始旱作農業，是典型的靠天吃飯，因此，持續的旱災對關中經濟的影響，不僅造成了關中經濟重心地位的中衰，而且還促成了周王室的東遷。

關於人類對自然界所施加的影響的反饋，我們仍可以援關中之例。春秋戰國時代，隨著精耕細作與對新耕土地技術的推廣，加之水利灌溉工程的興修，關中地區的農業經濟逐漸恢復與發展，秦至西漢前期又重現了往昔的繁盛。這一時期，關中作為全國的經濟、政治與軍事重心，人口密集，開發的速率大大加快，使關中這塊豐饒的黃土地承擔起越來越沉重的負載，直接導致了環境與生態的惡化。過度的開發、地力的衰減使這一地區所能負載的人口直線下降，可以看出，關中又一次失去了其經濟重心的地位。

二、人口的流徙

人口流徙的原因是多方面的，有自然環境變遷的原因，有社會政治的原因，也有人口壓力的原因。在古代社會，人力是生產力的基本構成因素，人口的數量直接決定著經濟的興衰，因此，不同類型的人群流徙，直接影響著經濟區劃的變遷。三國兩晉時代，由於氣候乾旱與寒冷，加上民族之間衝突的激化，出現了大規模的人口流徙，一方面是北方游牧民族大量內徙，另一方面則是中原、關中的農業人口大量湧入南方。前者促成了北方與西北地區農牧分界線的南移，後者則推進了南方的開發與經濟的發展，兩者都導致了這一歷史時期經濟區域的變動。需要指出的是，中國古代社會前期的人口流徙，主要是由於自然的與社會的原因，

遷徙者是被動的，而中國古代社會後期的人口流徙，雖有相當一部分是由於人口密度的壓力，但遷徙者帶有較強的主動性與選擇性。這種流徙同樣也可以促成經濟區劃的變動。如清朝初年，隨著江南人口的飽和，出現了大規模的長江中游地區向上游地區的移民，也就是所謂的「湖廣填四川」，經過這次移民，四川農業得到長足發展，成為當時農民人口最多的大省，同時，也取代湖廣成為最重要的糧食輸出省之一。此後，北方地區又興起了向東北遷徙的移民潮，這同樣使東北地區又成為中國重要的農業生產重心，而且一直保持至今。

三、經濟貿易交流與交通的發展

經濟貿易交流與交通的發展一直是影響經濟區劃變遷的重要因素，就對外經濟貿易交流而言，兩宋以前，以對外部世界的西北陸路交流為主，兩宋以後，則以東南海上交流為主，這種交流格局的變化對經濟區劃的影響是顯而易見的。比如，春秋戰國時代，秦國逐漸併有關中及蜀，成為西方強國，秦地也成為新的經濟重心。這一過程固然得益於其改革的成功，但其作為對外交流中樞地區的位置也不容忽視，無論是文獻記載還是考古發掘，都表明秦國早在春秋初期已先於東方各國掌握了鐵器技術。

秦漢以來，以絲綢之路為主幹的西北陸上交流，對西北地區經濟區劃的影響也十分顯著。南北朝時代，山東地區的青州悄然崛起，成為北方地區重要的經濟與貿易重心，也是得益於絲綢之路起點的一度東移。宋元以後，東南海上交流的發達，對於揚州、泉州、廣州諸城市經濟貿易中心地位的形成所起的作用也是不言而喻的。

當然，經濟貿易交流的基礎是交通的發展，因此，交通線的拓延與交通運輸技術的進步，都對經濟區劃的變遷造成或多或少的影響。在中國歷史上，比較典型的一個例子，就是運河交通對經濟發展與經濟區劃

的影響。對此，前人論述頗多，此處就不再贅述了。

四、技術發展與經濟結構的變化

　　技術進步對經濟的影響主要表現在三個方面：一是對傳統經濟的改造，為其注入了新的活力；二是促成新興產業的生長；三是推動經濟規模的拓展。這三個方面都會對經濟區劃的變遷產生直接影響。前面我們講到的是戰國以來關中經濟的恢復以及經濟重心的回歸，便與精耕細作特別是保墒技術的推廣有著密切的關係，這具體說明了新興技術對傳統經濟的改造。技術進步促成新興產業的生長，可以帶動經濟結構的變化，培育新的經濟重心。如中國古代的紡織技術有兩次發展高峰，一次是兩漢時代，一次是元明時代。前者起自北方，造就了自漢至唐千年間山東絲織業的輝煌，奠定了其「冠帶衣履天下」的絲織重心的地位；後者肇自南方，促成了蘇湖杭嘉地區紡織業的發達，改變了紡織業的地理格局。技術進步是人類挑戰自然的銳器，隨著技術的進步，人類的經濟擴張與經濟拓展能力不斷增強，比如中國古代對四川、江南的開發都有著深刻的技術進步背景。

五、政治與戰爭的影響

　　政治對經濟區劃變遷的影響是廣泛而持久的，無論是王朝興衰、政治重心的變動，還是賦稅制度、工商政策，無論是軍事格局的調整，還是各種各樣的戰爭，都會對經濟區劃的變遷造成直接的影響。中國古代每一次經濟區劃的變動無不打上政治的烙印，我們不再具論。

　　最後，有一點需要說明的是，中國歷史上經濟區劃的變動是多因素綜合作用的結果，在研究的過程中我們可以條分縷析，理清主次，但不可顧此失彼，得出片面結論。

第二章
遠古到秦漢之文化與經濟

第一節　遠古到秦漢時期文化之演進

一、史前時代與中華民族的形成

在人類的文字記載未產生以前，稱之為史前時代，而這個時代的人類文明，稱之為史前文明。中國史前文化按照考古年代主要分為舊石器時代、新石器時代以及青銅時代。史前考古學著重從史前文化遺址的地質、器物、古人類、古生物遺存來研究，歷史考古學則通過文字、銘刻、古建築等方面考察古人類的歷史。

中國的舊石器時代開始於古人類生存的年代，迄今已發現古人類化石和舊石器時代文化遺址二百多處。中國舊石器時代的古人類分為直立人、早期智人、晚期智人三個階段，以打製石器為主要生產工具，靠採集和狩獵生活。中國境內已知最早的舊石器文化是距今約一百八十萬年的西侯度文化和距今一百七十萬年的元謀人。藍田人、北京人、金牛山人等是直立人的重要發現，而早期智人有大荔人、馬壩人、丁村人等，晚期智人有柳江人、河套人、山頂洞人等。舊石器時代的石器採取錘擊、

舊石器時代遺址分佈圖

砸擊、碰砧等方法打製，有刮削器、尖狀器、砍砸器、鑽器等，到了後
期還出現了細石器。

　　遠在舊石器時代的初期，人類已能運用雙手製作工具，並且已經能
使用火和熟食，火的使用奠定新石器時代以後燒製陶具的基礎。舊石器
時代的人類已從漁獵生活進步到畜牧生活，也產生了家庭組織；到了距
今一萬八千年前的山頂洞人，他們已經會磨製光滑、鑽孔、刻紋的骨器
以及打造許多所謂「裝飾品」；這個時期並進一步出現了按血緣關係結成
氏族的母系社會。母系社會直至新石器時代晚期，因為耒耕農業充分發
展，經濟生活中採集的首要地位漸被農業取代，男子成為社會的生產主
力，父系社會才逐漸形成。

　　中國的新石器時代大約始於西元前 6000 多年，是氏族公社由盛至衰
的階段，以磨製石器、製陶和紡織的出現為基本特徵。從河南澠池縣仰

韶村發現新石器時代遺址開始，黃河流域東部有以黑陶為特徵的龍山文化；中西部有以彩陶為特徵的仰韶文化，以及老官台文化、磁山文化、裴李崗文化和後李文化等前仰韶時期文化；東北、內蒙古、新疆一帶的北方地區，則發現一些以細石器為特徵的文化遺址；東南沿海地區以及長江中下游地區，則是有以幾何印紋陶為特徵的文化遺址，如大汶口文化、大溪文化、屈家嶺文化、河姆渡文化、馬家濱文化、良渚文化等。

　　人類從舊石器時代進入新石器時代，這時農業已經誕生，種植的農作物有黃河流域以旱地耕作的粟和長江流域的水稻及蔬菜，且普遍飼養豬、狗等家畜；在住的方面已能建築房屋，黃河流域的住屋則多為半穴居的建築，長江流域則為干欄式建築，並形成村落，有一定的格局；在

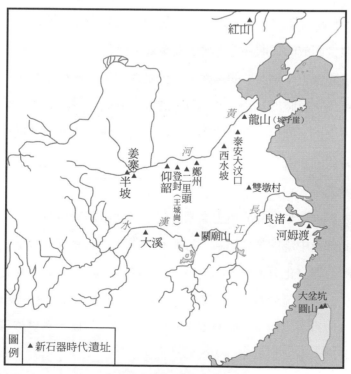

新石器時代遺址分佈圖

石器製作方面已由打製進步到磨製，更發明了製陶的技術，各地區的陶器，有許多不同的「類型」。這個時期創製的「三足」陶器，經後世沿用發展為主要禮器（宗教用具）——鼎的基本造型。在陶器裝飾紋樣與造型對「線條」的精熟掌握，奠定了中華民族往後數千年「書畫」等「線條藝術」的基礎。

由於一部分人從事糧食生產，多餘的勞力可以做專精的工作，因而產生了分工，生活方式和社會結構也隨之發生劇烈的變動，新石器時代也由「採糧食經濟」進入到「產食經濟」的階段。經營農業村落的生活，考古學家稱之為「新石器革命」。因此，中國文化的起源也就呈現了「多元性」。

分佈在黃河流域的許多不同部落，通過婚姻和兼併戰爭，族群不斷地混融，形成所謂的「中原文化」，即是由古代分佈在黃河流域的不同部落交融混合而成的文明。這是發生在東亞大陸第一波較大規模的民族融合，在中國歷史早期發展的過程中，正是傳說中的神農、黃帝、堯舜、禹以至夏代之全時期。此一時期留下許多的神話和傳說，為了解遠古時代的經濟文化，提供了探索的資料。根據古史傳說與考古遺址推測，中國遠古時代的族群分佈，主要有三個族群，分別是：華夏族群、東夷族群、苗蠻族群。

華夏族群最早發祥於黃土高原，後沿黃河兩岸向東發展，逐漸散佈於中國北部及中部的部分地區。若從炎黃二氏族的興起、遷徙與活動地區，與新石器文化分佈地區相對照，即與陝西、河南的仰韶文化與河南龍山文化分佈的區域相符。內又分為「炎」、「黃」兩個亞族，後來「黃」這一亞族取得領導地位，成為華夏族群的代表。其後，華夏族群逐漸向東南方發展，漸與東夷和苗蠻族群融合。

東夷族群的活動區域，大致以今山東省的泰山為中心，西至河南省

東部，南至安徽的中部，東至海，即與大汶口文化、山東龍山文化及青蓮崗文化江北類型所分佈的區域基本相符。著名的氏族領袖有太昊氏、少昊氏，以及與黃帝惡戰的蚩尤、鑿井的伯益、射日的后羿、為舜掌管刑法的皋陶，都是屬於這個族群系統。

苗蠻族群主要活動在今湖北省、湖南省和江西省的一部分，即長江下游大溪文化、屈家嶺文化分佈區，如若向東延伸，河姆渡文化、良渚文化等也可歸於此族群。古書稱他們為三苗氏或苗民，著名人物有驩頭（亦作驩兜）和祝融氏，大名鼎鼎的伏羲、女媧都屬於這個族群。

根據傳說與出土文物，華夏族群有「蛇（龍）」的圖騰信仰，東夷與苗蠻族群普遍有「鳳、鳥」信仰，各處散佈的氏族部落還分別存有以各種動物為圖騰的不同現象。經過各族群長期的交流、混融與征戰，以蛇圖騰為主的遠古華夏族群，融合其他氏族部落，即蛇圖騰不斷合併其他圖騰，逐漸演變為「龍」。結果「龍」終成為中國西部、北部、南部許多氏族、部落和部落聯盟一個主要的圖騰。

任何一個民族早期的歷史，大多經過神話 (myth) 與傳說 (legend) 的階段。至於傳說中的古史，正表現了古代文化演進各階段的特徵，其中以「三皇」和「五帝」最為著名。一般以燧人氏、伏羲氏、神農氏為三皇，相傳在遠古時代他們都有偉大的發明，改變了生活的型態，造福人群。燧人氏發明鑽木取火，教民熟食，人類從生食進入熟食階段。取火技術的發明，是人類文化史上的大事；伏羲氏發明製作網罟，教民飼養，又制定嫁娶，建立婚姻制度，始畫八卦，發明了代表自然現象的符號；神農氏發明耒耜、考察土宜，嘗百草求可食之物，教民種五穀（黍、粟、麥、稻、菽），並定日中為市，以物易物。由於發明了農業，使食物有穩定的來源，先民生活更為安定，神農氏也被後人尊為醫藥之祖。

至於五帝的傳說，如黃帝、顓頊、帝嚳、堯、舜，大約都是遠古時

代的氏族領袖，其中黃帝、堯、舜尤為古史傳說中的重要人物。黃帝號軒轅氏，打敗炎帝後代於阪泉，再敗九黎君長蚩尤於涿鹿，並北逐葷粥，各部族擁戴為天下共主，建國於有熊（河南新鄭）。黃帝建立了初步的立國規模，相傳他和同時代的人有許多重要的發明，如衣裳、冠冕、宮室、舟車、弓矢、指南車、天文、曆數、音律等。元妃嫘祖發明了養蠶取絲，史官倉頡造書契（文字）。中國歷史自黃帝以後，有比較清楚的系統，中國古代文明至黃帝而大備，所以後世尊黃帝為中華民族的共同始祖。

　　根據傳說堯、舜、禹的時代，政治上採取傳賢公天下的禪讓之局，他們也都非常重視農業生產。堯時有后稷為大田師，領導部落的成員從事農業生產；舜時，益主虞，山澤開闢，則百穀時茂；禹則平治洪水，使各地人民都能安於耕種。加以那時人民已經累積了一些關於季節和氣候的知識，比較容易掌握農事季節，使得農業生產更為可靠和穩定。人民根據四時八節，從事播種收穫，不誤農時，有助於農業生產的發展。

二、古代國家之起源與社會文化之變遷

　　從遠古舊石器時代經新石器時代到夏商周的轉變，亦即是遠古社會到貴族、奴隸社會的轉變，共一千八百多年。禹是中國第一個王朝的開創者，表現在禹開始樹立了傳子的家天下的新局面。從禪讓的「公天下」到傳子的「家天下」，史家的詮釋是由部落聯盟的推舉制，轉變為由特定家族繼承，換言之，禹所建立的夏王朝象徵著「國家」的出現。夏代是中國古代第一個國家，王朝的建立，對社會規範性要求自然增加，因此，規、矩、準、繩等測量工具，大約在夏代已被應用於生產活動的各個方面。在東亞大陸上，現在所知最早的文字是商代的甲骨文，它的形體結構和造字方式，為後世漢字和書法的發展奠定了原則和基礎。字形和書寫習慣則受商代最普及的書寫材料「竹簡」的影響，漢字則為瘦長字形，

由上而下、由右而左的書寫習慣。

　　夏代已經出現貴族統治階級，此時以祖先祭祀為核心的宗法社會已具雛形，祭祀祖先的「禮法」也初步具備。宗法制度另一基礎——父系家長制在夏代就已具備。從商周二朝代王位繼承制度的演變，可看出朝向嚴格宗法制度發展的現象。商代前期是兄終弟及制，到商代最後四王就改為父死子繼。周代的宗法制度就是在晚商父系制的法則上，加以嚴格的規定和執行。由於各相關規範的逐步完備，宗法制度形成於西周時代，其標誌有三：㈠嫡長子繼承制；㈡分封制；㈢嚴格的宗廟祭祀制度。所謂「宗法」就是宗族組織法，主要特徵為嫡長子的繼承制和大宗小宗的區別。在政治上，從天子、諸侯到卿大夫，嫡長子是法定繼承人。在宗族上，天子與同姓諸侯之間，則維持著嫡長子與庶子間的血緣關係。

　　西周封建制度下的社會，分為貴族（天子、諸侯、卿大夫、士）、平民（農工商人，職業世襲）與奴隸（戰爭所得的俘虜、犯罪的庶民，身分世襲不變）。貴族中的士，是受文武合一教育的男子，打仗為其主要任務；沒有封邑，有食田或俸祿，食田不能世襲。自天子至於庶人，都必須受「禮」的約束，並配合音樂，因此禮樂不僅建立了西周封建社會的秩序，也調和了尊卑貴賤的關係。就社會組織言，西周封建社會是建立在以宗法血緣為紐帶的家族關係之上的。這是以血緣親疏來辨別同宗子孫的尊卑等級關係，以維繫宗族的團結，故十分強調「尊祖敬宗」，將人類血緣關係的自然序列化為嚴密的統治秩序。

　　宗法制度雖到西周末期，受到游牧民族的侵擾，加上其他種種社會、經濟因素的影響，已開始瓦解，但宗法制度的影響卻長期籠罩中華社會。首先在文化上到春秋時代，貴族文化已發展到一種極優美、極高尚、極細膩雅致的階段；其次是西周封建制度留給春秋戰國士人，天下只有一個共主、一個最高中心的歷史觀念，並從國際聯盟到期求天下一家。這

種大一統的理念奠立了秦漢帝國統一的基礎。西周宗法制度其嚴格的父系、單系、世系王位繼承原則，兼具強制權力管制和血親道德規範的雙重功能，則奠定了中國往後平民宗族社會結構的基礎。宗法藉宗廟與宗族活動來摶聚宗族成員的作法，更為後世普遍傳承。

　　新石器晚期的夏代，已在天文、曆法及其他科技方面獲得相當成就。夏代已有天干計日法，用甲乙丙丁戊己庚辛壬癸十個天干周而復始地來記日，並有了十天為一旬的概念。中國的陰曆創始於夏代，並用每十九年七置閏月的方法來補充。商代據月圓日之變化，已有大月小月之分，一月又分三旬。周代且發明了用圭表測影的方法，確定冬至與夏至等節氣，並把一天分為十二時辰，用十二地支來記時。商代不分季節，一年只分春秋二季，到了西周末年又增加冬夏二季，戰國末期則有了根據太陽年運轉的二十四個節氣。在數學方面，商代已開始使用十進位計算方法，到了西周時期，數學更是「士」階級教育的必修科目，這時還出現了專職會計，在官府中叫「司會」，在軍隊中稱「法算」，還有世代相傳專門掌管天文曆法、數學知識的「疇人」。在其他科技方面，已出現原始紡織技術，各地遺址大都發現有紡墜。並已開始利用蠶絲織布，「六畜」（馬牛羊豬狗雞）已被人們馴養，農業、畜牧業和手工業的初步分工，也已出現。在遺址中，也發現有針灸用的箴石，說明針灸術的發展已經有相當長的時間。商代的墓葬已發現「砭石」，先秦古籍有記載東周時代針刺治病的例子，西周時期也已出現醫學之分科。

三、春秋戰國時期之社會變遷與學術思想、科技文學成就

　　到了西周末年，貴族政治開始出現崩潰的趨勢，宗法秩序日漸紊亂。由於時代的劇變，封建時期採用的「世卿世祿」制，世官數額有限，貴族子弟無法全部繼承，在貴族人數不斷增加下，一部分貴族勢必淪為平民；各國爭雄，為追求富國強兵以求生存，國君起用平民中的賢才，對外可以增加國家的競爭力，對內則可削弱貴族的勢力。且自春秋時代，孔子提倡「有教無類」，知識普及，再加上國君的擢用，遂造成「布衣卿相」之局，寒微出身者大量增加，如申不害、蘇秦、張儀、范雎等人憑藉自身才能，貴為卿相；齊之孫臏，燕之樂毅，趙之廉頗，秦之白起、王翦，都以軍事專長而貴為將軍。

　　春秋戰國時代，世襲貴族沒落消失，農民由貴族封邑中的依附者逐漸成為小自耕農；原居於社會低層的工商業者，因工商業的繁榮，挾其雄厚資財，購置貴族的土地，私有土地成為社會上一般的土地形態，私人工商業也隨之興起。由於社會日趨複雜，生產與人口迅速增加，官吏、軍人和商人新階級之成長，使社會呈現多樣化。

　　中原地區華夷雜處的情形，經春秋至戰國，東方淮海諸夷，率與諸夏同化，南方大抵今浙江福建兩省為越人所闢，湖南、雲貴為楚所闢；巴蜀則開於秦；兩廣安南則在秦併六國後始為中國郡縣。華夏民族在與夷狄征戰過程中，也有意無意的吸收了胡族的部分生活習尚。由於胡服便於作戰、生活，所以與之接觸的漢人很快流行開來，對中國後代服飾產生了重大的影響。其次，為了在與胡人征戰中取得均勢，戰國時代，騎馬術也由邊疆的游牧民族引入華夏。

　　春秋戰國時期，由於宗教束縛解除，一種新的生活風尚取而代之，傳統重要的禮器，不論玉器或青銅器，都已擺脫宗教與宗法的氣氛。戰國時代，玉器已逐漸失去遠古時代的象徵意義，成為玩賞的對象，或賦予倫理的意義。進入春秋晚期與戰國時代，青銅器的紋飾與形象已具有全新的性質、內容和涵義。現實生活和人間趣味更自由地進入傳統禮器的領域，手法由象徵而寫實，器形由厚重而靈巧，造型由嚴正而奇巧，刻鏤由深沉而浮淺，紋飾由簡體、安定、神秘轉而繁複、多變。青銅器已遠離商代宗教祭祀的酒器，也擺脫了周代禮法中重要的食器，轉向生活日用器物方面的發展，增加了許多以實用為主的用品。

　　隨著春秋戰國時期社會生產的迅速發展，各國的政治變革，兼併戰爭的不斷進行，學術領域出現了百家爭鳴的局面，社會思潮和文化藝術也達到空前的繁榮。這一時期是中國學術思想史上的第一個黃金時代，九流十家的學說並起，也都在這時期完成了奠基。

　　儒家：儒或儒士這一階層，早在西元十六世紀前開始的商代已經存在，但儒作為一種學說和學派，卻是從孔子開始的。儒家重視的是現實的社會人生問題，講求的是人道而非天道。儒家學說最大的創意是把「仁」作為思想系統的中心，以「仁」釋「禮」，將外在的社會規範化為內在的自覺意識。孟子將這一理論形成「內在論」的人生哲學，強調道德自律（植基於「性善論」），突出了個體的人格價值和歷史使命。荀子則認定人性本惡，主張用禮儀來規範人的本性，來克制情慾、約束行為，如此社會才得以安寧。

　　墨家：開創者為墨子，認為天下之亂，起於自私自利而不相愛，因此必須「兼相愛」；天下之大害，是由於人類的互爭，戰爭是不義行為，所以主張「非攻」；墨子處處提倡實用，反對過度物質享受，生活應以維持基本的需求為限，又提出「節用」、「節葬」、「非樂」等主張。為實現

理想，墨子組織了一個嚴密的團體，領袖叫「鉅子」，信徒皆稱「墨者」。在戰國時代，墨家的思想甚為流行，與儒家並稱顯學。

道家：代表人物為老子和莊子。老子認為，無形無聲、無狀無象的「道」是世界萬物的本源，「以柔弱勝剛強」是老子的典型辯證法思想。道家主張樸、柔、純、靜的生活，少私寡欲、不爭、去利、去甚；理想的典範是水、母親、雌性、嬰兒和所有柔的形態。莊子思想承襲老子，並另有創新，最大不同的地方在於，莊子第一次突出了「個體」的重要性。《莊子》一書還啟發後人，意識人的意見、語言與理性有侷限性，這一點對後世「禪宗」思想的形成深具影響。以莊子為代表的道家，補充了儒家當時還沒有充分發展的人格──心靈哲學，從而在後世幫助儒家抵抗和吸收消化了佛教等外來的思想。

法家：起於戰國時代，所講求的是人君統治的技術，可分三派：一是重「法」派，以魏國的李悝與秦國的商鞅為代表，著重制訂法律條文，以嚴刑重賞，來貫徹執行；一是重「術」派，以韓國的申不害為代表，主張君主應有駕馭臣下的方法和手段；一是重「勢」派，以趙國的慎到為代表，主張國君應有權勢，才足以服人。集法家三派學說之大成的是韓非，承荀子性惡思想，認為人君治理國家，應該法、術、勢三者兼籌並顧，有《韓非子》一書傳世。

除了儒、墨、道、法四家外，據《漢書‧藝文志》載，尚有主張「五德終始說」的鄒衍，稱為陰陽家；主張正名實和堅白同異之辨的惠施、公孫龍，稱為名家；主張君民並耕而食的許行，稱農家；以詐謀遊說而取得富貴的蘇秦、張儀，稱為縱橫家；兼有儒、道、墨、法等家思想的《呂氏春秋》，稱為雜家；加上「街談巷語」的小說家，合為「十家」。

春秋戰國時代，中國所塑造的學術思想，有其突出的民族特質。中國學術的特質，自春秋時代起，已奠定「人文精神」指導核心，一方面

不陷入宗教，另一方面也未向自然科學深入，其智識對象集中在現實人生、政治、社會、教育、文藝諸方面。各派哲學基本上都是社會論的政治哲學，他們共同關心的都是人的社會，關心道德問題和組織人類社會問題。他們普遍著立於人生修養的教訓、社會處事的規律。

春秋時代末期，出現了「籌算」，這是世界上最早使用十進位制的數碼系統，有縱橫兩種布籌法；後代的珠算、算盤就是在籌算、算籌的基礎上發展演變而來的。「九九乘法」口訣也在春秋早期就已經成為普通常識；春秋戰國時期，四則運算也已經完備。戰國時期中國醫學就有了診脈法，成書於戰國時期的醫書《黃帝內經》，是第一部有完整體系的醫學著作，中國此後獨特發展的經脈理論與針灸技術，都在此一時期奠定了基礎。原始的陰陽五行學說，萌芽於殷周之際，出現於西周初年的《易經》，試圖用代表兩種不同性質原理的「—」和「--」，以及它們之間的排列組合來概括自然界和人類社會的繁雜現象。這是用理論思維的方式來掌握世界，是哲學思維的開始。最早見於西周《尚書》的五行說，金木水火土不單純是五種具體物質，而且是五個範疇或類概念，成為人們認識自然現象之網的紐結。

在文學方面，中國最早的一部散文著作《尚書》（也稱《書經》），是虞、夏、商、周各代執政者的文誥、說辭以及某些朝廷大典紀錄的總集。現存中國最早的一部詩歌總集《詩經》，收集了自西周初年至春秋中葉大約五百多年的詩歌，章法以四言為主，它的藝術表現手法被後人概括為「賦」、「比」、「興」。「賦」是鋪陳直言，「比」是比類喻意，「興」則是利用眼前或想像中的事物起興引出主題。

真正可以作為文學作品看待的，要首推《詩經》中的〈國風〉和先秦諸子的散文。《詩經‧國風》中的民間戀歌和貴族們的詠嘆，奠定了中國詩歌的基礎及其以抒情為主的基本美學特徵。《詩經》之後，南方的楚

國出現了以《楚辭》為代表的新詩體，摹仿楚國方言和民間歌謠中的自然韻律，用一種長短參差的句法，掙脫了傳統四言詩的約束，充滿了鮮活的生命，後來的「漢賦」即是從《楚辭》演化出來的。先秦詩歌，《詩經》與《楚辭》是兩部最偉大作品，《詩經》是北國風貌，民歌風格，是一種現實主義的手法；《楚辭》則代表南方文學，詩人心血，是浪漫主義的形式。春秋至戰國期間的社會大變革，促成了散文的大發展，這時期的散文可以分為「史傳散文」和「諸子散文」兩大類。《春秋》一書中的「一字褒貶」或「微言大義」的「春秋筆法」，不僅影響到後代的史傳文學，還惠及小說評點。《莊子》一書集浪漫主義、神秘主義、哲學的先驗論，和富有詩意的想像力之大成。

四、秦漢帝國的文化建制、學術思想與科技成就

西元前 221 年，秦王政併六國，春秋戰國五百多年紛爭局面至此而告結束。秦王政不再稱王，改稱「皇帝」，自稱「始皇帝」。皇帝之下，中央政府設丞相（掌理全國政務，下設九卿，分掌庶務）、太尉（負責全國軍事）、御史大夫（丞相之副，職掌監察百官），稱三公。由皇帝任命，一切大權集中皇帝一身，群臣百官，奉命辦事而已。在地方制度方面，初併天下採納李斯建議，不再實行封建，初分全國為三十六郡，後增置四十餘郡。郡設郡守（行政）、尉（軍事）、監（監察）三種官吏。郡下設縣（大縣置縣令、小縣置縣長），均由朝廷直接任命。

西漢初年，地方行政區劃仍採秦代的郡縣制，也兼採封建，這種郡縣與封建混合施行的制度，史稱「郡國並行制」。後因發生七國之亂，亂平後，王國官吏由朝廷直接派遣，封建名存實亡。地方行政系統，仍以郡（郡守）和縣（縣令或縣長）為主體，都由中央政府派任。

漢代的選才制度有徵辟和察舉兩途，徵辟是一種由上而下的選任官

吏制度，主要有皇帝徵辟和公府、州郡辟除兩種方式。皇帝徵辟主要直接從布衣、卑微的官吏或做過高官的人中挑選，給予官做，但一般不委以實務。公府、州郡等各級政府的辟除是選拔有才能的人擔任屬吏。察舉制度是由皇帝下詔，規定政府需要何種性質人才，由地方政府推薦。有詔舉和歲舉兩種，詔舉又稱特科，係視需要時，由皇帝下詔察舉，如孝悌力田、賢良方正、直言極諫、武猛堪將帥等；歲舉是地方政府定期向中央推舉孝子廉吏或茂才。這種選拔官吏方式，含有鄉舉里選的方式，特別注重被選任者的品德和才能。東漢中葉以後，士庶都流離轉徙，出身里爵、道德才能均難稽考，鄉舉里選就無法舉行。同時，選舉之權，操於州郡，流於權門請託，加上政治不良，守相常所任非人，察舉自然無法選拔到真正的人才，察舉制度完全崩潰。

中國是以漢族為主體構成的多民族國家，秦漢以後，活躍於中國歷史舞臺上的民族，除農業定居的漢族外，還有北方草原游牧民族和南方少數民族。南方少數民族過著「刀耕火種」的生活，多數時間接受中原歷代王朝設官管理和教化，因此和漢民族之間衝突較少。北方草原游牧民族，多善騎射，農業民族視之為夷狄，游牧民族與農業民族之間衝突日甚。為了防範游牧民族南下牧馬，秦代在中國北方築起一道國防線——長城。秦漢時期的長城，已經成為華夏定居農民和域外草原游牧民族的明確分界線。此後，長城不僅是國防線，也是種族和文化的分水嶺，劃分出游牧和農業兩種的文化型態。

漢代中外文化的交流，自漢武帝改變和親政策，對匈奴主動出擊，斷匈奴右臂，張騫通西域（西域通常是指玉門關、陽關以西的地方；狹義的西域指今日的新疆一帶，廣義的西域除天山南北路外，還包括今天的中亞、西亞及印度）後，逐漸活絡。一批批漢朝的使節和商人紛紛前往西域，除進行政治和軍事結盟活動外，也從事貿易，將中國的物品（絲

織品、漆器、釉陶和各種裝飾品）和西域的特產（絲路傳入中國的物品有明珠、汗血馬等珍寶特產，苜蓿、葡萄等水果，雜技、音樂、舞蹈等藝術）相互交換。這條扮演中西文化交流媒介的道路，被後人稱之為「絲路」或「絲綢之路」。

秦漢時期出現過中國最早的一批數學專著，其中以《九章算術》最為著名，以籌算為主要計算工具，以十進位計數系統來進行運算，內容包括現今的算數、代數以及幾何的相當大部分的內容。十六世紀以前的中國數學著作，大都沿襲《九章算術》的體例，此書並於隋唐流傳到朝鮮和日本，被定為教科書。另一本《數學記遺》，記載了十四種計算古法，其中一種就是珠算。而今存的醫學典籍《素問》、《本草經》，則是中國最早的醫書，基本上是周秦、西漢醫藥學知識的總結。《神農本草經》是中國現存最早的中藥學專著，提出了「寒、熱、溫、涼」和「酸、鹹、甘、苦、辛」的四氣五味說。東漢時的名醫張仲景寫成《傷寒雜病論》一書，則奠定了傳統中醫辯證論治的理論基礎。

兩漢學術可分為經學、文學、史學、哲學四方面來加以敘述。在經學方面，秦始皇採李斯的建議「焚書坑儒」，盡焚民間詩書百家語，一切書籍由「博士官」保存。項羽入關，再次焚毀民官和官府的藏書，以致漢初無經書可讀。西漢文帝時，由宿儒憑記憶口授，用當時通行的隸書寫定，即所謂「今文經」。武帝時，採用董仲舒的建議，罷黜百家，獨尊儒術，自此後儒家思想成為中國的正統思想。設立太學，置五經博士，當時博士學官所講授的是今文經。武帝末年，魯恭王壞孔子宅，於壁中發現《尚書》、《禮記》等書，係以漢以前使用的「古文」寫成，謂「古文經」。私人講經大都採用古文。西漢末年，劉歆建議將古文經立學官，引起今古文之爭。王莽執政，古文經始得立學官。光武中興，取消古文經，恢復西漢舊制，但東漢著名學者如馬融、許慎，都治古文經。東漢

末年，鄭玄注經，今古文兼治，集今古文經學之大成。由於政府的提倡與學者的闡述整理，所以學者稱兩漢為經學時代。

　　文學方面以賦和詩文最為發達。漢賦是介於詩與文之間的一種文體，熱鬧華麗的風格，既呼應了兩漢的世俗化精神，並開創了漢唐間流行數百年的駢體文之先河。西漢著名賦家，首推司馬相如。東漢則以班固《兩都賦》、張衡《二京賦》最為有名。漢代是五言詩的產生時代，以「古詩十九首」為代表。東漢時，《孔雀東南飛》是五言敘事詩中的巨構。至於散文，則賈誼、董仲舒、劉向等以奏疏、政論見長。

　　漢代史學尤為發達，《史記》與《漢書》使用「紀傳體」，開創了史書的新體裁，影響後世甚鉅。司馬遷的《史記》內容分為本紀、世家、列傳、表、書五種體裁，起自三皇五帝，終於漢武，以人物為中心敘事，又能將政治、經濟、社會、文化各方面冶為一爐，是第一部貫穿古今的「通史」著作，成為後代所有正統史書體例的規範標準。東漢班固所著《漢書》，專記西漢一代之事，起自漢高祖，終於王莽滅亡，體裁模仿《史記》，是中國第一部斷代史先例。

　　兩漢時代，陰陽五行盛行。漢儒講經，都喜附會陰陽五行，假託經義以推究災異祥瑞、天人感應等，充滿陰陽災異、迷信色彩的思想，使虛妄之言，大為流行。但同時有一些不受這種思想潮流影響的學者，如桓譚著《新論》，即不信讖緯；王充著《論衡》，對當時流行的陰陽災異及種種虛妄迷信之說，予以抨擊，以「訂其真偽，辨其實虛」，為東漢一代大思想家。

第二節　先秦時期經濟之發展

一、土地制度

在原始社會中土地是公有的，進入貴族社會以後，土地演變為以王為代表的整個貴族階級所有。夏代的土地制度歷史資料較為缺乏，但從殷墟出土的甲骨文字中，從字形來看，很像是阡陌、溝洫把土地分成了整齊的方塊。同時，方塊田之間的阡陌、溝洫說明商代的耕地裡，已經有了原始的灌溉系統。這些方塊田，由商王在貴族之間，按照親疏尊卑的等級，連同土地上的奴隸賜給臣下。得到封地的貴族，對土地可以世襲享用，但不能私自轉讓或買賣。對土地只有使用權，而無所有權，土地的所有權是屬於商王的。在西周，全國的土地仍然屬於最高的周王所有，西周承襲了商代的土地制度，並建立了比較完整的灌溉和道路系統，每塊土地也已規定了準確的面積。西周土地制度的規劃各地不盡相同，有的地區以九夫為井，方一里；方十里為「成」，即一百井；方百里為「同」，即一萬井。也有的地區是十夫為井，以十進位，「十夫」、「百夫」、「千夫」等構成土地的制度的體系。無論那一種土地的規劃，在田與田之間都修築有灌溉的渠道和相應的道路。灌溉系統稱作遂、溝、洫、澮、川；道路系統稱作徑、畛、涂、道、路。

春秋戰國時期，農業經濟關係所發生的最大變化是，由封建領主制經濟向地主制經濟過渡。西周初的封建土地所有制度，天子是最高最大的土地所有者，諸侯從天子領得封地，卿大夫從諸侯領得采邑，士由卿大夫授田，為最低貴族階層。這樣的土地分配形成了西周的封建領主制經濟，土地的所有、分配和處理權限都掌握在西周天子手裡，其他任何

被分與或領受土地的人都只有占有權,不能買賣轉讓,「田里不鬻」的國家法令規定是嚴格的。這種土地等級占有使用情況,逐漸形成世襲占有使用制度。由於社會經濟尤其是農業生產的不斷發展,很自然地要使長期占有使用者變為實際上的私有者,將名義上國有或王有的土地變為實際上自己私有的土地。由土地公有制度到土地私有制度的轉變,都是從土地的長期占有與使用開其端的。因此,最初雖規定土地不許買賣轉讓,但日久天長,周天子對於土地的稽查也疏忽了,也縱容了領主貴族之間私自互相交換、抵押、租借和買賣、轉讓等情事,即在各貴族領主之間發生了土地私有情事。土地私有是先經過貴族土地私有制階段,才逐步擴展到一般庶民的土地私有階段。從封建領主制經濟過渡到地主制經濟,春秋戰國正是處在這個過渡的時期中。這個轉變過程在西周末年已經開始,從西周的金文中,可以看到有關於土地的交換、租借和賠償的例子。貴族之間進行土地交易,經過官方許可,並派員勘查,辦理監交手續,以及鑄器作銘,傳諸子孫,可見土地交易不但為社會習俗道德所許可,且亦為政府法令所承認。從此也可知,在西周末年貴族之間,已經發生視土地為己有,而進行買賣交易的事情。到了春秋以後,貴族的土地私有便已為社會所公認,周天子也不能行使他的最高土地所有權了,各諸侯國誰也不聽從周天子的話了,「田里不鬻」法規也無效了,並且還和他爭奪土地。春秋時貴族土地私有制的確立,更表現在他們的爭奪土地上。各諸侯國因爭奪土地而互相戰爭,由於戰爭消耗損失重大,戰費增加,向農民盡量搜括已不敷需要,於是就向收「倍蓰之利」致富的大商人借債,而以特權或領地租稅為抵押擔保,及至不能還債時,債權者就占有其抵押品。因此,戰國時期許多大商人無不是新興地主,與貴族地主相並立。此外,由於各國為了進行戰爭,使人民聽從命令,出力作戰,貴族們不得不給人民以某些好處,如減戶稅、免舊欠、赦罪人、救災難、

恤孤寡等，並且論功行賞，改革稅制，來調動廣大農民積極性。這就使
廣大農民也可取得土地所有權，於是在貴族商人大地主之外出現了中小
地主的土地所有制，即小土地所有者的自耕農民。魯宣公十五年（西元
前 594 年）「初稅畝」，魯哀公十二年（西元前 483 年）「用田賦」，這是
對農民耕種的田地按畝徵稅，即是廢除已往助耕公田的力役地租制，承
認農民土地私有並實行按畝徵稅的實物（產品）地租制，它也說明了農
民的土地所有權得到了國家法律的承認和保障。這種法律承認，對於小
土地所有者廣大農民來說是非常重要的，因為他對於土地的出租、分割、
買賣、轉讓、抵押等可以自由處理，不受他人的干涉限制。繼魯國實行
土地私有制後，楚國於魯襄公二十五年（西元前 548 年）也按土田定軍
賦；魯昭公四年（西元前 538 年），鄭國作丘賦；秦國在進入戰國後，西
元前 408 年行「初租禾」。實行按土地畝數徵收賦稅，即是承認農民的土
地私有制。領主土地所有制至此已演變為貴族土地所有制與庶民土地所
有制兩者並存的局面。

　　領主經濟為什麼要轉變到地主制經濟呢？這是因為經濟關係（生產
關係）必須適應社會生產力的發展，領主制已不能適應春秋戰國以來社
會生產力發展的情況，所以被地主制所取代，使農業生產關係與生產力
性質相適應。春秋戰國時期，社會生產力的發展非常迅速，首先是冶鐵
工業的發展，鐵製農具的廣泛使用。由於鐵製農具的廣泛使用，就能夠
擴大耕地面積或者另外開墾新的耕地，各大小領主也都在已有領地之外
多開墾一些耕地據為私有，或者將原有領地採用改革稅制等手段，化整
為零，侵占私有。因為鐵農具的使用，使占有或開墾耕地成為可能和有
利事業。其次，農業生產上利用畜力使用牛耕的盛行。鐵犁、鐵鏵、鐵
農具的使用，自然要使用畜力特別是牛拉曳，實行牛耕。雖然西周時已
有馬耕和牛耕的出現，只是沒有推廣起來，鐵犁亦還沒出現。到了春秋

戰國時，由於鐵鏵犁的推行，牛耕便很快地發展起來，這就要求擴大耕作面積，開墾新的耕地，把尚未開墾的荒地逐漸開墾出來。再次，春秋戰國時期農業生產技術在西周原有的基礎上更加進步，深耕比較普遍進行。深耕易耨，充分利用地力，並在施肥上，也能堆積堆肥，利用綠肥，並配合中耕除草積肥。耕作比較精細，並且實行畦耕法，從事農田灌溉，不僅開渠築堤，並且還能打井，採用桔槔汲水等。凡此一切，都使農業生產力大為提高。最後，在社會生產力發展的推動下，各國諸侯貴族們為了擴大土地占有，不斷地進行弱肉強食的兼併戰爭，由於戰費的增加，通過改革農業稅制，調動農民積極性以增加生產，以便大量搜括農民的產品，以滿足其戰費與奢靡生活的無限需要，這也是促使領主制經濟發生變化的一個因素。就在社會生產力日益發展提高的條件下，原來領主制生產關係逐漸成為生產力發展的桎梏，於是生產力就要打破這種不相適應的生產關係的束縛，由地主制來取代它。

戰國時期形成的地主制經濟，它是以地主土地私有制為中心，土地自由買賣、轉讓、分割、租賃和贈與，任何人都可能成為土地所有者。因為土地任人自由買賣，則擁有大量資財的人就可大量購買土地而成為大土地所有者，使土地所有權出現新的集中。於是土地多被新興地主階級所占有，他們有的是由原來受封的貴族領主轉化而來，有的則是富有資財的豪商巨賈購買大批土地而來，他們是大土地所有者階級；另外，還有一些擁有少量土地的中等土地所有者，一些擁有小塊土地的自耕農民，他們為小土地所有者階級；另外，則為沒有土地的農民，他們就成為佃農和雇農。這樣，在農村中就分為有土地者與無土地者、地主與農民的兩個對立的階級。在地主占有大量土地條件下，一方面是地主的大量土地需要別人幫助耕種，另一方面是無地或少地的農民要從事農業生產以維持生活，就只有租種地主的土地，於是租佃制度就自然產生了。

農民向地主租賃土地耕種，然後交納給地主一定數額的收穫產品，作為地租。然而農民所負擔的地租和賦稅是非常繁重的，在地主制經濟下，農民除了向地主交納地租外，還要向官府繳納賦稅，並須服兵役和徭役，從前是地租與稅收合一，現在是兩者分開。由於戰爭頻繁與統治階級的揮霍無度，對農民的聚斂需求有增無減。農村中有土地者與無土地者的兩極分化，必然造成貧富階級的對立，地主與農民的衝突更加激烈。

　　戰國時期在新的經濟關係下的農業與農民，就是在各國間不斷的戰爭殺伐掠奪土地人民，加重賦稅聚斂與力役徵調，使農業不能進行正常生產，農民不勝賦役與地租負擔。農業生產力縱然提高，農業生產發展雖然較快，但是一般農民生活則極端貧困，有的破產淪為流民，變成盜賊，整個社會不安，尤以東方各國為甚。這樣，長期飽受戰爭苦難的人民迫切希望社會安定，能夠正常生產和生活，終於經過幾百年的騷擾之後，由當時社會經濟政治比較安定繁榮的秦國統一了中國。

二、農業發展

　　在夏代，農業已經是主要的生產部門了。在龍山文化遺址曾發現石斧、石刀、石鏟及蚌鋸蚌刀。考古學家曾經在河南省偃師縣的二里頭，發現二座宮殿基址，認為這是夏代遺留下的宮殿基址。在二里頭遺址也出土了大批生產工具，最多的是石器，其次是骨器和蚌器。石鐮、石刀的出土，可以明確證明農業在當時社會生產中占有重要的地位。另外，還發現大批獸骨，其中以豬、狗骨為最多，馬、牛骨次之，大概當時畜牧業在社會生產中仍有相當的重要性。

　　商王朝建立以後，在盤庚遷殷以前，曾多次遷都。商人屢次搬遷，恐怕和當時的耕作方法不無關係。商王朝初期，農業耕作是很粗放的，經過一定時期地力消耗後就有必要另覓新居。到了盤庚遷殷以後，農業

生產技術已有提高，不需要再不斷地搬遷。商人所處的自然環境，對農業生產是有利的。商人的活動區域主要是在易於耕作的黃土層。從卜辭關於降雨的記錄來看，一年之中十二個月都有降雨。這時商人的農業灌溉系統大概也有一定的發展。商代的農作物見之於甲骨文的有黍、稷、麥等，當時的人們已經認識到努力耕作和秋收的關係，甲骨文還有蠶、桑、絲等字。考古工作者在商代銅器上曾多次發現絲織品殘紋，從而得知當時人們已經會織斜紋、花紋等比較複雜的紋樣。在農業生產上，主要仍然使用木器、石器或蚌器。商代的青銅製造業已經相當發達，在考古中曾發現鍤、斧、鏟等農具，或與農業生產有關的青銅工具。當時的青銅只能用於製造兵器和貴族用具，一般農民都使用著石器和木製工具，被驅使在農田上勞動，進行大規模的集體耕作。有的學者根據甲骨文「犁」字推測，估計商代可能已經出現了牛耕，雖出現牛耕，應不會普遍。現今都知道商代貴族飲酒之風甚盛，到了末年酗酒竟到了不可收拾的地步，以致周人滅商後專門發佈了禁止飲酒的命令。酒是糧食釀做的，商人大量飲酒也可以作為這時農業已很發達的一個旁證。畜牧業在商代已經不是主要的生產部門了，但由於地廣人稀適宜飼養家畜，所以畜牧仍很發達。當時不但飼養家畜，並且還飼養象，甲骨文中有「象」字，《呂氏春秋》也提到「商人服象」，即用象為人服役。當時飼養牲畜常用於殉葬和進行祭祀。在殷墟曾發現用作祭品的牛、馬、羊、雞、犬等大量家畜的骨骸。甲骨文有「百牛祭用」的記載，說明一次祭能用百頭牛，畜牧業是很發達的。

　　周人的農業生產比商王朝更有所提高。周人從事農耕的起源很早，其始祖后稷「及為成人，遂好耕農，相地之宜，宜穀者稼穡焉，民皆法則之」。到后稷三世孫公劉時，周人定居於豳（今陝西旬邑），農業更為發達。公劉九傳至古公亶父時，因受戎狄的壓迫，全族又遷徙到周原（今

陝西岐山），周原土地肥美，宜於耕種，便定居於此。所以，周人的農業
生產並非始自滅殷以後從商人繼承而來，而是早有基礎的。西周農業生
產的情況，在《詩經》裡有不少的反映。在西周，農作物的種類比商代
又有所增多，糧食類有稻、麥、黍、稷、粟、粱、菽（豆）等。其他的
農副產品還有桑、麻、瓜、果等。農具主要是木器、石器、骨器和蚌器
等，金屬工具也有所增加。《詩經》農事詩中已出現了「錢」（鏟）、「鎛」
（鋤）、「銍」（鐮）等字體，這些字都從金，說明已經是金屬工具了。這
時的金屬農具還是青銅所製，比商代又有所增加，這說明了生產力的提
高，應是一項不能忽視的事實。由於這時還未大量使用金屬農具，農業
耕作尚不很精細，但簡單的引水技術以及治蟲、用肥等也已開始出現了。
還有取遠地的水，用以灌溉。人民已注意到綠肥的使用，即在去除草之
後，利用這些雜草作為綠肥，使黍稷長得更加茂盛。甚至已創造了一些
治蟲的辦法，已知螣（蝗蟲）是危害農作物最甚的害蟲，採取用火誘殺
害蟲的辦法。西周時，由於農業已發展成了具有決定性意義的生產部門，
畜牧業在社會經濟中的地位已明顯下降了。西周初的祭祀，有時還用到
牛五百多頭，羊、豬兩千多頭，後來用牲的數量逐漸減少，這種情況反
映了畜牧業地位的變化。

古文獻記載，西周以九式均節財用，即九種支出渠道，相應規定九
種支出制度。春秋戰國時期的諸侯國支出，仍以軍費、祭祀支出為首位，
其次為周天子及國君的耗用及農田水利等費。以農田水利為例，春秋戰
國時，各國亦十分重視水利灌溉事業。因為以農養戰，農業之要，又在
水利灌溉，所以在此時期，各國陸續興修了大量的有利於灌溉的水利工
程。重要的有如下幾項工程：

㈠春秋末，吳王夫差在長江與淮河之間開鑿運河，稱邗溝；又從淮
河另開一運河，北通沂水，西通濟水，從而溝通了長江和黃河兩大水系，

便利航運和灌溉。

㈡魏文侯時，西門豹引漳水十二渠溉鄴田，使鹽漬地變良田；魏惠王鑿鴻溝，即從黃河開鑿運河通向圃田，開溝渠引水灌溉。此外，還有支流丹水、睢水、濊水等的治理，由於充分利用地形、地勢，構建了濟、汝、淮、泗之間的水利交通網。此後，中原地區各諸侯國也相繼興修水利，史稱「自是之後，滎陽下引河東南為鴻溝，以通宋、鄭、陳、蔡、曹、衛，與汝、濟、淮、泗會；於楚，西方則通渠漢水、雲夢之野，東方則通鴻溝、江淮之間；於吳，則通三江五湖；於齊，則通菑、濟之間」。總之，各國競相水利。

㈢秦昭王以李冰為蜀守，建都江堰水利灌溉工程；用鄭國引涇水向東經富平注入洛水，建鄭國渠溉田萬餘頃；秦滅楚後，秦王政又命史祿開鑿靈渠，溝通湘江同灘江交通。在此時期，還加強了黃河、濟水等大河流的堤防建築。

關於水利設施，《管子》曾有較詳盡的敘述，如〈四時〉說到修治堤防及溝瀆，有用水與防水兩方面的作用。在〈度地〉中，用桓公與管仲的對話形式，說明水害為五害之首，及根治水害設置水官置修水利工程的具體措施，頗具啟發意義。但是，春秋戰國時期由於諸侯互相爭霸，彼此征伐，戰事連年不絕，對於水利設施大有妨礙。因為河道治理，溝渠開通，往往涉及鄰國利害，須兼顧河川的上下游流域利益，互相合作，通盤籌劃，才能收到良好效果；如果各自為政，就不免造成以鄰國為壑，只顧自國利益而犧牲他國利益了。這種以鄰國為壑的情況，在春秋戰國時期是很突出的。但不管這種情況如何發展，對水利工程設施及社會生產來說，總是起著積極的促進作用。隨著農田水利事業的發展，灌溉農田使用的提水機械桔槔也出現了，它效率高，費功少。由於農業水利設施的發展，儘管在戰火紛飛的春秋戰國時期，整個社會農業生產，總的

來說還是不斷向前發展的。

　　東周春秋時候，農業經濟又有進一步的發展，其中一個突出的情況是鐵器在農業生產上開始使用。春秋時齊桓公就曾以「美金」與「惡金」，分別對青銅與鐵器在農具使用上的差別，請問過管仲的意見。在地下考古的發掘中，就有春秋晚期的鐵鍤、鐵削等鐵農具和鐵器物的出土。鐵製農具的出現，對開墾荒地提供了有利的條件，從宋、鄭間荒地逐漸開闢，到春秋晚期於此建立了六個邑來看，鐵製農具對開荒墾地起了促進的作用。將牛用於耕作上是春秋晚期常見的事，並已產生獨立的園藝，「圃」與「農」已經分立了。

三、工商業之發展

　　考古工作者曾在河南偃師二里頭發掘到眾多的古代手工業品，其中有小型的青銅器，如：盉、爵、鑿、錐、刀、戈、戚等，這些銅器是銅錫合金而不是純銅。還有三十多種如鼎、罐、深腹盆、三足盤、大口尊等陶器，有些陶器的口沿上刻有二十多種符號，可能是夏代的文化遺存。青銅器的製作，反映了社會分工和專業程度，也表明了在古代國家制度的運作下，才容易做到。

　　商王朝建立以後，為了適應整個社會經濟的發展，尤其是為了滿足統治者奢侈的生活需要，曾經在城市裡普遍設立了手工業作坊，驅使大批奴隸從事各種手工業的勞動。當時的手工業種類很多，分工很細，比如在殷墟曾發現石器、玉器、骨器、銅器等各種作坊。此外，如皮革、釀酒、舟車、土木營造、飼蠶、織帛、縫紉等也均見於甲骨文的記載。在各種手工業中，青銅器製造的成就特別突出。從大陸歷年出土的文物表明，商代的青銅器不但種類繁多，且產量很大，以兵器和車馬器的數量最多。從各類銅器的種類來說，生產工具有鏟等；烹煮器如鼎等；酒

器如爵等；儲盛器有盤等；兵器有戈等；樂器有鐃等；此外還有各種車馬器、裝飾品和隨葬品。古代長期使用的銅鏡，在商代已能製造了。由於商代的青銅製作業很發達，當時的整個手工業生產也都用以青銅工具為器具了。隨著農業、手工業和畜牧業生產的提高，以及各生產部門內部分工的日趨細密，商品生產和商品交換自然也就更加發展了。殷墟曾經出土大量的玉器和貝，還發現有鯨魚骨、海蚌和占卜用的大龜。這些東西顯然不是地處中原的安陽所產，而是來自遠方，說明商業活動的範圍已經很大。隨著商品交換的擴大，作為貨幣使用的海貝業已出現，商王和貴族常以貝賞賜臣下；後來由於交換發展的需要，又出現了骨貝和仿海貝鑄成的銅貝，這可能是世界上最早的金屬貨幣。

西周時，貴族設立種種手工業作坊，當時手工業的種類很多，分工也細。周代攻木之工七，攻金之工六，攻皮之工五，設色之工五，刮摩之工五，搏（拍）埴（黏土）之工二。在各類手工業中，青銅器鑄造仍然是最主要的部門，分佈的地區比商代廣，當時的一些主要城市和各諸侯國都有自己的冶鑄作坊，有的規模還很大。西周青銅器的數量遠遠超過商代，歷年來曾發現過大量的禮器、用具、兵器、工具和飾物等。據《考工記》所載，周人製造各種青銅器，使用了不同的銅錫比例。西周青銅器上一般都鑄有銘文——金文。商代的青銅器已經有了銘文，但多不長，少則二、三字，多則二、三十字。西周的青銅器不但大都有銘文，且有些大青銅器銘文很長，如宣王時毛公鼎內部的銘文長達四百九十七個字。銘文的內容很廣泛，不但有銘功記德，同時，也有關於社會政治制度、重大歷史事件、民族關係、賞賜土地和奴隸等各方面的記載。這些銘文，是研究西周社會歷史的珍貴資料。西周的手工業除了青銅器的製造之外，陶器、漆器的生產也都有進步，西周時還出現了一項新興的手工業即玻璃的製造。東周春秋時候，手工業中的青銅器製造又有改進。

這一時期各地青銅器的生產非常普遍，可以說已遍及各諸侯國。在山西侯馬牛村的古城，發現了春秋後期的銅器作坊遺址，出土了大量鑄造銅器的陶範共三萬多塊，其中有花紋的約一萬塊，也曾發現兩堆完整的銅錠，共一百一十塊，重一百九十一斤，由此可知，這個作坊的規模是很大的。

中國古代煉鐵從歷史記載和出土文物來看，大致在春秋中後期冶鐵手工業已有一定規模。從《管子‧海王》說：「今鐵官之數曰：一女必有一針一刀，若其事立。耕者必有一耒一耜一銚，若其事立。行服連軺輦者必有一斤一鋸一錐一鑿，若其事立」，可見鐵器已很普遍，種類也很多，所反映的大概是春秋時的實際情形，看起來齊國可能是較早製造鐵器的一個地區。晉國用鐵鑄刑鼎（西元前513年）也是歷史上很著名的事，鑄鼎的鐵是作為軍賦向民間徵收的，足見鐵在晉國已很普遍；同時，能夠澆鑄上面有法律條文的刑鼎，也說明晉國已有較高的冶鐵水準。中國古代冶鐵技術的進步，一方面由於有商周青銅精湛鑄造技術的借鑑；同時也和冶鐵鼓風爐的使用有密切關係。《吳越春秋》中提到吳王闔閭鑄名劍干將、莫邪，曾用「童男童女三百人鼓橐裝炭」，關於鼓風工具的構造，據《墨子‧備穴》說是「具爐橐，橐以牛皮，爐有兩瓶，以橋鼓之百十」。冶鑄鐵器必須將鐵溶於鐵水，而鐵的熔點達一千多度。這樣高的溫度，若不用鼓風囊是不能達到的。所以，鼓風囊的發明和使用在社會生產上有著不可低估的意義。總之，春秋時候鐵器在生產領域已經逐漸發揮作用了，不過，在地下發掘中，至今尚未發現過西周的鐵器。手工業生產中除了銅器、鐵器部門的發展以外，煮鹽業、漆器業也在春秋時候興盛起來。晉國的池鹽、齊國的海鹽都很著名，漆器則是中國南方的特產。

在農業和手工業發展的基礎上，商業也更加發達。在春秋初期，作

為商品交換的主要是奢侈品。到了春秋末年，商品種類進一步擴大到生活必需品。這一時期，以楚國最為發達。其他如製陶、製革、紡織、染色、玉器、石器等商品，雖然貝仍然作為貨幣使用，但由於交換的發展也出現了鎛狀的金屬鑄幣。考古工作者在侯馬晉國都城的鑄銅遺址發現了銅幣——空首布。其形制都是尖肩尖足，長柄方銎，銎上大下小。此處不僅發現了空首布原物，同時還找到大批空首布內範，這就說明至少在春秋晚期，晉國已經使用了鑄幣。雖有周景王二十一年（西元前524年）「鑄大錢」的記載，但迄今沒有實物出土。春秋時期有一個與商業發達相連繫的情況是獨立商人的出現，在過去商業和手工業全部由官府壟斷，即所謂「工商食官」、「工商在官」。這時，在某些官府商業存在的同時也開始出現了獨立的商人。《左傳》中有一段話記載鄭國國君和商人盟約說，商人不背叛公家，公家也不干涉商人的經營，不侵占商人的貨物財產。鄭國大商人弦高犒秦師是眾所皆知的，弦高當然是獨立的商人。商人在社會上有很大的活動能力，孔丘的弟子子貢也是著名的商人，經商於曹、魯之間，此孔丘名揚天下的子貢，社會地位是很高的。這時，也有經商出身的人，後來做了大官或公卿大夫棄官經商的例子。如春秋初期，齊國桓公的相國管仲曾從商，當政以後在齊國執行重商政策。春秋末年越國的大夫范蠡在句踐滅吳後，棄官出走，在陶地經商，成了歷史上有名的陶朱公，這些例子反映春秋時候商人的地位。另外一個和商業發展相連繫的情況是，一些商業發達城市的興起。如新鄭是鄭國的都城，也是一個重要的商業城市；定陶地處齊、宋、魯、衛之交，也是一個繁榮的商業城市；春秋時候齊國的臨淄是商業中心。大抵自商、西周至春秋，商業最突出的發展就是鑄幣的出現和私商的出現。

四、賦稅制度

三代的田賦制度，文獻記載十分簡約，按照《孟子》的記敘：

㈠夏代行貢法，商代行助法，周代行徹法。夏代的貢法據《廣雅》的解釋，「貢」是指居民向上進奉土地所出產的物品。相傳，禹奉舜命治理洪水之後，劃分區域，將人民按一定的方式組織起來，按夫分配土地令其耕種，並按土地肥瘠、高下確定上、中、下三個等級，向居民徵稅。按照貢法規定，稅率為十分稅一，徵收原則是：必須是各地的土地出產物品；以實物交納；必須考量各地的運輸條件和距離遠近，也就是說以王城為中心，將距離王城五百里範圍內分為五個納稅區，每一百里為一區，離王城最近的一百里內納全禾（連穀子帶禾稿一起交），離王城一百里外至二百里內的地方交禾穗，二百里外至三百里內的地方交禾稿，三百里外至四百里內的地方交帶殼的穀子，四百里外至五百里內的地方交去殼後的米，這種規定應被認為是合乎稅收均平原則的。

㈡商代的助法。殷人把定量土地（一「井」）分成九塊，將周圍的八塊分給八家做「私田」（份地），由八家自己耕種，收入歸各家，國家不收稅；中間一塊為「公田」，由八家共同耕種，公田收入全部上交國家。

㈢周代的徹法。周代在滅商前屬於西方小國，經濟並不發達，其田賦制度是按土地肥瘠分等徵收實物。武王滅商後，並未立即統一田賦制度，對原屬商代統治區仍行助法，以後逐步加以改革，實行徹法，即對百畝之田所收之物，按什一稅率徵稅。由於社會的進步，西周王朝頒有關於災荒發生後，政府需採取的若干救助措施，計有十二項：1.貸給人民種子和食糧；2.減輕各種租稅；3.寬、緩刑罰；4.減省力役負擔；5.頒佈山林及川澤的有關禁令，開放山林川澤，讓人們採捕取食；6.解除關市有關禁令，防盜賊但不交稅；7.簡省婚慶等吉禮，以節開支；8.減

省喪禮制度要求；9.收藏樂器而不用（減少娛樂活動）；10.減省婚禮制度，使男易得妻，女易出嫁；11.恢復舊有祭禮，以防鬼神為災；12.嚴防盜賊為害。通過這些政策措施使人民團聚而不致流離失所。

　　古代徭役並非單指力役，應包括兵役在內。因不論力役和兵役，均由人民負擔。夏代徭役徵派的情況，史書無記載。商代據甲骨文所載，力役包括參加田獵、築城、押送俘虜以及巡邏等事；另還有兵役，商代的軍事行動及規模比夏代大得多。到西周，徭役的徵調已構成國家財政的一個重要內容，從《周禮》中「小司徒」和「遂人」的職責條件看，自夏至西周，都貫徹了「兵農合一」的原則。因它將人口、勞動力和占有田土的等級等因素都放在一起考慮。在夏、商時期，在田賦和徭役之外，還有貢稅的徵調。相傳禹「任土作貢」，這是說命各地貢其土特產品，以保證中央行使權力的需要。

　　除正常之貢（歲貢）外，還有非常之貢。如諸侯會盟或朝會時有貢，還有周邊的方國、部落（少數民族）之貢等。由於貢在三代財政中具有特殊地位，所以商湯伐夏以後，即與伊尹討論確定貢獻的原則：以地勢所有為貢。伊尹受命而為「四方令」。商代之貢，從甲骨文可得到證實，所貢之物，包括牲畜（無數量規定）、戰俘（主要為羌人）、貴重財貨、弓矢以及卜骨卜甲等。雖數量不限，但不能不貢。夏、商兩代對貢稅如此之重視，關鍵不在它的財政意義，而在其主從關係，這是統治區域的反映。

　　周有九賦、九貢制度。史家稱先王授民以田，則責之賦；授諸侯以國，則責之貢。周貢同禹（夏）貢已有明顯區別。史稱夏之八州之貢，為諸侯歲之常貢，而西周的貢為九賦之外的九貢，即夏代的九州貢賦，有一部分已轉化為稅，即關市之賦、山澤之賦和幣餘之賦。西周規定，以九貢致邦國之用，即祀貢（祭祀用犧牲、包茅之類）、嬪貢（供嬪婦用

絲、枲等物）、器貢（宗廟祭器）、幣貢（玉、馬、皮帛之類）、材貢（木材之類）、貨貢（金、玉、龜貝之類）、服貢（絺、紵之類）、斿貢（羽毛之類）和物貢（魚、鹽、橘、柚等）。這些物品，原則上是各地所出。屬於職貢的內容，史稱西周制天下為九服，甸服者提供祭祀用品，侯服者按月上供，賓服者按時（二年、三年、五年）上供，要服者（距王城千里外之各國首領）在位期間貢一次，更遠的方國部落也有進貢要求。周王朝對失職（不貢）者是不饒恕的。

　　西周以前，山林藪澤均為公有，未有賦稅。自古以來，山林川澤的出產物，是人類生活的重要來源，隨著人口的增殖，採集的加劇，國家於是加強了管理措施。但開始設官分職的目的，主要是為了管理，不是為了收稅。如山虞、林衡掌山林的政令和開採，鹽人掌鹽的生產和供應等，與民共用。直到西周後期，由於管理和財政的需要，開始對山澤產品徵稅。此時課徵的物品範圍較廣，包括山林出產的木材、薪材、草、葛、野獸肉、獸皮、獸骨、野禽羽毛和野果、野蔬，河湖池澤出產的鹽、魚、鱉、龜等，場圃出產的果瓜等物，內容龐雜，多徵實物。納稅人主要是採樵者、獵戶、放牧者、捕魚者和園戶等。此處既有專業戶，又有農業副業。所以說，山澤之賦，主要是對農民從事副業的產品的徵收。山澤產品的稅率，沒有統一的規定。據史籍所載：場圃收入為二十稅一，漆林之稅為二十稅五，可能與漆的用途有關。關市稅是指對通過國家所設關卡的商貨和在市場出售的貨物所徵的稅，始徵於西周後期。在西周，對關稅的徵收有嚴格規定。徵收貨物過境稅與貨棧租金，凶年饑荒疾疫死亡，出入關門不徵。關於市稅，即對商舖徵收貨物稅（一說為屋稅），對掌斗斛銓衡者之收入徵牙稅（一說為貨物稅），對交易契約收規費，對違約行為進行罰款，對租用官房收租賃費。三代的市場管理十分嚴格，據《禮記》所載，凡絲麻不符合規定精粗、幅面長寬的布帛，未成熟的

五穀和果實，未成材的樹木，未長成的禽獸、魚、鱉以及衣服、飲食品等不准在市場出售。對犯禁者要進行嚴厲處罰，「輕無赦」。而市稅收入及罰沒收入，均應按規定期限交官庫（泉府）。此外，戰利品收入、贖罪收入以及狩獵收入等雖不屬經常收入項目，但亦是國家重要財源之一。

夏商西周的統治者為了鞏固政權、穩定社會，實現國家職能需要，對用強力徵集來的財物，按照一定的用途進行分配，古籍稱為「制國用」。三代的國家財政支出（包括王及親屬的費用）主要有以下幾類。

祭祀起源很早，對日常所遇之事，認為有神靈而產生敬畏之情。三代統治者以為自己能掌天下，是冥冥之中有神相助。因此借助鬼神來作為行使權力、鞏固統治的一種手段。三代統治者把祭祀作為國家的頭等大事，凡戰爭前後、外出打獵、春種之前、秋收之後等等重大活動，都要舉行祭祀活動，凡不祭祀者，都被認為是對天地神靈的不敬，要受到嚴厲的懲罰。祭祀用品，多用牲畜。三代重大祭祀殺牲很多，有時多至幾百頭。也有用人做祭品的，從殷墟的祭祀坑中發現埋有一千一百七十八個奴隸；從出土甲骨文中，也記載有人祭的事實。三代的戰爭頻繁，夏、商兩代尤多。三代軍事費用，據載是以「井」為單位徵調的。被徵調的平民、貴族要自帶糧食、自備戰馬、牛車和武器諸物。由於戰爭所需的人、物、財都由出征者負擔，所以在國家財政支出中沒有軍事支出項目。

史家稱三代王即國家，所以天子及王室支出，同國家財政支出多有混同之處。除天子及其親屬日常的膳食、衣服、居住及其他費用開支外，其以天子之名義招待賓客、舉行宴會的開支，贈與賓客的禮物開支，賞賜諸侯、百官錢物，祭祀用器物的添設，王宮各項物品用品，飼養公私家畜的穀草，宮殿及陵墓的建築和維持，以及凶荒喪葬和賑濟的支出等等，從明目上是天子統治上的需要，是為天子服務的，但從支出性質上

看，又屬國家機器職責範圍。此外，三代之時，公私不分，以私為公，化公為私之事大量存在。從考古發掘的宮室遺址、墓葬遺存看，天子及王室生活是十分奢侈的。三代官吏的一大特色是沒有薪水，國家也沒有安排俸祿的支出。三代從中央到地方都安置有官員，並按職位高低受爵，按官職官爵分給一定的土地和臣民。西周時期有「分田制祿」制度，亦就是分地少的諸侯收入，相對分地多的諸侯收入自然要少。從財政意義上看，土地分賜即為財政俸祿支出；作為諸侯和所屬官吏，分得土地即是獲得俸祿，這就是分田制祿。

相傳堯有九年治水，洪水的災害使夏民族十分重視水利排灌工程的修築。在各個方塊之間，開挖了縱橫交接的溝渠水網，以利排灌。同樣，商的始祖契教民耕作，播種五穀；而契的後代「冥」，因治水而身亡。可見三代之時，水利建設事業的投資是比較多的。除祭祀、軍事、王室、百官俸祿及水利灌溉事業的支出外，還有都城建設的支出下，宮殿、園囿建設，道路交通建築，賓客飲宴費用，賑濟支出等方面，都從財政制度上給予保證。

財政體制的問題，實質是國家財權在中央與各級政權之間，如何劃分的問題。在夏、商、西周時期，生產力雖低下，政權組織形式又是在天子之下，實行封建制度，其實也存在財權的劃分問題。西周的財權劃分是通過對土地的分配（分封）來進行的，各級政權的財權，是按血緣關係規定等級，按等級分封土地，而不是按各級收支劃分的。當各地國君（諸侯）一旦得到周天子的封地，就得到了這塊土地上的政治、經濟、軍事、民政等權力，也就是說既有封地，就取得了獨立的財政收入。這就出現了親者必貴者，貴者必富者的現象。這種財政體制，更意味著地方財政與土地占有緊密相關。而土地是天子按血緣親疏關係分配的，因此而構成中央（天子）同地方諸侯和平民的貢納關係。土地的多少不僅

體現了諸侯的地位，同時也固定了中央同各個地方的財力分配比例。但這種財政體制有著很大的侷限性，各級財政具有完全獨立的財政權力。在一般情況，地方在完成其規定的貢納義務之後，中央無權插手地方財政的再分配，這就使國家在此形勢下，不能有效地發揮其調控的功能。

　　三代理財思想，既是國家理財的思想，又是組織（劃分）收支應遵循的原則。而且，三代的諸多理財原則，對以農立國的中國歷史影響深遠。㈠量入為出原則：是三代統治者根據這一歷史時期的客觀條件，總結了許多的理財經驗而形成的。從夏到西周，雖然生產在發展，社會在緩慢前進，但由於生產工具落後，生產力發展水準很低。平民為生存而做，貴族不勞而獲，階級衝突存在，既影響了生產積極性的提高，也影響了農業收入的增產增收。所以，首先財政徵收必須建立在經濟發展水準上；其次，財政的支出，必須建立在已經徵收入庫的基礎上。這就是量入為出原則誕生的歷史原因和經濟原因。這一原則，又體現了當時的財政思想。㈡均節財用原則：與量入為出相適應，又有均節財用的原則。事實上，在三代不可能濫收濫支，必須面對實際，調動生產的積極因素，培養財源，才能保證需要。從《周禮》所載，田賦的徵收首先根據土地的肥瘠、地勢高下、勞動力多少等因素來分配，根據土地的使用情況（城市、園圃或農牧用地），和出產物用途制定不同的稅率；按年成的豐歉決定減免；徭役亦按年成豐歉組織調發；而對諸侯方國的貢賦，也按親疏、遠近、封地大小等因素規定貢賦比例。這些制度規定，符合稅收的均平、合理原則。至於定額管理和專款專用，則是節約支出的體現。

　　中國的預算、決算制度，最早可能起源於中央對各級官吏的政績考核。相傳堯舜時，「三歲一考功，三考絀陟」，這種考績，包括人口增殖、農業生產、財政收入等方面。到西周時，已有比較詳細的規定。首先，設置了主管財政、財務會計的機構，配備了主管官吏，如司會輔佐大宰

按九貢、九賦、九功、九式之法，掌各項財貨出入之數，並按日、按月、按年進行匯總，上報冢宰及天子。司書職司對王畿內戶籍、土地和國中各項財物收支情況，逐一登記入帳，進行核算。在進行核算的基礎上，由冢宰編制國家的預算。這裡包括預算編制時間、編制機關、編制依據以及編制原則等內容。如將《周禮・天官・冢宰》的九賦、九式進行對稱排列，則是一個十分簡明的國家預算圖示。

春秋戰國時的財政管理體制，呈現諸侯國各自為政的分權體制，到戰國後期才有趨向統一的跡象。在行政、財政管理上，建立了財務管理制度，嚴格年終考核制度，這便是西周以來的「大計」、「受其會」的發展。春秋以來，加強了戶籍的管理。因戶籍關係到土地分配、田賦繳納、徵發徭役等內容。《管子》提到：「戶籍田結者，所以知貧富之不訾也。故善者必先知其田，乃知其人，田備然後民可足也」。秦國規定，國境之內，丈夫女子皆要登記。登記內容包括家庭人口數、成年男子姓名、年齡等。按《禮記・月令》載季冬之月，天子命宰登記統計卿大夫至於庶民的土田之數。古代的上計，是對官員業績的考核。

到戰國時，對財政賦稅的考績成了重要內容。按《商君書》一書所說的每年上計必須考核官員知十三數，即境內倉口之數，壯男壯女之數，老弱之數，官士之數，食者之數，利民之數，馬牛芻稿之數。西周規定，上計在歲終進行。按當時規定，各地方（諸侯國）和中央有關部門首長，必須把來年土地開墾、賦稅收支等預計數，寫在木質的券上，送到天子（或國君）那裡，天子或國君將券剖分為二，天子或國君執右券，臣下執左券。待年度終了，各地長官或上計吏，要到中央（或國君）參加考績（上計），主持上計者為天子或國君，也有由相來主持。考核的結果如《荀子》中所說的，完成任務好的受獎或升官；否則受罰，太差的則收璽免官。戰國時的上計，也有弄虛作假的行為，甚至不上計的。戰國初，

魏文侯李悝作平糴法，以平抑物價。秦始皇四年（西元前 243 年）七月，立長太平倉，豐則糴、歉則糶，以利民也。說明自魏至秦，均實行平糴制度。均輸之事，始見於《越絕書》：「吳兩倉，春申君所造，兩倉名曰『均輸』，東倉周一里八布」，證明儲量很大，具體制度不得而知。

　　據《秦律‧法律答問》可知，戰國時期，秦國已有了嚴格的生產分配和財務管理。如「田律」規定了農田林苑管理、田稅定額、牛馬飼料供給等；「倉律」包括田稅實物進出倉庫保管、種子發放和刑徒食糧定額等；「金布律」指錢幣使用、布匹長寬，官民間債務、官府間財務交往等；「司空律」指對服役的罪人、刑徒、被罰款者、負公債者的管理；「徭律」指與徭役有關的制度；「傅律」指戶籍登記的管理；「效律」指官吏考績和監督等等。

　　為適應社會發展、鞏固政權、安定社會的需要，從新石器時代晚期開始就選舉了管理官員；國家形成後，則在更大範圍內設官分職，分工管理。史稱：「有虞氏官五十，夏后氏官百，殷二百，周三百」。據《周禮》記載，西周主管財政財務的機關，歸屬兩大系統，一是天官冢宰系統，二是地官司徒系統。天官系統屬調控機關，主抓中央（王室）財政，如大宰、小宰主抓九職（社會分工）、九賦、九貢、九式，總司國家財政收支；大府、玉府、內府、外府等四府掌國家財貨收、支、保藏；甸師掌王之藉田，供天子祭祀；司會、司書、職內、職歲、職幣五職主掌財政的收入、支出並進行稽核，以保國家收支的準確、有效。地官系統以總體和個體上主掌全國生產和分配。大司徒、小司徒主掌全國土地、人民、諸侯國和采邑的分佈，是土地分配和貢賦的總負責；其鄉大夫、遂人、載師、閭師、縣師、均人、旅師、土均、司稼等等負責所在地區（或分管範圍）賦稅的徵收、入庫和減免；委人、廛人、司關、泉府等主掌進入流通領域的貨物的稅收。此外，夏官、秋官系統中，亦有分管財政、

財務的職官。以上「周官」，雖有後人添加改作之疑，但對後世國家機構的設置影響很大。

　　春秋時期，王權衰落，綱紀敗壞，雖然其主要的制度名義上仍在維持，但也逐漸變化。表現在政府機構上，由於宗法制度遭到破壞，主持政務的宰（相）和司徒、司馬、司空、司寇等官府機構，地位日顯重要。按《荀子‧王制》所記：宰爵掌賓客、祭祀、饗食、犧牲之牢數，司徒掌城郭、器械之數，司馬掌軍隊甲兵車馬之數，司空掌修堤防、溝渠水利諸事；治田（農官？）掌土地分配（按高、下、肥、瘠）、作物培育、農具改革、產品收藏諸事；虞師掌山林藪澤草木魚蟹的養、捕、砍伐諸事，按時禁伐；鄉師掌本鄉的民事、農事和禮教，工師掌百工製造、城建、利用諸事，治市掌道路交通、商貿流通和治安諸事。從其他文獻所記中，戰國時已有田部吏、大府、內史等官府機構，是專門的財稅機構，說明財稅機構已日漸獨立出來。

第三節　秦漢時期經濟之發展

一、土地制度

　　秦代經濟經營的組織及其形式，得按土地所有者的不同而區分為不同類型。秦時土地有國有（官田或公田）與民有（民田或私田）之分，亦可分為國營經濟與民營經濟兩種類型，它們的組織及其形式是不相同的。國營經濟是官府直接經營的國有土地，其中又分為由皇室直接派內使經營的莊園，和由官府設置機構經營管理的官田。這兩種經營組織形式，常是同時採用，以出租給農民耕種較為通行。民營經濟包括地主莊園經濟、自耕農民經濟，及租佃農民經濟三種經營組織形式。地主莊園

經濟是地主對自己大量土地的經營，有直接組織勞力耕種與分割出租土地招佃耕種兩種形式。也有將土地分割出租給農民耕種收取地租的，這就形成租佃農民經濟，這是地主制經濟最普遍採用的一種形式，所以地主經濟與佃農經濟是一事的兩面。自耕農民經濟，則是自耕農民在自己所有的小塊土地上，依靠全家勞力耕作的農民經濟，它介於地主與佃農兩種經濟的中間，為中間階層經濟。它是秦時民營經濟最主要的經營組織形式，國家賦稅收入和兵役力役來源都要依靠自耕農民。

由上所述，可知秦時各種農業生產經營組織形式各有特點，在擁有生產的地主（包括國家和私人）與直接生產勞動者佃農的關係上，主要依靠於租佃制度把二者結合起來。這種租佃關係雖然是平等的契約關係，地主與佃農都是獨立的，沒有人身依附關係，但是由於兩者的經濟地位懸殊，佃農對於地主縱然在法律上說是獨立的平等的，可是實際上仍然有著人身依附關係。因此，佃農對地主有著實際上的人身依附和超強經濟強制，這種租佃制度生產關係，在秦時樹立了牢固的基礎，為以後各朝代所沿用。另外，各種農業經營組織的一個特點是採取小農經濟方式，一家一戶就是一個生產單位。小農經濟形式也是地主制經濟的一個特點，小農經濟或小農經營形式，有其歷史的脈絡，在部落聯盟時期，是每戶成員均分同量土地耕作的；夏商周三代是按井田制劃分等量地塊給農民耕種的，是在井田制下以私田分給各戶農民而令其助耕公田的；在地主制經濟下任由各戶農民自由租佃耕作。可見，農業生產經營一向是以家庭為生產單位，而且農業生產也適合於這種形式。小農經營方式是中國歷代沿襲下來的一種形式，秦代由於實行耕戰政策，獎勵發展農業生產，獎勵農民析居獨立耕作，法律規定家有二個男子而不分居獨立耕作的，要加倍徵收賦稅，這就更加促進了農業的小農經濟化。秦時確立的農業生產經營組織形式，以及連結地主與佃戶的租佃制度，為中國二千多年

的歷代王朝所因襲而基本上沒有多大變化。

　　秦代大規模的實行軍屯和移民開發邊區的屯田墾殖事業，亦是值得注意的。中國的屯田事業開始於秦代，漢代不過是承襲秦制加以發展罷了。秦代屯田的方式有兩種，一為軍隊屯田，一為移民墾殖，這兩種方式常是並行互相為用的。秦代實行的屯墾與移民實邊政策措施，有一定的成就，也起著重要的作用。首先，是它開拓了各邊疆區域，擴大了國土面積，使秦代邊疆已達於現今疆域；它增加了全國的耕地面積，為發展農業生產提供了必要的條件；它充實了邊防，增強了國力；減輕了內地往邊疆運輸糧秣的民間徵調；同時，實行軍屯和移民實邊，為漢族與各少數民族之間的經濟、文化與政治各方面提供了互相交流、傳播與融合的良好機會，對中國多民族統一國家的形成起了極其重要的作用。

　　秦王朝的暴政統治和長達六年的楚漢戰爭，對社會經濟造成嚴重的破壞，這場浩劫不僅使農民喪失了進行農業生產的經濟條件，還喪失了勞動力本身，大量耕地因無人耕種而荒蕪。針對這種情況，漢初統治者制定與民休養生息的國策，致力恢復發展經濟，到文帝時已有很大改觀。武帝即位時，經濟已十分繁榮，到平帝元始二年（2 年），人口的繁殖、土地的開墾都達到空前繁盛的程度。西漢土地的開墾能取得這樣輝煌的成就，主要有兩個方面。首先，西漢王朝長達二百餘年的穩固統治，為這一時期經濟的持續穩定發展提供了良好的環境。在這種情況下，人民得以安居樂業，人口數量穩步攀升，從而使土地的廣泛開墾成為可能。另一方面，西漢時期社會生產力的迅速發展，則為土地的開墾提供了雄厚的物質基礎。這一時期，鐵器牛耕技術的進一步推廣普及，許多大型水利灌溉工程的相繼修建，都極大地促進了土地的開墾。

　　西漢時期土地開墾最充分的地區是關中、關東地區，即黃河中下游流域。這一地區土壤肥沃，氣候適宜，水源充足，自然條件十分優越，

素有「膏壤」、「沃野」之稱，十分適宜農業的經營和發展。關中地區是
西漢京畿所在地，政治經濟地位十分重要，因此西漢政府十分重視發展
此處的農業，並實行一系列優惠政策，鼓勵農民開墾土地發展經濟，其
中最重要的便是徙民政策。秦末戰爭和相繼而來的災荒使關中地區人口
銳減，高祖聽從婁敬建議，徙戰國時六國貴族之後以及豪族大家十餘萬
口，開始向關中徙民。大量高貲富人的湧入充實了關中地區的人口，也
給關中地區的經濟發展帶來了活力和增長，土地的開墾隨之大幅度增加。
西漢政府對關中農業經濟的扶植，還表現在這一地區推廣先進的農業生
產技術和工具。武帝末年，趙過任搜粟都尉，在三輔、河東、弘農以及
邊疆一些地區如居延塞推行代田法，並推廣先進的農具和耕作技術，其
中最重要的就是二牛三人的牛耕法。對於缺乏耕牛的小農，趙過則教民
挽犁，使耕作效率大大提高。趙過還創耬車，加快了播種速度，促進了
推廣地區土地的開墾。西漢統治者十分關注關中地區的農業生產狀況，
曾多次下詔減輕農民負擔，以促進農業發展。相應地，關中地區的水利
建設從《漢書・溝洫志》的記載來看，較其他地區得到更多的重視。元
光時引渭穿漕渠；元鼎時開鑿六輔渠；太始時引涇入渭開白渠；還有引
渭灌溉的靈軹渠、湋渠、成國渠等。其中收益最大的當屬白渠，它和鄭
國渠共灌溉五萬餘頃土地。眾多水渠的修建解決了大片土地的灌溉問題，
使大面積的荒田變為沃土。在西漢政府的刻意扶持下，關中地區的土地
得到了較為充分的墾殖，「陸海」、「膏腴」、「土膏」之稱則是當時人對關
中農業經濟繁榮的肯定。

　　較之關中地區，關東地區的地域更為遼闊，它自函谷關起，隨著黃
河蜿蜒西行，直至大海，這一地區有著悠久的農業歷史。西漢時期關東
地區的農業進一步發展，土地得到進一步開發。關東地區的土地開墾率
在全國是最高的，占全國總耕地的 50% 左右。因此，可以說關東地區是

西漢時期最大最主要的糧食基地，也是國家田賦的主要來源。關東每年向中央政府所在地長安漕運大批糧食，漢初每年漕運數量只有數十萬石，至武帝時最多已達六百萬石。

此外，巴蜀地區（主要是成都平原）也是西漢時期的重要農業經濟區。農業開始於戰國末年，李冰主持修建的都江堰，都江堰的修建既解除了岷江的水患，又灌溉了三百萬畝農田，於是蜀沃野千里，號為陸海，天下謂之天府也。巴蜀地區一躍而為全國著名的富庶地區和重要農業經濟區。秦漢之際由於巴蜀地處偏隅，戰亂對其影響不大，經濟一直持續穩定發展，因此當中原發生災荒時，漢政府常讓災民、流民到巴蜀就食，並把巴蜀地區生產的糧食運往災區賑濟災民。巴蜀所在的益州地區耕地面積占全國耕地總數的 8.03%，這些耕地主要是在人口稠密的蜀郡。

其他地區如西北、東北、淮河以南地區，西漢時仍然是土曠人稀，土地開墾十分有限。淮河以南地區由於氣候炎熱潮溼，森林沼澤密佈，野獸蟲蛇四處出沒，一直人煙稀少。當地居民過著簡單原始的生活，農業經濟十分不發達。秦和西漢時期對這一地區的開發產生重大影響的是兩次徙民活動。第一次是秦始皇出於擴大疆域的目的出兵掠取今五嶺以南之地，建桂林、象、南海三郡，並徙民與越人雜處，許多人就在此定居下來，他們對這一地區的土地開墾做出了貢獻。第二次是武帝時，關東發生水災，漢政府遷徙貧民七十餘萬口到隴西、北地、西河、上郡、會稽。徙民的到來不僅充實了當地的人口，也促進了土地的開墾。另外，一些勤於政事的「循吏」，關心人民疾苦的地方官，通過引進先進的生產工具和技術、組織農民興修水利等措施，也促進了南方地區的土地開墾。

西北自東而西為并州、朔方、涼州。這一地區由於冬季漫長，水資源匱乏，土壤貧瘠，植被稀少，不利於發展農業。因此此處的居民多以射獵、畜牧為業，是當時最主要的半農半牧區和畜牧區。西漢時期為了

配合政治和軍事的需要，在這一地區或徙民墾殖，或駐軍屯墾，大大地
促進了這一地區的土地開墾。漢王朝在西北屯田，不僅開墾了許多荒地，
而且還把關中的先進生產工具和生產技術帶到此。冶鐵技術、牛耕技術、
灌溉技術也相繼傳入，給西北地區游牧民族帶來新的生活，一些純畜牧
區開始轉變為半農半牧區，半農半牧區的農業比重也逐漸加大，開始有
「饒谷」之稱。從人口數量和占有耕地的比例來看，這一地區雖極為落
後，但是比東漢時卻高出許多，說明西漢經營西北地區的政策對這一地
區的土地開墾起了決定性的作用。東北地區的幽州也是一個半農半牧區，
這一地區的人口數量和耕地數量雖遠比不上關中、關東和蜀地，但是比
南方地區和西北地區高。

　　王莽時期的連年旱蝗災害以及戰亂，給北方地區的經濟造成沉重的
打擊，到處是田疇荒蕪的景象。東漢政權建立後，致力恢復發展經濟，
但東漢兩百餘年間，經濟一直未達到西漢時期的繁榮程度，無論是戶口
數還是墾田數，都遠遜於西漢平帝時。東漢時期經濟衰退最明顯的地區
是關中和西北地區。東漢建立後，定都洛陽，對關中地區不像西漢時期
那樣重視，使關中地區的經濟發展失去了優勢。東漢對西北地區也基本
採取放棄的態度，東漢中期羌人勢盛，不斷發生叛亂，由於國力不足，
東漢政權對羌人的叛亂，一直採取被動防範甚至退讓政策。由於內憂外
困，使關中地區以及西北地區的經濟迅速衰落。幽州地區的土地開墾也
有所下降，關東地區的農業在東漢時期雖然保持著其重要的地位，但這
一時期青、徐、兗、豫的人口都呈現不同程度的下降，只有冀州的人口
上升。在全國墾田數下降的大背景下，淮河流域、長江流域地區卻呈現
著一種上升的態勢。之所以會出現這一情況，一方面是因為北方地區屢
受戰亂和自然災害的侵害，一些人開始向自然資源豐富的南方地區遷徙。
這些人有的是自發的，有的是政府組織的，大量人口的遷入促進了這一

地區的開發。另一方面，一些在南方任職的循吏，致力發展經濟，帶領
當地人民改進農具，引入先進的生產技術，並且興修水利，為這一地區
的土地開墾做出了貢獻。

　　總之，西漢時期土地開墾最為充分的是關東地區，它擁有全國耕地
的 50% 左右，在國民經濟中占有舉足輕重的地位。關中地區因其政治地
位特殊，國家給與多種優惠政策扶持其經濟，促進了這一地區的持續繁
榮。巴蜀地區則依靠其優越的自然條件和先進的水利灌溉設施，成為當
時著名的富庶地區。西漢政府對匈奴的強硬態度，帶動了西北地區的經
濟發展，促進了這一地區的土地開墾。南方地區基本延續了春秋戰國以
來的情況，人煙稀少，生產方式落後，所擁有的耕地在全國只占很小的
比重。東漢時期，由於多種因素的作用，北方地區的經濟開始衰退，其
中關中和西北地區的衰退最為顯著。關東地區雖然耕地的絕對數量有所
減少，但是在全國耕地中所占的比重並沒有太大的變化，它仍是國家財
政的主要來源。另外一個值得注意的情況是，關東地區占有耕地略有上
升，表明這一地區的農業生產水準還保持著穩步發展的態勢。這一時期，
南方地區的開發開始起步，北方人口的不斷南遷，先進生產技術的傳入，
以及南方陂塘水利工程的興起，都促進了這一地區的繁榮，人口數量和
耕地面積都出現了大幅度的增長，這一現象表明從東漢時起中國經濟重
心已開始出現南移的現象。

二、農業之發展

　　秦漢時期，隨著冶鐵技術的進步，鐵器在全國範圍內迅速推廣普及，
為興修水利提供了更為鋒利耐用的工具；農業生產的發展，耕地面積的
擴大，需要水利灌溉事業相應發展，以滿足農業的灌溉用水問題；統一
的中央集權國家體制，為廣泛調動人力物力興建大型水利工程成為可能。

在此背景下，西漢時期掀起了中國歷史上第二次興修水力的熱潮。

㈠水利建設

　　秦代的農田水利建設出於軍事上的需要，也出於發展農業生產上的要求。秦國本來就很重視農田水利事業，最初修建都江堰水利工程，使成都平原約三百多萬畝的土地得到灌溉，免除從前水旱頻仍的災害，一變而為良田沃野，農產豐盛的穀倉。其次，於秦始皇元年（西元前 246 年）修建的鄭國渠，這條渠的開成，既可灌溉所經地區的農田，又因此水含有大量泥沙，能夠改造關中鹽漬地為良田以利農業生產，且可克服關中地區乾旱少雨，保證年年都可豐收。秦統一六國後，更注意水利工程建設，以便行船和灌溉，整理各國所築的堤防水道，疏浚鴻溝（江南汴河）。在全國各地進行水利建設。其中最有名的史祿領導修建的靈渠（西元前 219 年），連接湘水和灕水，使長江水系和珠江溝通起來，不但有利水路運輸，而且有利農田灌溉，不但在當時有重大作用，且對後世亦有重大影響。秦代的水利建設工程，尚有很多為灌溉農田開鑿修建的渠道和堤壩，它對於農業生產的發展有很大的作用，亦是農業生產力提高的重要條件之一，水利工程建設與農業生產發展有著極為密切的關係，秦代的水利事業給後世水利建設開了先河，打好了基礎。

　　西漢時期，大規模的水利興修主要發生在武帝朝。經過漢初七十多年的恢復發展，至武帝時社會經濟已臻繁榮，為大規模興修水利奠定了雄厚的基礎。武帝十分重視興修水利，對水利與農業生產的關係有充分的認識（他曾下詔說：「農，天下之本也。泉流灌浸，所以育五穀也。……令吏民勉農，盡地利，平繇行水，勿失其時」）。武帝好興功利，官吏因此紛紛爭言水利，故掀起一股興修水利的熱潮。武帝時興修的水利工程分佈很廣，除了在關中地區修建了漕渠（鄭當時建議修建，修建的目的雖是為了漕運，但是渠下之民頗得灌溉之利，灌溉農田達上萬

頃）、龍首渠（莊熊羆建議修建，雖未能達到預期灌溉效果，但由於開創
了井渠法，以後傳至西北地區，在水利灌溉事業中長期沿用）、六輔渠
（兒寬主持修建，灌溉鄭國渠旁地勢較高的農田，與鄭國渠互相補充）、
白渠（白公建議修建，採用井渠法和提高白渠渠口將水引向高仰之田，
在當時是比較先進的技術）等大型灌溉渠系外，關中靈軹渠、成國渠、
漳渠引渭水灌溉，其他小型渠道修建還很多。關中平原年降雨量較少，
一年只有六百公釐左右，且降雨分佈很不均勻，雨季多集中在六月至九
月，容易造成春旱夏澇。同時，關中平原地勢較低，易造成土壤的鹽漬
化，嚴重危害農業生產。水利灌溉不僅能解決旱澇災害和洗鹽問題，還
可以通過河水挾帶的泥沙增強土地的肥力，所以西漢時期關中地區的繁
榮與關中發達的農田水利工程設施是分不開的。

　　西北地區的水利發展也較為迅速，自武帝時起，為了抗擊匈奴，致
力經營西北地區，在朔方、西河、河西、酒泉等地廣泛興修水利，引河
水及山谷流水灌溉農田。這些水利工程主要是由屯田卒修建的，《居延漢
簡》的出土對了解西漢時期在西北地區開置屯田、興修水利的情況是很
有幫助的，而居延地區屯田卒興建的水利工程分明渠（主要是引額濟納
河進行灌溉）和井渠兩種。

　　其他地區的水利發展相對較為緩慢，在關東地區，武帝時東海郡引
鉅定澤，泰山郡引汶水，修渠灌溉。在江淮流域，高祖時劉信開七門三
堰，灌溉兩萬頃土地；文帝末，蜀郡太守文翁對都江堰北部灌區進行擴
建，使都江堰水利工程進一步發揮作用。汝南、九江郡修建陂池水塘，
引淮灌溉。九江郡設有陂官、湖官，應是專門管理這些水利工程的官員。
元帝時，召信臣任南陽太守，他在漢水支流唐白河流域興修水利數十處，
其中最著名的有鉗盧陂、六門堨，由於興建了這樣大規模的水網，南陽
民得其利。王莽時益州太守文齊也在益州興建陂池，開通灌溉。關中地

區的經濟在兩漢之際遭受巨大破壞，東漢王朝建立後，遷都洛陽，對關中地區不再實行特殊的扶持政策，關中地區的經濟迅速衰落，水利灌溉事業也隨之萎縮。東漢時期關中值得稱道的水利工程，只有靈帝時京兆尹樊陵在陽陵縣東主持修建的引涇工程樊惠渠。

西北地區的水利建設隨著東漢國力的衰落而減少，主要是對西漢時期的舊渠加以修繕利用。光武帝時武威太守任延，因河西水源有限，降雨稀少，特別設置官吏，修理溝渠，百姓深得其利。順帝時謁者郭璜督促徙民在安定、北地、上郡浚渠屯田，並在秦北地西渠的基礎上，進一步修繕延伸，修建了漢延渠。東漢中後期在西北的屯田，均夾河而屯，利用河水灌溉之便，修通開挖了不少渠道。安帝時下令修理太原舊渠（戰國初年修建的智伯渠），灌溉官私田。

東漢華北地區和中原地區的水利發展有限，在華北，光武帝時漁陽太守張堪引沽水和鮑丘水修建灌溉工程，開稻田八千餘頃。章帝時魯丕任趙相時，修通灌溉，百姓殷富。安帝下詔令，修理西門豹所分漳水為支渠，以漑民田，並詔三輔、河內、河東、上黨、趙國、太原，各修理舊渠，通引水道，以漑公私田疇，這是東漢時期華北水利較為重要的工程。在中原，明帝遣將作謁者王吳修汴渠，汴渠成，詔以濱渠下田，賦予貧人。和帝時魯丕遷東都太守，也修通灌溉；安帝年間，詔令河內、河東進行修理舊渠的工作。

在北方地區水利建設普遍蕭條情況時，南方地區的水利灌溉事業卻呈現著蓬勃發展的趨勢。在一些循吏的主持下，汝、漢、江、淮流域修建了大量陂池水塘，極大地促進了這一地區的農業發展。在淮河流域，位於淮河支流汝水流域的汝南陂塘建設最為發達。西漢中期關東發了幾次大水，陂水經常溢出造成水患，成帝時，丞相翟方進與御史大夫孔光共同巡視，最後決定打開陂堤，任其自流，認為這樣可以省堤防而無水

慢。到王莽時，這一地區經常發生旱災，百姓非常痛恨翟方進，反映了廣大農民要求興修水利灌溉農田的願望。光武帝時，汝南太守鄧晨任用許楊為都水掾，進行修通工作，灌溉了陂下數千頃土地。鴻隙陂還與上慎陂、中慎陂、下慎陂以及燋陂等相串聯，形成一個陂渠串聯的灌溉網，為這一地區的水稻灌溉提供了充足的水源。明帝時，鮑昱任汝南太守，當時郡內有許多陂池，由於施工技術不當年年毀壞，修理費用極高。鮑昱改革修陂方法，率作方梁石洫，用石料加固堤壩，解決了土壩易毀的問題。經過鮑昱的修繕，汝南水常饒足，溉田倍多，人已殷富。章帝時王景遷廬江太守，時廬江界內的芍陂因年久失修而荒廢，王景率領百姓修治芍陂，發展水稻生產，可灌田百頃。下邳相張禹在今鄧縣一帶修復蒲陽陂，建水閘，通引灌溉，使數百頃農田成為肥田。和帝中，汝南太守何敞修理鮦陽舊渠，百姓賴其利，墾田增三萬餘頃。

在長江流域，光武帝建武時，杜詩遷南陽太守，修治陂池，廣拓土田，郡內比實殷足。章帝時，廣陵太守馬棱在揚州一帶興復陂湖，溉田二萬餘頃。和帝年間，豫章太守張躬曾在贛水流域修建陂塘。長江以南最受注目的水利工程是順帝年間由會稽太守馬臻主持修築的鑒湖（又稱鏡湖）。據《水經注》的記載，鑒湖共開水門六十九所，形成了堤、灌溉水閘、溢洪道等一整套設施，既解決了水患，又灌溉了農田。在嶺南，東漢初馬援出征交趾時，曾在當地穿渠灌溉，以利其民。考古發掘在今四川、廣東、貴州、陝西漢中和河南等地，發現了許多東漢時期的水田池塘模型。水田池塘模型的大量發現，表明東漢時期南方已經普遍建立起這種陂塘灌溉系統，水稻種植面積進一步擴大。除了興辦大型水利工程灌溉農田之外，漢代還普遍利用井水進行灌溉。在漢代遺址中出土許多殘破的水井，水井模型在西漢中期以後的墓葬更是習見之物。這些水井模型多有井架、滑輪、陶水斗、水槽等設備，在其他地區的水井模型

中有的還配有轆轤。水井的用途很多，除了提供人們日常生活用水外，還可以用來灌溉，多用於灌溉小塊土地，特別是園圃，《氾勝之書》就記載到用井水澆地。出土的附有管道和水槽的水井可能就是用來灌溉的。漢代農民在日常生產中，也十分注意開通溝瀆，防澇防旱。

秦漢時期在農田灌溉技術上也有所提高，主要表現在對灌溉水量的要求和控制上。通過改變田埂上的缺口來調節水量顯然不失為一個既方便又實用的方法。漢代還出現了約束用水的水令，兒寬在六輔渠建成後，曾定水令，以廣溉田。召信臣在南陽修建陂塘的時候，也為民作均水約束，刻石立於田畔，以防紛爭。水令的制定不僅可以防止糾紛，保證大多數農民的利益，且可以實現合理用水，有效利用水資源。

水利是農業的命脈，農田水利的興廢直接影響著農業生產的發展，可以說它是反映一個時期乃至一個地區農業發展狀況的晴雨表。秦漢時期眾多水利工程的興建，極大地促進了土地的開墾，推動了農業發展和繁榮。而這一時期農田水利由北向南發展的軌跡，則從一個側面驗證了中國經濟重心從東漢時期開始南移這一觀點。

秦漢時期，農業在社會經濟中的地位更加重要，被人們稱為天下之大業。統治者重視農業生產，以農為立國之本，以工商為末，實行重農抑商政策。這一政策對秦漢農業的發展起了促進作用。此外，冶鐵技術的進步和普及，眾多水利工程的興建，也促進了這一時期農業的發展。農業在秦漢時期，無論是在生產工具的改進上，還是在生產技術的進步上都取得鉅大成就。鐵農具的種類逐漸增多，使用地區更加廣泛；牛耕技術也得到大力推廣，到東漢末，北方大部分地區已使用牛耕，南方也開始逐步推廣。耕作技術方面，北方旱作農業精耕細作的傳統模式已具雛形；南方的水稻栽培技術也有相當成就，多種經濟並存的粗放火耕水耨區逐漸縮小，糧食單位面積產量則有所增長。這一時期還形成了中國

農學史上最早系統的農學體系及理論。在農業區，採集業、畜牧業、漁獵業只作為農業附屬而退居次要地位，成為農民家庭的副業。

秦漢時期的農作物以糧食作物為主，當時人仍把糧食作物統稱為五穀（關於戰國時期的五穀，東漢鄭玄注《周禮‧天官‧疾醫》為麻、黍、稷、麥、豆；趙岐注《孟子‧滕文公》、高誘注《淮南子‧修務訓》為黍、稷、豆、麥、稻。至戰國末期，《呂氏春秋‧審時篇》列舉的六種主要作物是：禾、黍、稻、麻、菽、麥，已經發生了變化，〈任地篇〉還首次提到了大麥）。西漢《氾勝之書》論及的糧食作物有禾、麥、大麥、小麥、稻、大豆、小豆、麻。《四民月令》、《急就篇》等文獻的記載也大致相同。因此，可以斷定當時主要種植的糧食作物即為《呂氏春秋》所列六種。從考古發掘來看，據目前已發表的資料，有些遺址的陶倉或簡冊上還標有農作物的名稱。所出土的農作物 90% 以上屬西漢時期，東漢遺物較少。其中長沙馬王堆漢墓出土的種類最多，保存最為完整。概括這些出土的農作物種類，主要有粟、稻、小麥、大麥、黍、豆、麻等，與文獻的記載相吻合。

可以看出，秦漢時糧食作物的品種與春秋戰國時變化不大，但各種作物的名稱和在糧食生產中所占的比重卻發生了變化。其中一個突出的變化是：在先秦時期的文獻中，稷與黍在農作物中占據首要地位，當時人們稱「稷」為「五穀之長」。在兩漢文獻中，稷卻逐漸消失。而在先秦時不多見的粟，在兩漢時則成為農作物的首席。唐以前多數釋稷為粟，顯然認為這只是名稱上的改變。稷即粟，是同一種作物。

漢代粟也稱禾，俗稱小米。禾指的是作物的植莖，粟指所結籽粒。粟是兩漢時北方地區的主要糧食作物，因此，禾、粟常被用作一般作物的總稱，而原本作為糧食作物總稱的「穀」，在漢代也開始成為粟的專名。漢代入粟可以拜爵免罪，足見粟之重要。當時南方地區也普遍種粟，河南

洛陽、陝西西安、咸陽、山東臨沂、新疆居延、敦煌、江蘇徐州、湖北江陵、湖南長沙、四川成都、廣西、廣東都曾發現這一時期的粟。好粟在漢代稱為「粱」，此外還有虋、芑的區分，虋是赤粱粟，芑是白粱粟。

　　麥是大麥、小麥的總稱，先秦文獻裡稱小麥為「來」、「麥」，稱大麥為「牟」。「小麥」一詞首見於西漢《汜勝之書》，此時已分有春種的旋麥（春小麥）和秋種的宿麥（冬小麥）。西漢時期麥類種植尤其是冬小麥的種植獲得推廣。一般穀類作物都是春種秋收，冬麥成熟在夏初，正當青黃不接之際，可以接續民食，因此它的作用日益為人們所認識。石轉磨的推廣也使麥食的精細化成為可能，這也是麥類種植普及的重要原因。從土壤條件來說，黃河下游適合小麥的種植（《淮南子‧地形訓》說：「東方」「其地宜麥」）。春秋戰國時代，這一地區開始推廣種麥，不過它在食糧中的地位顯然不及菽粟。漢代黃河下游麥作繼續發展。關中地區小麥的推廣晚於黃河下游地區，關中地區推廣種植的是冬小麥。考古發現的漢代麥粒遺存分佈很廣，除了黃河流域外，南方如長沙馬王堆漢墓也出土了大、小麥的實物。穬麥是漢代大麥的一個品種，這種麥還無實物發現，其形狀尚不能確知。

　　菽（大豆）在春秋戰國時代是最重要的糧食作物之一，以菽粟並提代表民食，屢見於這一時期的典籍。秦漢時，菽仍是重要作物。秦二世下令調郡縣轉輸菽粟芻稿，西漢昭帝曾兩次下詔令三輔太常郡得以菽粟當賦。河南洛陽、湖南長沙、廣東廣州、廣西梧州、貴州赫章、可樂等地均發現了大豆的遺存。但是由於大豆產量不高，種植比例有所減少，地位逐漸下降。漢代大豆的食用已不如春秋戰國時期廣泛，且是貧苦百姓用以充飢的最基本食糧，富貴人家通常不會食用。食用方法上，除像先秦時一樣做豆飯，用豆葉（藿）做羹吃外，還開始向加工副食品方向發展，把大豆加工成醬、豉、豆腐等製品，或發豆芽。小豆也稱赤穀，

由於小豆不易管理，收成不保，故在漢代沒有大面積種植。

水稻在漢代又稱稌，漢代水稻已有秏、秔、粳、秫、穤、懷等品種，現代稻科的三大品種粳、籼、糯漢代都已出現。先秦時，稻在北方還是稀罕作物。秦漢時期，稻的種植主要在長江流域及其以南地區，以「飯稻羹魚」著稱。記述北方耕作技術的農書《氾勝之書》把種稻列為重要的一章，介紹其耕種方法，可見當時在黃河流域種稻已經相當普遍。東漢建武年間，張堪引潮白河灌溉，在狐奴（今北京地區）開稻田八千餘頃，是北京地區種稻的最早記載。河南、河北、陝西、蘇北等地均發現了稻穀的遺存，洛陽漢墓出土的稻穀經鑑定為粳稻。秦漢時期南方地區還出現了雙季稻。考古發現廣東佛山瀾石漢墓的一個陶水田模型中，展示了雙季稻搶收搶種的場面。

黍即現在人們俗稱的黃米，《居延漢簡》中所出的「黃米」可能就是指黍。在春秋以前，「黍稷」是最重要的糧食作物，《詩經》中歌詠最多。從春秋戰國時代起黍的地位開始下降，「黍稷」被「菽粟」所代替，至秦漢時期更不如前。主要是因為黍的單位面積產量不如粟，而且人的腸胃也不太適應黍的黏性，從日常飯食來說，黍不如粟更好食用。但生長期較短且抗旱力極強的黍，卻適於高寒和抗旱地區種植，因此在西北地區仍有大面積栽培。穄也是黍類，黏者為黍，不黏者為穄。

麻是麻類的總稱，雌雄分株，雄麻莖部的韌皮是重要的紡織原料，雌麻的籽則可以食用。因此麻既是糧食作物，又是經濟作物。漢代麻的種植十分廣泛，齊魯地區種麻者有達千畝之多的。洛陽燒溝漢墓出土了寫有「麻萬石」字樣的陶倉，長沙馬王堆和廣西貴縣羅泊灣還發現了大麻子的實物。

《氾勝之書》還講了兩種用以備荒的大田作物，稗和芋。稗原是一種野生的禾本植物，形狀類似北方的穀子。因其成熟先後不齊，籽粒小，

　　去殼難，易落粒，一直未能成為主要糧食作物。但它耐水旱，生存力強，
所以氾勝之認為宜種以備荒年，豐年亦可作為牲畜飼料。芋也是一種十
分古老的作物，其塊莖長在地下，稱做大芋頭。先秦時四川汶山地區已
盛產芋供人食用。人工栽培芋的明確記載首見於《氾勝之書》，書中有專
節記述種芋的方法，芋根可以為羹。從漢代開始，芋逐步轉為佐食的蔬
菜。《四民月令》和《南都賦》把它列入園圃作物。在湖南長沙和廣西貴
縣漢墓中都發現了芋的遺存，四川彭縣出土了採芋畫像磚。

　　漢代經濟作物的栽培技術較之先秦有所進步，種類也比前代增多，
一些經濟作物還出現較大面積栽培的記載，如纖維作物大麻。染料作物
有藍、地黃、卮、茜等。藍和地黃的種植見於《四民月令》。張騫出使西
域後，中原與西域地區的交往開始增多，原產西域的一些物種如胡麻、
苜蓿等陸續傳入中原，使中原地區經濟作物的種類有所增加。漢武帝時，
開始在京城內試種苜宿，然後在陝西、甘肅一帶推廣。作為優質飼料苜
宿的廣泛種植，對繁育良種馬、增強馬牛的體質挽力具有重要意義。據
晉張華《博物志》所載，胡麻是張騫出使西域後傳入中原的。《氾勝之
書》和《四民月令》都提到了種植胡麻。胡麻含油量高，大大豐富了植
物油的來源。另一種油料作物「荏」的栽培亦見記載，《氾勝之書》即提
到區種荏。漢代甘蔗的種植範圍亦有擴展，據《楚辭》載，至遲戰國時
代甘蔗已從嶺南地區向北擴展到湖北。東漢時河南南陽地區已種甘蔗，
張衡《南都賦》中所列舉的園圃作物就有「藷蔗」（甘蔗），中國最早有
文字記載關於製造蔗糖的是東漢楊孚的《異物志》。

　　戰國時代蜀漢地區的茶葉開始興起，秦漢時期進一步發展，成為全
國茶葉的中心。用茶作飲料至遲在東漢時已頗為盛行，當時人已經認識
到茶的提神效用。另外，秦漢時期，隨著大一統局面的出現，各民族文
化交流的加強和園藝生產技術的提高，見於記載的果樹和蔬菜品種顯著

增多。這一時期形成了具有地方特色的優良果樹品種，如安邑之棗、關中之栗、真定之梨、嶺南之荔枝、蜀漢之桔等。漢代蔬菜的種類相當多，據《四民月令》、《氾勝之書》、《南都賦》等文獻記載有二十多種。值得注意的是江蘇邗江西漢墓中出土的菠菜籽。傳統看法菠菜是在唐貞觀年間傳入中國的，這一實物的發現把中國栽培菠菜的年代提前了四百多年。秦漢時期，隨著人工陂塘的發展及其綜合利用，蓮藕等水生蔬菜的栽培也有所發展。漢代出土的陂塘模型中有種菱角和蓮藕的形象，四川出土的畫像磚中也有「採蓮圖」、「蓮池圖」。此外，調味料方面，滿城、江陵、廣州、貴縣等地出土了花椒的實物。在長沙馬王堆漢墓出土了茱萸和桂皮。

糧食畝產量是衡量農業生產水準的一個重要數量依據，畝產是產量與畝數之比，正確計算畝產首先必須弄清楚畝制；而漢代產量是以斛、石、鍾等為單位，正確計算畝產又必須弄清楚表明產量單位的量制。關於漢代糧食單位面積產量的典型材料，可以分成三類：一是普通旱田的產量；二是興修的水利田和特殊優良土地的產量；三是使用特殊耕作法如代田法、區田法等的產量。第一類反映的是漢代北方旱田平歲中等田地的畝產量，它代表著當時農業生產力的水準；後兩類反映的是特殊產量。至於漢代存在著一種土質特優的肥田，其實在戰國後期已經出現，其通常可達畝產一鍾，即畝產十石，因此有「畝鍾之田」之稱。中國古代的傳統農業以穀物生產為中心，不過當時人們獲取衣食的手段並不僅限於穀物的種植，而是包括了園圃、畜養、紡織、漁採等多種多樣的副業生產在內。

㈡農產工具的進步

秦漢時期農業生產工具的改進，主要體現在以下幾個方面：

1.鐵農具成為農業的主要工具。在冶鐵業發明以前，先民所使用的

農業工具主要是木器、石器和骨器。春秋時期中國開始出現冶鐵技術，由於鐵器具有鋒利、耐磨、製作工藝相對簡單等其他材料所不具備的優點，使鐵器可在農業、軍事等領域及人民日常生活中廣泛使用，因此冶鐵業迅速發展起來。到秦統一時，鐵農具已成為農業生產的主要工具。西漢初期，由於經歷秦的暴政和楚漢戰爭，整個國民經濟受到摧毀破壞，鐵農具的普及受到限制。西漢中期，武帝實行鹽鐵官營，在全國四十個郡國設立鐵官四十九處，東漢時期經營冶鐵的地區有所擴大，其中四十九處鐵官主要在北部。漢代鐵官設立的增多亦可反映鐵農具推廣普及的軌跡。鐵農具在社會經濟生活中所起的作用越來越大，西漢中期即形成了這樣一種觀念：「農，天下之大業也；鐵器，民之大用也」。但由於鐵農具價格較貴，一些貧困農民無力承受，使用木器的仍不在少數。

考古出土的秦漢時期鐵農具，分佈極廣，從東北的遼寧、內蒙古到東南的廣東、福建，從西北的新疆、甘肅到西南的雲南、貴州都有發現。數量比戰國時期增加許多，發現有鏵、鐴、鋤、鍤、鏟、鐮、鍬等農業生產過程中各環節所需農具，最突出的是鐵犁鏵、犁壁的大量出土。秦漢時期的冶鐵技術較之前代也有所進步，煉鋼技術和熱處理技術均取得相當成就，鐵農具的製造技術隨之亦有了提高。對各種鐵農具可採取不同的材料和製造方法，使鐵製農具增強了適應性、脫土性，並延長了使用壽命。

2.牛耕技術得到大力推廣。到東漢末，中國北方已普遍使用牛耕，在南方，牛耕的推廣也取得一定進展。牛耕法發明於春秋時代，作為一種先進的耕作技術，它不僅能實現深耕，且可以大大提高耕地速度，從而使土地的廣泛開墾、糧食產量的提高成為可能。戰國時代牛耕的使用還很稀少，戰國時期出土的犁主要分佈在今黃河中下游流域。西漢初期，由於社會經濟殘破，牲畜十分缺乏，無法推廣牛耕，當時農民的主要耕

作工具仍是耒耜類農具，耕作方式仍是「木耕、手耨、土耰」。西漢中期，社會經濟的恢復和繁榮，為牛耕的推廣提供了有利條件。武帝末年，搜粟都尉趙過貫徹武帝「輪臺詔」中「力本農」的思想，在北方地區大規模推廣代田法和牛耕法。趙過的牛耕法是「用耦耕，二牛三人」。這種牛耕法在當時是先進的耕作方式，長期以來被農民廣泛使用，直至唐宋時一牛耕田法才開始推廣。趙過還推廣了人挽犁，從而解決了廣大農民缺少耕牛的困難。趙過以最高農官的身分，大力推廣這些新技術、新農具，經過這次大規模的推廣，使用牛耕的地區有很大的增加。西漢中後期鐵犁鏵及犁壁的大量出土當是這一情況的最好反映，牛耕在北方地區農業生產中成為不可或缺的重要手段和方法。此後，漢朝政府開始把推廣牛耕作為一種國策來推行。漢武帝用兵三邊、拓展疆域、徙民屯田時，對所徙民皆賜予犁、牛，扶持其生產，並成為制度。

當發生災荒時，西漢政府也把「假與犁、牛」和「賜田宅什器，假種食」一樣，作為一項救荒手段，扶持農民進行自救；西漢的一些地方官也致力於推廣牛耕；且重視耕牛、保護耕牛的思想在觀念及法律上也得到確立。從考古發掘來看，犁鏵多數發現於西漢中期以後，出土範圍也有所擴大，出土最為集中的是陝西關中地區，但直至西漢末年，牛耕的使用主要仍在北方地區，特別是黃河中下游流域，邊疆及南方的大部分地區仍很少使用牛耕，有的甚至不知牛耕為何物。這主要是因為南方大部分地區，還是使用火耕水耨的耕作方式，這一耕作方法不使用牛耕。即使在黃河中下游地區，牛耕也遠遠沒有取代耒耜類農具，「秉耒抱鍤」、「躡耒而耕」的現象仍十分普遍。究其原因，一方面是因為耕牛的缺乏，內郡的自然條件不適宜大規模飼養牲畜；另一方面則是自耕農受其經濟能力的限制，無力購買耕牛。一頭牛的價格相當於農夫五口之家半年至一年的口糧，一般自耕農很難承受。東漢時期，國家更加重視普及牛耕，

牛疫也開始作為國家的大事,而被列入史冊。每逢牛疫,皇帝必下詔書,要求有關官府或長吏採取善後措施。一些循吏多致力推廣牛耕,把牛耕技術介紹到經濟落後的南方和邊疆,其中最著名的是東漢初年的王景和任延。

東漢時期牛耕的推廣有幾個特點:

⑴在關中地區和黃河中下游地區進一步推廣,已基本普及,這可從文獻和考古兩方面的資料得到證實。《後漢書‧和帝紀》載兗、豫、徐、冀四州均已實行牛耕。《四民月令》所反映的是以京、洛為中心的北方地區的農事情況,其中可見養耕牛是農事準備的一項重要內容。從考古發掘來看,已出土的東漢時期的鐵犁鏵絕大部分出土於上述地區,由此可見,這一地區牛耕的使用密集度相當大,已十分普及。

⑵以黃河中下游和關中地區為基地,向北、西、南呈擴散狀推廣。以北及以西地區的推廣較早就開始了,有的甚至是與黃河中下游地區同步進行的,如東北地區。由於其冶鐵業發展較早,牛耕法使用也較早,遼寧遼陽三道壕即曾發現西漢時期的鐵犁鏵。東漢時期牛耕技術在這一地區進一步推廣,考古工作者在今遼寧臺安孫城子、建平縣扎寨營子、吉林集安等地發現了西漢末至東漢時期的鐵犁鏵。北部地區,1971年在和林格爾新店子東漢晚期壁畫墓中發現了數幅牛耕圖,形式與中原地區「二牛抬槓」基本相同。西北地區,牛耕的推廣已達敦煌郡。在南方,長江以北地區到東漢末已經基本普及牛耕,考古工作者在江蘇高郵邵家溝、徐州高皇廟、射陽湖、揚州、安徽合肥、壽縣安豐塘等地均發現了漢代的鐵犁,還在江蘇泗洪重崗發現壁畫牛耕圖。成都平原自都江堰建成後,受其灌溉之利,兩漢時已成唯一重要經濟區,兩漢時期南方置鐵官共十處,四川占了五處,可見這一地區鐵器的使用較早,牛耕技術當也較早推廣。其周邊的雲、貴地區受其影響也逐步推廣了牛耕。江南使

用牛耕的地區也有所擴大，廣東、廣西及福建的考古發現了有關牛耕的器物。迄今為止，考古工作者在浙江、江西、湖南、湖北四省未發現兩漢的鐵犁鏵，多少說明「火耕水耨」的方式仍在許多地區保留著，牛耕的使用在南方地區尚未普及。

(3)農具種類更加齊全，功能也不斷地改善。關於漢代農具，據《釋名·釋用器》載：翻土工具有耒、耜、犁、鍤。整地工具有檔、杷。中耕除草工具有鋤、耨、鉤、鏺。收割工具有鐮、銍。穀物加工工具有枷、枷。工具的種類較前代有所增加。耕地工具除畜力犁外，普遍使用手工工具鐬和鍤。播種工具，至遲在西漢中期出現了畜力耬犁，可以大大提高播種速度和質量。穀物加工工具除枷、枷外，西漢還出現了揚穀工具——風車，時人稱為「扇隤」。此時期還先後出現了穀物粉碎工具：踐碓（腳踏碓）、畜力碓和水力碓。先秦時粉碎穀物主要使用杵臼，費時費力。踐碓等的出現不僅減輕了勞動強度，且大大提高了舂米效率。穀物加工的另一重要成就，是石轉磨的推廣。出土的漢代石轉磨及模型很多，許多墓葬中磨和灶、豬圈的模型成為主要陪葬明器，可見當時人們已經把它作為日常生活必不可少的工具。此外，至遲在漢武帝時出現了大型畜力磨。在穀物儲藏方面，漢代的存儲器也有發展。如兩漢時期的墓葬所反映的，少量的糧食一般在陶罐、壺、糧囊（糧袋）、竹笥中，大量的則貯存在倉囷裡。倉囷的實物在河南洛陽和河南縣城發現。倉囷的模型則在西漢中期以後的墓葬中大量出土。灌溉方面，北方地區普遍使用井水進行園圃灌溉，取水則是用桔槔汲水。水井的陶製模型在漢墓中大量發現，有的顯然是灌溉用井。一些農具在形制、功能方面也得到逐步改進，最典型的是鐵犁鏵、犁架形制的改進。其他農具的材料、形制、功能也有所改進。戰國時農具大多是木器加鐵口，秦漢時開始大量鑄為全鐵。平刃農具的裝柄方式也有進步，使入土角度更加合理。總之，秦漢

時期，適應農業生產各個環節，從整地、播種、中耕、灌溉、收穫到穀物加工、儲藏的一整套農業生產工具，都已配套，且逐漸完善。

　　秦漢時期農業生產技術的提高，首先反映在農書的大量出現及系統農學理論的建立。漢代只有《氾勝之書》保存下來，散見於《齊民要術》等書中。氾勝之是成帝時人，做過議郎，曾教田三輔，可以推斷他擅長的是關中地區的農業生產。《氾勝之書》內容包括耕作原則、作物栽培理論及十三種作物的栽培技術，其中區田法、溲種法、穗種法、穗選法歷來被農家、史家所稱道。《氾勝之書》總結了長期以來特別是西漢時期農業生產經驗，並融進了氾勝之本人在農學方面所取得的突破，是記述西漢北方農業生產技術的一部價值很高的農學專書。後人評價說漢時農書有數家，氾勝之為上。東漢雖沒有農書傳世，但東漢崔寔所著《四民月令》被保留下來。《四民月令》以「月令」形式記錄了洛陽地區一個世家大族一年中所從事的各種活動，大部分與農業生產有關，如耕地、播種、分栽、除草、收穫、儲藏等，因此人們歷來把它看作是一部農書，此書對研究東漢時期北方農業生產技術狀況十分有價值。

　　西漢時期，由於自然條件的差異，中國南北方的耕作方式有很大不同。北方實行旱作，種植以禾、黍、麥、菽等為主的旱田作物，南方則種植以水稻為主的水田作物。北方的自然條件相對於南方更適宜古代人民的生存發展，因此，黃河中下游的先進文明，是建立在其發達的農業基礎之上的。司馬遷在《史記》中提到幾個經濟（農業）發達區，主要都在黃河中下游。春秋戰國以來，隨著冶鐵業的產生和發展，黃河文明更有長足的進步，北方旱作農業精耕細作的生產形式開始產生。對土地實行精耕細作，提高單位面積產量，成為當時迫切的需要。北方眾多的人口為精耕細作提供了足夠的勞動力，冶鐵業的發展則為精耕細作提供了有利的工具。到了兩漢時期，作為傳統農業基本形式的精耕細作已經

日趨成熟。南方地區除成都平原、長江三角洲、珠江三角洲等少數地區外，人口一直很稀少，但自然資源卻十分豐富。豐富的自然資源給人們提供了充足的生活所需，採集、漁獵經濟在人們生活中占有很重要的地位，配之以粗放的火耕水耨就能滿足人們的食物需求，人們改進生產技術的願望就不很迫切，因此妨礙了這一地區經濟的發展。但自東漢時起，隨著鐵犁牛耕技術在南方的漸進推廣，火耕水耨區逐漸縮小，稻作技術也有了提高。

兩漢時期，北方旱作農業精耕細作傳統模式形成的主要標誌是《氾勝之書》這一偉大農書的出現。它的具體體現是作物栽培基本原理的確立，及代田法、區田法兩種技術的產生。

戰國時期，作物栽培技術已有一定水準，對土地利用、土壤改良、耕地整地、中耕除草等技術已有較高的認識，這主要反映在《呂氏春秋》的〈上農〉、〈任地〉、〈辨土〉、〈審時〉四篇中。但對作物栽培其他環節如施肥、灌溉、選種等技術的認識卻比較缺乏，尤其對作物栽培的各個環節缺乏整體性認識。西漢中後期氾勝之提出了作物栽培的整體原則，提出農作物的栽培管理需要六個基本環節，即：及時耕作、改良土壤、多施糞肥、保墒灌溉、及早除草、及時收穫。這六個環節環環相扣，缺一不可，只有這樣才能獲得高產。這一理論的提出，標誌著中國旱作農業精耕細作的模式開始形成。作物栽培首先建立在適時耕作的基礎上，兩漢時期在前代「深耕熟耰」的基礎上，進一步提出「趣時和土」的耕作原則，即在土壤溫度、溼度最合適之時進行翻耕，這樣可以起到保墒的作用，達到事半功倍的效果。

對於各種作物的耕作時間，《氾勝之書》、《四民月令》也有分述。當時依據土壤的性質把土壤分為黑壚土、美田、輕土弱土，強調因土耕作，確定不同的耕期及翻耕辦法。當時已普遍認識到多施糞肥對改良土壤的

作用，施肥可改善土壤條件，提供作物生長所需的養分。西漢時期已經出現分期施肥，將肥料分作基肥、種肥、追肥等分期使用。當時也對各種作物的播種期和播種量也累積了十分豐富的經驗。早播晚播都會影響作物的生長，當時的人已能熟練地根據物候節氣來確定不同作物的播種期。漢代的播種方法有撒播、點播和條播。撒播主要在原始的漫田中使用，南方種植水稻一般也採取撒播。隨著畎耕在兩漢時期的普及，較多使用的則是條播和點播，點播主要用於播種瓜豆蔬菜或旱作物，區田也使用這一播種方式。條播在西漢中期以後，隨著條播機械──畜力耬犁的推廣，在北方地區已經廣為使用，大大提高了播種速度。

在收穫方面，重視及時收穫，當時對各種作物的收割期也有了充分認識。穀子是在「芒張葉黃」時，大豆是在「莢黑而莖蒼」時。在選種留種、穀物儲藏方面也取得一定經驗，至遲在西漢中後期出現了先進的穗選法，選取乾艾藏之，艾的氣味可以驅走害蟲。考古挖掘在漢代墓葬中發現了儲藏糧食的陶罐、陶壺、竹笥及糧袋等。

在防治病蟲害方面也取得一些新經驗，蝗災是當時最可怕的農業災害之一，與水、旱、地震一樣要載入史籍，兩漢書中即有許多關於蝗災的記載。漢平帝曾遣使者捕蝗，對捕蝗百姓進行獎勵，東漢時，發明了開溝坎除蝗法。兩漢時，穀物儲藏將種子與艾放在一起等等。

春秋戰國時期輪種法萌芽，到秦漢時期，已經有關於這一方式的明確記載。從《氾勝之書》、鄭玄注《周禮‧地官‧稻人》、《周禮‧秋官‧薙氏》所載，可以說明東漢時已經出現了禾麥兩年三熟制。這一時期還出現了間作套種和混種，《氾勝之書》載瓜和薤、大豆的間作套種。北方地區水稻栽培技術也有進步，《氾勝之書》已掌握了種稻的基本規律。當時已經注意到水量對水稻生長的影響，開始用灌溉來調節水量。至遲在東漢時期已經出現育秧移栽，育秧移栽可以促進稻株分蘗，提高產量，

又可節省農田，有利輪種。陝西漢中出土一個池塘模型，反映了北方地區灌溉與水稻技術的成就。

漢武帝末年搜粟都尉趙過在推廣牛耕技術的同時，還推廣了代田法。關於代田法的具體內容，主要見於《漢書‧食貨志》。代田法是趙過繼承戰國時期畎畝法的優點，結合當時黃河流域的農作特點，加以改進而成。代田法的重要意義在於它以畎壟異位取代了休耕法，以畎壟制代替了漫田法，並帶動了諸如牛耕、耬犁等先進生產工具和技術的推廣。代田法在同一塊土地上進行畎壟異位，使各部分土地在輪流耕種休息的基礎上，達到整塊土地的連年耕種，既有效地恢復了耕地，又充分地利用了土地。代田法的出現取代了粗放的漫田法，使中國的耕作技術向前推進了一大步。

戰國時期為了排灌，開始做畎，畎畝法是基於防洪排澇這一出發點。代田法的發明和推廣使中國的畎畝制走上了一個新階段，它把土地作成畎壟，苗與苗保持一定的間距，有利於作物的生長。在農作物生長過程中，不斷地對作物根部培土，可以使作物繫根深入，充分吸收土壤中的水分，還可以抵禦風的侵襲，起到抗旱保墒作用。代田法配以牛耕法，不僅大大地提高了耕作效率，而且使產量也提高了一倍左右。趙過在許多地區推廣了這一耕種技術，推廣的範圍應與牛耕推廣的範圍相當，在太常、三輔、河東、弘農、邊郡及居延城。居延出土的漢簡有「代田倉」的記載，反映了漢代在居延實行代田的情況。

《氾勝之書》記載了兩漢時期另一先進耕作方法——區田法，它的精緻及高產量歷來被農家所稱道。區田法是氾勝之在總結北方地區長期以來農業生產經驗發展而成的。區田法的佈田方式有兩種，一種是條形的。《氾勝之書》所述的古法還根據不同的作物，把溝壟分成不同的行距和間距進行耕種。另一種是方形小塊。由於土壤質量的差別，地形的多樣和不規則，《氾勝之書》所描述的區田法就如同《周禮》的井田制，是

一種理想化了的設計，實際的區田法不可能那樣規則。

　　區田法是一種集約式的生產方式，通過對作物的精耕細作，充分發揮地力，獲得高產。首先，它可以實現集約施肥，條形區田主要是佈冀田，即施基肥。方形區田因區小，更利於施肥，如上農夫區每區用美冀一升，和土摻合在一起。其次，它可以充分實現灌溉，由於關中地區氣候比較乾燥，年降雨量較少，保墒灌溉是一件大事，區田法的緣起就是為了灌溉。三是有利於在不同地形、土壤條件的地方實施。條形區田主要用於平地和熟地即常年翻耕的土地，方形小區則適用於不規則的土地。並根據土壤的肥瘠程度，採取大小不同的區，進行不同程度的密植。肥沃的土壤實行密植，貧瘠的土壤則較稀疏。但植株時都進行等距，使每株都有適當的空間，有利於促進分蘖。

　　由於區田法的集約施肥、充分灌溉及合理的密植、等距和管理，使其能獲得較一般耕作形式的田高得多的產量。然雖可獲得高產，但卻需要投入大量人力，還需要良好的灌溉設施，特別是在方塊形區田中無法使用牛耕，也使生產效率大受影響，因此只適合在地少人多的地區小面積使用。從史籍記載來看，這一方法始終未能大面積推廣開來，只在缺乏耕牛的情況下，作為補救辦法實行過，如東漢明帝時，「以郡國牛疫，通使區種增耕」。曹魏正始時，鄧艾在兩淮屯田，也因牛疫，缺乏耕牛，推行區種法。但區田法中所包含的許多合理的、先進的耕作思想和技術卻對後代農業技術的進步起了重要作用。

　　兩漢時期，南方的廣大地區長期以來採用「火耕水耨」的耕作方式。兩漢時期火耕水耨的區域包括今天的安徽南部、江西、湖北、湖南和廣東、廣西全境。從史籍記載來看，火耕水耨與地廣人稀、飯稻羹魚緊密相連，說明這一耕作方式主要是在南方植被繁茂、資源豐富並靠近湖泊江河的地區實行，與採集、漁獵經濟有著密不可分的聯繫。

　　至於火耕水耨的具體作法，根據日本學者天野原之助認為：「火耕水耨」是在初春地乾時放火，然後直播穀種，隨著降雨量的增大（六月間）而灌水，以促進水稻的生長，陸生雜草因遭水浸而被淹死，從而達到抑制雜草的目的。如果實行連作，水生草就會繁茂起來，因而在種植若干年後，便不得不讓其丟荒。「火耕水耨」就是這樣的一種原始的水稻耕作型態。需要指出的是，火耕水耨不需耕翻土壤，更不用牛耕。所使用的工具主要是掘土工具，如钁、鍤、鏟等，考古工作者在兩漢時期火耕水耨的發掘也證實了這一點。兩漢時期隨著鐵器牛耕的推廣，和農業生產技術的進步，火耕水耨區的耕作方式也發生變化。牛耕開始在一些地區推廣使用，如東漢初年王景在廬江郡、任延在九真郡推廣牛耕。考古發掘在安徽合肥、壽縣、廣西賀縣等地發現了鐵犁鏵，廣東佛山瀾石東漢墓的陶水田模型中則出土了犁田模型，表明這些地區種植水稻已經開始使用牛耕，水稻栽培技術也取得了一定的進步。至遲在東漢時期，廣東一些地區已經開始實行插秧。佛山市郊瀾石出土的陶水田模型中，農民在不同的田塊中犁地、插秧和收割，在收割後的田塊裡還堆放著肥料，表明當時已經實行一年兩熟，進行育秧移栽。成都平原和長江三角洲從春秋戰國時期起，就是經濟發達區，這些地區所採用的水稻栽培法不同於火耕水耨區。文獻和考古表明，東漢時期，牛耕、施基肥、育秧移栽等技術在四川地區使用已很普及。

三、工商業之發展

　　秦王朝統治的時間很短，史書上說秦時鹽鐵之利，二十倍於古。大概當時煮鹽、冶鐵比較發達，同時徵賦也比較重。近年，從陝西臨潼驪山秦始皇陵園出土了大批陶製兵馬俑和上萬件實用兵器，使我們對當時的製陶、冶鐵業有更清楚的了解。這些新出土的兵馬俑和兵器，是世界

手工業發展史中的瑰寶。

　　西漢的手工業又有進一步的發展，如冶鐵、煮鹽、冶銅、紡織、漆器、竹器、製陶、造船等，其中冶鐵和煮鹽的地位尤其重要。西漢時冶鐵的技術，鐵器的種類、數量和質量，都比戰國時有很大的進步。所製的農具、工具、兵器均比過去精良。由於西漢的冶鐵業比過去發達，所以當時的生產工具、兵器和生活用具都已普遍用鐵製造，鐵器已經深入到人們生活的各個領域裡了。冶鐵業（以及煮鹽）在漢初允許私人經營，國家僅收稅而已，武帝時把鹽鐵都收為官營。秦時已有鐵官之設，司馬遷的先世曾有當秦鐵官的。不過，當時的鐵官大概只負責徵稅，並不管理鐵的生產銷售。

　　漢初，對鹽鐵生產採取放任政策，吳王劉濞擅山海之利，後反對中央政權叛亂，私人大鹽鐵商等都富室巨萬，有的甚至擬於人君。這種情形的存在，既不利於中央集權的鞏固，也影響國家財政的收入。武帝時，大農丞東郭咸陽和孔僅建議把私人壟斷的鹽鐵收為官營，武帝採取了這一建議。政府在重要產鐵地區設置鐵官，冶鑄兵器和農具，在不產鐵的郡設小鐵官，負責銷毀兵器，改鑄新器。據《漢書‧地理志》載武帝以後，各地設有鐵官進行官營冶鐵的共有四十九處。鹽鐵官營，西漢始終未變。在官營作坊裡勞動的有罪犯、奴隸和定期服徭役的百姓。鹽鐵官營以後，私人經營的大手工業就趨於衰落了。

　　煮鹽業在漢代也很發達，曾與冶鐵並稱。在齊、吳的沿海地區為海鹽產地，在河東為池鹽主要產地，在蜀的廣都為井鹽主要產地。武帝以後，煮鹽業官營，在鹽的產地三十六處設立鹽官管理，生產興盛。但據史書記載，官鹽比私鹽價貴，很多窮苦百姓買不起鹽，只好淡食。

　　冶銅在當時也是很重要的手工業，西漢時銅器生產規模比戰國為大。這時兵器和工具已為鐵器所取代，銅主要用來製造家庭用品、工藝品和

鑄錢。漢初允許私人採銅鑄錢，後來奸商多鑄劣錢牟利，私鑄之風盛行。
武帝時禁止私人和郡國冶銅鑄錢，從此冶銅手工業就控制在西漢政府手
裡了。

　　紡織業在漢代是技術比較先進、規模也較大的手工業部門，其中以
絲織和麻織為主。西漢時，北方絲麻並產，尤其以絲織品最盛，江南則
以麻、葛織物為主。紡織業在民間很普遍，最多的是和農業生產相結合
的家庭手工業。農民家庭主要生產供自己穿用和繳納賦稅的麻布、葛布
和絹帛。在絲織業發達的城市裡，也有富商大賈經營的手工業作坊。當
時，齊郡臨淄和長安是全國絲織業的中心。西漢政府在臨淄設有「三服
官」，在長安設有「東西織世」專門生產供統治階級消費，和供對外貿易
使用的精美絲織品。這種官府手工業的織工常在千人以上。在漢代，中
國和西方的交通開闢以後，絲織品遠銷到波斯和歐洲，外國稱中國為「東
方絲國」。

　　早在漢代人民對於麻的脫膠，對麻布的漂白，以及防腐等加工技術，
都已達到較高的水準。除了冶鐵、煮鹽、冶銅、紡織等以外，其他如漆
器、玉器、竹器、染色、製陶、造船等行業，無論在規模或技術上都較
前代優良。西漢人民已能製造齒輪轉動機械，像是漢墓中曾多次出土銅、
鐵齒輪。西漢工匠已懂得初步的機械傳動原理了。另外，漢代已能造長
二十公尺，寬七、八公尺，載重二、三十噸的大船，船的樣式很多，有
的且能航行遠洋。蜀郡和廣漢生產的漆器，鎏金扣和銀扣，美觀華麗，
極其精巧，這些製品反映了中國古代手工業者高度的創造能力。

　　東漢時期，在手工業方面又有不少創造和進步：

　　㈠改進和推廣造紙術。蔡倫發明用樹皮、麻頭、破布、破漁網造紙，
在造紙術上的貢獻是功不可沒的。

　　㈡發明織花機。西漢織工已經在研究織花機，東漢明帝時則確實已

製成織花機，這是紡織業的一大進步。

　　㈢發明水力鼓風爐（水排）。南陽太守杜詩曾創造水排，即用水力吹鼓風囊，燃旺炭火，鑄造鐵器。春秋戰國時候，最早冶鐵的鼓風囊是用人力鼓動的，後來又出現了用畜力代替人力的鼓風器具，叫馬排。但所花費的畜力很可觀，據說熔化一次礦石需要上百匹馬來拉動。杜詩在南陽太守任內創造了用水力鼓風的水排，其用力少，見功多，百姓便之。水力鼓風爐的採用，是冶金技術的一大進步，歐洲直到十二世紀才開始使用，中國比歐洲早一千多年。

　　㈣民用鐵器進一步普遍。由於冶鐵技術的進步，東漢時，人民生活各個方面已普遍使用鐵器，如鐵釘、鐵鍋、鐵刀、鐵剪等，據分析，鐵釘最早似使用於製棺，後來漸漸使用到建築、造船等許多方面。

　　㈤使用火井煮鹽。火井即天然氣，火井在西漢已見諸記載，但那時似乎還不知道利用它來煮鹽。東漢臨邛百姓已使用火井煮鹽，出鹽率比一般燃料高得多。

　　㈥製陶業的進步。遠古時期的人民已經開始製造陶器，商代已能製造釉陶，戰國時有質胎近瓷的陶器，東漢的陶器業開始進入瓷器的範圍。

　　秦始皇統一六國後，採取了一系列集中統一的措施。除了劃一全國的文字、法律、車軌和度量衡以外，還統一了貨幣。秦規定貨幣分為二等，以黃金為上幣，單位是「鎰」，即二十兩；以圓形方孔的銅錢為下幣，單位是「半兩」。黃金大概只用於大數目的支付，日常交易都用半兩銅錢。統一貨幣後，克服了過去幣制不一和換算的困難，對各地商品交換和經濟交流提供了很大的便利。自秦創用方孔銅錢以後，這種鑄幣的型態就長期固定下來，成為中國古代社會經濟中的主要流通方式。漢代採取重農抑商的政策，但由於社會經濟的恢復和發展，所以商業仍很繁榮。其實重農抑商的政策，早在秦孝公時已規定「僇力本業，耕織致粟

帛多者復其身，事末利及怠而貧者，舉以為收孥」。秦始皇時，更把商賈和罪犯同等看待，商人的社會地位很低。漢代繼續「抑商」，漢高祖時曾經命令商人不准衣綢佩劍，不准乘車騎馬，不准做官，不得購買土地等。武帝時曾實行算緡和告緡。算緡是向商人、高利貸者徵收的財產稅和所得稅。凡對財產和收入隱藏不報，或呈報不實，鼓勵知情人揭發，叫「告緡」。如果事情屬實，則沒收全部財產，並戍邊一年。這一措施既打擊了大商人，同時也增加了財政收入。「重農抑商」可以說是歷代王朝的一項傳統政策，直到清末始終未變。漢武帝時為了增加國家財政收入和打擊富商大賈的經濟勢力，把冶鐵、煮鹽收歸官營。在武帝推行鹽鐵官營的同時，還實行了貿易方面的均輸平準政策。這是政府控制商業、調劑餘缺、平抑物價和取得財政收入的辦法。

　　均輸是調劑各地物資的辦法，武帝元鼎二年（西元前 115 年）為理財家桑弘羊所創，不過尚屬試辦性質。元封元年（西元前 110 年）桑弘羊任大司農，乃於各地設均輸官，全面推行此法。以往各郡國對朝廷都有貢輸，但貢輸之物不一定是當地所產，有時還需要到遠地置辦，這樣不但往返運費很多，而且貢物容易途中損壞，造成政府的損失。實行均輸的具體辦法是政府於各地設置均輸官，規定各地貢輸物品一律按照當地市價折成土產輸官，然後政府再轉運到京師和缺乏該項物品的地區出售。這種辦法不但可以避免前述缺點，且政府還可以不費資本，輾轉貿易，獲取厚利，並調劑各地物資的餘缺。

　　平準法也是桑弘羊所設立，創始於推廣均輸法的元封元年（西元前 110 年）。其具體辦法是在大司農下設平準官，各大商業城市也設立相應機構，接受均輸官運到的物品，「賤而買，貴即賣」，使物價穩定在一定的水準之上。總之，實行均輸、平準可以使政府控制商業，掌握物資，平抑物價，增加收入，防止富商大賈謀取暴利。但是，這些措施既然由

官僚來執行，弊端必然不少。政府在實行均輸平準法，廣大人民從中得到的好處是不多的。漢代雖然採取抑商政策，但是由於農業、手工業的發展，經商比較容易獲利，所以當時的商業還是比較繁榮的，各地很多的商品都通過市場進行交流。隨著商業的發展，行業的種類也不斷的增加。經營的內容既有專供統治階級享用的高級消費品，也有一般居民的生活用品和農民的生產原料，應有盡有。漢代商人的數量是很可觀的，有周遊天下的富商大賈，也有本小利微的小商小販。由於經商容易賺錢，所以棄農從商的人不少，從「民棄本逐末」，賤賣土地經商的現象來看，反映漢代「逐末」風氣的盛行。

　　西漢的幣制承秦制，仍以黃金和銅錢為貨幣，以錢為主。日常交易都用銅錢，黃金主要用作支付工具和貯藏手段。漢初，由於經濟困難，政府從財政需要出發，一再減輕錢的重量，允許郡國鑄錢。文帝時，更聽任民間自由鑄幣，於是私鑄之風大起。貴族官僚、富商大賈乘機降低錢幣重量，獲取厚利。因此，禁止私人鑄幣之風出現，但又產生盜鑄。因盜鑄觸犯刑律而死的有幾十萬人，自首而獲赦免的也達百多萬人，可見盜鑄問題的嚴重。武帝元鼎四年（西元前 113 年）禁止地方郡國鑄錢，把鑄幣大權收歸中央，由上林三官（鍾官、辨銅、均輸）專門負責鑄錢事宜，鑄造新的五銖錢，各地私鑄的錢幣全部銷毀。這次新造的五銖錢輕重適宜，重如其文，使用方便。此後一直到隋代的六、七百年間，各朝大多也用五銖錢，行使不廢。西漢末年，王莽執政後屢次改革幣制，最奇特的是王莽代漢後於始建國二年（10 年）實行的寶貨制度。「寶貨」共包括五物（金、銀、龜、貝、銅）六名（錢貨、黃金、銀貨、龜貨、貝貨、布貨）共二十八品。寶貨制貨幣種類太多，換算困難，使用不便，使當時農商失業，食貨俱廢，對社會生產和商品流通帶來很大危害。新朝覆滅，東漢建立以後，社會生產有了恢復和發展。東漢初年，恢復了

武帝時開始發行的五銖錢，貨幣統一，結束了王莽時期貨幣紛雜的情況，有利於商業的發展。

由於商業的發展，漢代出現了不少大商業都市。秦王朝統一六國，為削弱地方勢力，曾採取毀名城的措施。加以秦末戰爭的破壞，各地城市比較蕭條，不復過去繁盛的景象。漢初，將戰國時期的各大城市次第予以修復。西漢都城長安，既是全國政治中心，又是商業大城市，交通發達。關中地區的貿易以及對西域少數民族地區的貿易，都以此為中心，其中更有專為接待外國人和少數民族而設的居住區。長安城規模宏大，城中有九市，三市在道東，六市在道西，統稱東市、西市。在市上，商品按類別區分，排成兩行分列兩旁。此外，有稱做「直市」的，市內所賣之物，言不二價，因而得名；有叫做「槐市」的，是每逢朔（初一）望（十五），在太學附近槐樹下集合的臨時性集市。槐市主要是為了便利太學的學生而設置，商品多是本郡土產、書籍和笙磬樂器等。其他如東漢都城洛陽、戰國時趙國舊都邯鄲、齊舊都臨淄、四川成都，居於南北要道的宛，西通巫巴、東有雲夢大澤的江陵（今江陵）、江東大都市吳（今蘇州），以及對外貿易中心番禺（今廣州）等，也都是漢代的大商業城市。

在漢代，不但國內商業比較發達，且對外的經濟聯繫也比較頻繁。當時的對外貿易，以陸路為主。武帝時，張騫出使西域，開闢了由新疆地區通往中亞的道路。從中國內地輸往西域的貨物，以絲織品和金屬品為主。由西域輸入中國內地的貨物以馬匹、穀物、水果等為主。一些重要的農副產品，如葡萄、苜蓿、蠶豆、胡桃等就是原產在中亞一帶而後移植來中國的。王莽時，內地與西域的貿易逐漸衰落。東漢時派遣班超出使西域，對於鞏固西域和洛陽的聯繫，發展貿易往來，以及進一步尋找通往歐洲的道路，做出了重大的貢獻。此後，中國洛陽與西域的貿易

又活絡起來。東漢時的洛陽（以及西漢時的長安），都設有「蠻夷邸」，接待鄰族、鄰國來的賓客。

張騫通西域以後，在物資交流和貿易發展的情況下，西域各民族社會經濟面貌迅速改觀。漢族人民的生產技術，先後在西域推廣，促進當地的生產。西域的音樂和樂器等也傳入了長安和洛陽，豐富了人民的文化生活。當時通往中亞，有南北兩路，南路出陽關，北路出玉門關，中國的絲綢即經過這兩條道路源源運往中亞，甚至再經過西域的商人轉運到歐洲的大秦。因此，歷史上稱這兩條路為「絲綢之路」，這兩條路是當時中外經濟關係的大動脈，是古代歷史上最長的重要商路。張騫通使西域，也開闢了和印度的直接交往。

在漢代，到東南亞各國的通道，除了有經由中亞、緬甸的陸路以外，還有海道。海路從廣東徐聞縣出發，可航行到馬來半島、印尼等地。中國和朝鮮、日本，早在秦漢就有經濟文化上的聯繫。由於當時航海船舶和技術的限制，中日兩國之間的海上往來，只能經朝鮮沿中國海岸行駛。中國的鐵器、銅器、絲綢和日用品以及養蠶技術等逐漸傳入日本，日本也不斷地遣使來漢朝，使兩國的經濟文化得到交流。西漢時代，開闢了對中亞、西亞、東南亞以及西歐、羅馬等地的陸上、海上交通，對密切各國之間的聯繫，促進中外經濟文化的交流，起了積極的作用。

四、賦役制度

秦自商鞅變法建立土地私有制度後，為了獎勵農民努力耕作，發展農業生產，對於農業稅採取按地畝徵收約九分之一的定額實物稅，即是地租，但除徵收粟穀外，也徵收飼草和稿稈，稅額尚不甚重。在出土秦簡的《田律》中有記載農業稅收是按土地畝數繳納，稅率尚不大。史稱商鞅「為田開阡陌封疆，而賦稅平」，對農民賦稅負擔比較公平，並且實

行「不農之徵必多，市利之租必重」的重農抑商政策，可說對於農民是實行輕稅政策的。然而，農民在負擔農業稅之外，也還有兵役和徭役的負擔。秦代農民除了負擔土地稅之外，還有按人口計徵的口賦，即人頭稅。可見秦在統一之前所實行的農業稅制有地稅（田租）、口賦、兵役和徭役四種。口賦的繳納，大概是用布帛，地稅是用粟穀和稿稈，這即是《孟子》所說的粟米、布帛和力役的三徵。

秦統一六國，建立中央集權制的秦王朝。關於秦的賦稅，據董仲舒所言，秦田租、田賦、鹽鐵之利二十倍餘古，也是指秦的田租（即田賦）、口賦和徵自鹽鐵的稅收比過去大大加重。秦還規定農民每年必須為官府從事一定時間的無償勞動。總之，秦徵收的賦稅、徭役造成人民十分沉重的負擔。「男子力耕不足糧餉，女子紡績不足衣服，竭天下之資財以奉其政，猶未足以澹其欲也」，可見在沉重的賦役之下，人民揭竿而起，秦王朝終於覆滅了。

由於長期遭受秦王朝暴虐的統治和秦末數年的戰亂，所以社會經濟受到嚴重破壞，人民大量死亡與逃匿。於是，漢初就採取了「掃除苛政，與民休息」的政策。漢興以來，陸續採取了一些措施，如號召流亡山澤的各歸本土，恢復故爵，復員軍卒給以土地房屋，過去因迫於生活賣身為奴婢的恢復其平民身分，以及減輕賦稅和徭役等。

漢代的賦稅，主要有田賦和人口稅兩類。田賦是對私有土地所徵收的稅，劉邦即位後，輕田租，什五而稅一。漢文帝和景帝時，田賦又進一步減輕。文帝初年，社會經濟仍相當困難，當時的政論家賈誼和晁錯都曾上疏，指出社會經濟不能迅速發展的原因，主要是由於社會上流民和投機取巧的商業活動太多，沒有很好地組織勞力和土地來發展農業生產。二人都強調重視本業（農業），限制末巧（商業），反對兼併土地和加重農民負擔。

　　文帝採取了他們的主張，實行了重農政策，先後兩年（西元前 178 年、西元前 168 年）下詔減當時田賦為三十稅一，其後（西元前 167 年）又下令免天下田賦。至景帝時（西元前 155 年）才恢復三十稅一，計全免田賦達十二年之久。以後，雖曾因天災或天子巡幸，施惠於民，有減免田賦的情形，但從此以後三十稅一的稅率基本上沒有變動。東漢初，由於軍用不足，曾經實行過什一的稅率，到建武六年（30 年）又恢復了三十稅一的舊制。總的說來，兩漢田賦實行的基本上是三十稅一的稅率。至於「十五稅一」或「三十稅一」，並不是對土地的實際產量徵稅，而是按照農業收成的一般產量，由政府按照十五稅一和三十稅一的比例，制定出固定的稅額。總的說來，漢代的田賦比之秦王朝大致是減輕了。

　　漢代政府既然減輕了田賦，減少了這方面的國家收入，那麼就必然要用別的辦法取得補償。這種補償的重要途徑之一，是以廣大農民為主要徵收對象的人口稅，漢代的人口稅是特別沉重的。當時的人口稅有口賦、算賦和獻費三種。口賦是兒童交納的人口稅，亦名「口錢」。漢初規定不分男女，自七歲至十四歲每人每年交口賦二十錢。武帝時起徵年齡提前四年改為三歲，同時又加三錢共二十三錢。人民負擔不起這筆錢，甚至被迫殺嬰。元帝時又恢復從七歲起徵，每年仍交納二十錢。此項辦法一直沿襲到東漢，沒有變動。算賦是對成年男女徵收的人口稅，漢初規定人民年十五至五十六歲每年交納一百二十錢，謂「一算」。商人和奴婢加倍徵收。惠帝時因人口稀少，又規定女子年十五以上到三十歲尚未出嫁的要分五等加徵，每等加一算，到三十歲未嫁的要加徵五算。實際上算賦並非以一百二十錢作為定制，不但有增有減，並且還有地方的加徵。文帝時算賦曾減為四十錢，武帝時增加到一百二十錢以上，宣帝、成帝時又曾減少，但較多的情況仍徵一百二十錢。以上所言都是漢王朝

中央政權的制度規定，加上地方的加徵就不止此數了。從湖北江陵漢墓出土的竹簡中反映，算賦並不是按年，而是按月徵收，每人每月從八錢到三十六錢不等，一年的總數大大超過了一百二十錢。算賦、口賦之外，在郡國每人還徵收六十三錢作為獻費，但具體徵法不詳。這幾種稅加起來是一筆很大的數目，是一個農民一生中十分沉重的負擔。

漢代農民承擔的徭役也很沉重。漢制規定，成年男子需服以下三種勞役和兵役：

㈠更卒。農民要在地方從事各種勞役，如修城、築堡、建堤、鋪路、造橋、運糧等。初規定幾年服役一次，每次五個月。文帝時改為一年一次，每次一個月。親自服役的稱「踐更」，如不願自往服役，也可出錢由官府雇人代役，稱「過更」。代役錢的數目前後曾有變化，《居延漢簡》曾提到一個月的代役錢為一百錢。有時地方上不需要多少更卒，但也要農民出錢，實際上成了一種賦稅，就稱為「更賦」。

㈡正卒。為正式的兵役，每個成年男子一生中必須服役一年，期滿可以回鄉，但遇軍事需要，仍得隨時應徵。

㈢戍卒。每個成年男子一生中要到邊境屯戍一年，或到京城當衛士。如不願親自服役，可按照每月交錢三百的數目由官府雇人代役。由於代役錢的數目很大，農民一般負擔不起，只好親自服役。如遇邊防緊急，役期還要延長。服役年齡漢初承秦制，男子十五歲開始服役，六十歲老免，到景帝時規定二十歲開始服役，昭帝時又改為二十三歲，至五十六歲免役。

從以上可以看到，西漢時每一個成年男子一生中要服三種役。在一個男子成年期中，除服役兩個一年以外，還要每年服役一個月（文帝時開始）。但這只是法律的規定，實際上服役的時間比規定的長得多。服役的年齡也沒有按照規定執行，有「五十已上至六十，與子孫服挽輸，並給

徭役」的。還要指出的是，西漢的徭役制度表面上似乎很公平，雖丞相之
子也須戍邊，但實際上漢律中有一套官僚、地主享有優免的特殊規定：

　　㈠宗室、諸侯、功臣的後代都可以免役。

　　㈡俸給六百石至二千石的官吏和都衛以上的軍官可以免役。

　　㈢博士弟子，甚至通一經的儒生也可以免役。

　　㈣民有車騎馬以及入奴婢者、入粟者也可以免役。

　　那麼徭役最後由誰來負擔呢？自然只有廣大勞動人民了。廣大農民
交了田賦及其附加之後，「是以百姓疾耕力作，而飢寒遂及己也」。

　　秦漢時期，國家財政同皇室財政逐漸形成兩大收支管理體系。管理
國家財政的機構，秦和西漢初期稱為「治粟內史」，主掌國家田租和各種
錢物的收支。景帝時改稱為「大農令」，武帝太初元年又稱為「大司農」。
大司農屬官有太倉，管糧食、倉庫；均輸，管上解物資；平準，管理物
價；都內，管理國家倉庫；籍田，管理公田。此外，還有長丞、斡官，
管鹽稅；鐵市，管鐵稅。王莽統治時期，改「大司農」為「羲和」，後又
更名為「納言」。東漢時置大司農卿一人，屬官有太官、平準、導官，鹽
鐵官歸屬於郡縣，均輸等官並省。至於地方財政機構，郡縣守令，總管
該郡、縣民政財政，具體則由若干負責徵收事務的官吏辦理。鄉設嗇夫，
是基層的具體徵收人員。管理皇室財政的機構有少府和水衡都尉。少府
負責徵收山海池澤之稅，為九卿之一，管皇帝私財。下設有六丞，屬官
有太醫、湯官、導官、樂府、東西織室、東園匠等十六官令丞。水衡都
尉為武帝元鼎二年（西元前 115 年）初設置，下設辨銅、山林、均輸等
官。東漢時裁撤水衡都尉，僅設少府卿，屬官的設置，沿西漢制度。

　　自周到漢，中國的預、決算會計制度逐漸形成。秦漢在地方與各郡
縣，設有專門管理郡國財政的官吏，和負責預算、決算的上計吏。每年
年終，郡屬各縣要把一年的預算執行結果，核實後上報到郡，各郡彙總

全郡的財政決算，編輯成冊，由上計吏到京城向中央報告。漢代對上計制度十分重視。漢初蕭何為相國時，以張蒼為計相，主持郡國的上計事務。文帝和景帝時，還親自聽取會報和進行詢問，武帝曾多次在隆重的儀式中接受郡國的會報。對上計事務做好的給與獎勵和表揚，對於做不好或報告不實、造假帳的要治罪。宣帝時，對不重視簿記的郡縣，命令御史進行糾察。西漢後期，對上計工作有所放鬆，上計簿，具文而已。到東漢，光武帝劉秀重新整頓，明確規定地方各郡每年終了，要派遣官吏向京師報告預、決算收支情況，並永遠成為一條制度。漢代的預決算制度（上計制度），對於漢王朝掌握全國的財經情況，加強中央集權起了一定的作用。

　　漢代的京城（西漢定都長安、東漢定都洛陽），是國家政治、經濟、文化的中心。為了保障皇室的享用，百官的俸糧和京城兵、民的食糧，每年都要從各地調運進大量的糧食。因為這些糧食大部分是通過水道用船運載的，所以叫做漕運。通過漕路轉運的糧食，叫做漕糧。以後，凡通過水路轉漕的，或供京師，或充邊用，都叫漕運。漢代漕運的糧食，初期一年不過數十萬石，後來，隨著工商經濟的發展，城市人口的增多，轉運糧食也越來越多。西漢武帝元光六年，漕轉關東糧達一百多萬石；元狩四年增加到四百多萬石；元封元年最高時達六百萬石。每年要漕運大量的糧食，耗費大量的人力、物力、財力。所以，漕糧的調運工作，是國家財政管理的一個重要內容 。 常平倉是漢代創設的一種 「調劑糧價」，「備荒賑恤」的措施。漢宣帝時，大司農中丞耿壽昌建議，下令邊郡都要修築糧倉，穀賤時購進，穀貴時賣出，對平抑物價，穩定市場，穩定財政有積極意義。秦漢時期，常以貨幣的鑄造發行作為財政的補充手段。西漢初年，對鑄幣一度採取放任政策，導致豪強地主乘機漁利，分裂勢力亦以財抗衡。漢武帝整頓幣制，把鑄幣權收歸中央，既便於商

貨流通，也有利於財政的鞏固。秦漢時期，在中央設御史大夫，負責糾
察百官；對國家財政，也負有監察之責，每有違制之事，都由御史督責。

第三章
魏晉到隋唐之文化與經濟

第一節　魏晉隋唐時代文化之發展

一、門第社會與新文化的形成

　　士族是魏晉南北朝隋唐時期社會的重要組成分子，士族的濫觴遠溯至東漢中葉以後，社會上已經形成一種重視士族的風氣。士族之所以被看重，係因都能累世以名節自立，社會上的一般人也公認士族子弟為德性純篤人物。士族的形成與發展仰賴九品官人法及占田、免賦役的經濟特權維繫。

　　士族門第為了維繫其累世尊崇的社會與政治地位，一方面掌控了政府人才晉用管道的「九品官人法」，讓上品官位都由門第壟斷；另一方面則慎選門戶相當的家族作為通婚對象，藉此維持門第聲望與地位的純粹與穩定，以致出現了「上品無寒門，下品無勢族」的現象。

　　漢代選用人才的制度，特別偏重被選用人才的品德和才能，品德和才能來自鄉里輿論。東漢中葉以後，由於士庶脫離鄉里，加上流於權門請託、政治不良，鄉舉里選就無法舉行，察舉無法選拔到真正人才，察

舉制度完全崩潰。在此情況下，為了吸收人才，魏文帝採納陳群的建議，實行九品官人法，在州郡設大小中正，來考核所轄州郡人物的品行，政府選用官吏，必須根據中正的評論。但實施不久，九品官人法因中正的權力過大、中正的產生方法不當、中正的精力不夠，加上中正的品定空洞，出現流弊。為了彌補九品官人法的流弊，隋文帝開皇七年（587 年）設立科舉制度，這是選拔人才方法的大改變。科舉考試的方法與內容，具有公平的精神，實施了一千三百多年，至光緒三十一年（1905 年）才廢止。

東漢末年社會動盪，為免遭受掠奪或逃避苛捐雜稅及繁重力役，很多農民也依附士族成部曲。擁有部曲的士族，往往受到欲擴展勢力的割據群雄所拉攏，加速莊園的發展與擴展。士族門第的莊園提供門第所有人員充裕的經濟資源。莊園一般是農、林、牧、漁全面經營，並且擁有滿足各種生活需要的手工業作坊。由於士族不須擔負徭役，平民爭相蔭附，許多地主和商人，為了免除官方的徭役，或為了求取官職，亦自願投入門第，擔任士人的隨從，於是門第勢力更形發展。西晉政權甚而制頒法律，明定依官品高低訂定占田面積，免除徭役丁數、擁有佃戶數，此舉將門第權勢法制化，更助長了新興門第的抬頭。東晉政權建立後，很多南渡的士族建立起跨越州郡的大莊園，把北方先進的農業技術推廣到南方，使廣袤的土地大量開發，促使中國經濟重心逐漸向南移。在經濟發展過程，莊園經濟是有其貢獻。

東漢末與三國時代，為躲避中原地區的戰亂，大批漢人開始移民華中長江流域；四世紀初，西晉政權被胡人消滅時，更大批的北方漢人大舉移民江南地區以避難，此舉帶動了江南原有住民與漢文化的融合；唐代在八世紀中葉發生的安史之亂，帶動漢人第三波的南向移民，江南漸成漢人聚集的重心，平原與河谷地帶已經少見土著民族的蹤影。東晉與

南朝時期，江南的開發尤其快速，因為北方世家大族舉族南遷，丁口眾多，有利於興修大型灌溉水利工程，耕地面積因而快速增加，孕育出令北方人民稱羨的文化水準。因此，到了隋代的統一，雖然軍事上是北方平定南方，在文化上卻是南方文化向北方傳播。

　　魏晉南北朝時代戰亂頻仍，社會不安，舊的價值標準和社會制度、秩序已經崩潰，富於思想的知識分子，致力擺脫兩漢以來經學傳統的束縛，轉而著重內在人格的覺醒和追求，以及對一些高度抽象的理論進行探索，因而產生了當時的主要學術思潮——玄學。清談和玄學是魏晉士族的一股重要思想，清談是手執麈尾，口談玄虛；玄學是指對《老子》、《莊子》、《周易》這「三玄」的研究與解說，也是清談的主要內容，清談是對玄學的闡述和表現方式，「竹林七賢」（嵇康、阮籍、山濤、王戎、劉伶、阮咸、向秀）成了理想人物。對玄學的發展最重要的人物當推嵇康、阮籍、何晏、王弼四人，四人思想朝兩個不同重點發展。阮籍、嵇康帶頭形成了一股拋棄禮教、解放個性的風氣；何晏與王弼則致力於融合禮教與玄學，使禮教玄學化。何晏首創「貴無論」，指出「天地萬物皆以無為本」的主尊思想，奠定玄學的理論基礎。玄學發展到了郭象，已經完成其以道家為核心的思想，其對「人格意氣的脫俗超凡卻仍不離日常生活」的主張，奠定唐代以佛學為核心的禪宗思想之發展基礎，也為宋代以儒家思想為核心的理論創造了思想前提。

二、宗教藝術與文學

　　宗教是一種信仰，亦是一種複雜的文化現象。此時宗教信仰的發展，除持續傳統宗教信仰外，值得重視的有二，一是道教的創立；一是佛教的傳入。

㈠宗　教

1.道　教

　　道教是中國本土的宗教，源於先秦道家。道教思想體系承襲了中國
古代的民間巫術和神仙方術，雜糅了道家、儒家、墨家、陰陽家及黃老
思想。道教的前身是戰國中後期的方仙道和漢初的黃老道。東漢末年，
因社會動盪不安，乃產生結合巫術並聚眾自保的「太平道」和「五斗米
道」兩個教派。太平道是鉅鹿人張角所創，信奉《太平經》，在東漢靈帝
時起事，後為皇甫崧所平，史稱「黃巾之亂」。黃巾起事失敗後，太平道
的組織被破壞，以後便銷聲匿跡。五斗米道又稱天師道，創始人張陵，
以老子《道德經》為主要經典，歷經張衡、張脩及張魯，才使五斗米道
的組織系統化。張魯在漢中建立政權，於東漢獻帝建安二十年（215 年）
張魯投降曹操，五斗米道開始走向官方道教。

　　魏晉間士族中流傳玄學，道教便在玄學的引導下，建立自己的理論
基礎。為道教建立一套理論體系以及修煉成仙方法的是葛洪，著有《抱
朴子》一書，提出「玄」、「道」、「一」三個概念。道教的齋戒儀式形成
於南北朝，南朝的道教齋儀深受佛教的影響，北朝的齋儀則兼受儒家的
影響。北朝的道士寇謙之，襲取儒家的倫理觀念與「禮度」精神，制定
了各種道教齋儀，並把佛教生死輪迴觀引入道教，主張著重服食閉練。
南朝劉宋道士陸修靜對道教的改革則深受佛教的影響，整頓教團組織，
蒐集整理道教經典，並重新制定齋教科儀，其中佛教的輪迴報應之說，
及教規教儀都為道教提供了借鑑。道教的教規、儀範經寇謙之和陸修靜
修訂後就逐步定型。此後，陶弘景有感於道教所供奉的眾多神仙至為龐
雜無序，乃將道教有關神仙按階次排列其高低，首創了道教的神仙譜系，
敘述道教傳授歷史，主張三教合流，對後世道教的發展影響極大。

　　自漢末以降，在中國傳統文化中，如科技、文學藝術、民俗等方面

都深受道教的影響。道教徒因追求長生、得道成仙，重視服食丹藥。為製作丹藥，而發現了硫化汞、火藥，開啟了中國古代化學之先河。同時在不斷探求延年益壽的方法中，也帶動醫學及藥物學的發展。葛洪的《肘後備急方》記載了天花、肺結核等傳染病，對免疫法也有較正確的認識。孫思邈的《備急千金要方》、《千金翼方》對藥方的製作方法、疾病的診斷、治療和預防都有詳細的記載，對現代的藥物學和中醫治療仍有極重要的借鑑意義。民俗方面，如城隍、灶神、土地等的崇拜祭祀；有些宗教活動，如超渡亡靈、廟會及行業神的崇拜等，在不知不覺中轉化成民間習俗，世代相傳。在文學藝術方面，以道教思想與神仙為題材的小說，如《洞冥記》、《搜神記》、《枕中記》等書；王羲之篤信天師道，相傳他獨創一格的行書，頗得益於符籙的啟發，所以道教對中國古代社會文化的深刻影響，這分文化遺產在今天仍值得我們重視。

2.佛 教

佛教發源於印度，傳入中國的確切年代難考。從東漢到三國，有人將之與黃老和神仙之術一樣加以信奉，因此佛教的傳播常借助於巫術的信仰。東漢中期以後，社會動盪不安，人們從宗教中取得安慰，佛教才在中國生根，洛陽成為當時中國的佛教傳播中心。魏晉南北朝時期，玄學與佛學合流，再加以帝王的提倡，佛教界出現了許多的弘法大師，並形成許多教派。代表人物有道安、鳩摩羅什和慧遠。佛僧道安首創僧尼規範之例和佛教徒以釋為姓，這個規矩一直延續至今，被全面採行。鳩摩羅什為西域人，來華後所譯的《金剛經》、《法華經》、《維摩經》等，成為後來中國佛教各教派立宗的經典依據。慧遠把印度佛教性理論和中國傳統的神不滅思想融合在一起，為佛教的中國化做出了極大的貢獻。漢族佛教徒的全面茹素制度，則起自南北朝末期南朝梁武帝的定制與推行。

隋唐是中國佛教鼎盛時期，玄奘法師是這一時期翻譯佛經成就最大、

弘揚佛教最有力的人物。由於譯經事業取得重大成就，再加上社會經濟、政治文化各方面的條件，使佛教不僅在中國繁榮發展，且東傳朝鮮、日本，形成東亞佛教圈。其中鑒真法師赴日弘法，備受日本朝野尊崇，至今猶傳為美談。南北朝時期，中國佛教只有學派無宗派，隋唐之際，佛門講究衣缽的傳承，宗派開始確立。著名的宗派有八個，天台、唯識、華嚴、禪宗為公認的四大宗派。

禪宗是一個最具中國特色的佛教宗派，禪宗提倡「悟」，初祖為印度人菩提達摩，後分南北兩宗，南宗是慧能、北宗是神秀。南宗把對佛陀崇拜的外在宗教，轉變成一種注重自心的內在宗教。此外，使注重出世的佛教變成不離世間的入世宗教，把佛教進一步世俗化。因此，宋元以後，禪宗成為佛教的代名詞，慧能可說是中國禪宗的真正創始人。

佛教傳入中國之日起，就逐漸走上漢化的道路，主因是受到傳統文化的影響。相對的佛教也對中國文化產生深刻的影響，魏晉以降，玄學興起，佛教的「般若學」受到重視和提倡，與玄學交融匯合，最後取代玄學。隋唐佛教宗派多講心性之學，尤其禪宗認為一切事物都在自性之中，在自性中見到一切事物，稱為清靜法身，也就是自悟成佛，把心性論和本體論、成佛論結合起來，這種心性論和本體論的密切聯繫，對後來宋明理學的形成有莫大的影響，有云：「無佛學，即無宋學」。

自從印度佛教透過中亞傳入中國後，與佛教相關的藝術形式也隨之進入中國，其中最重要的要算是佛像壁畫和佛像雕塑。由於印度佛教造像曾受到希臘文化的影響，因此可以說中國佛教造像藝術是漢文化、印度文化及希臘文化結合的成果。隨著佛教的廣泛傳播，石窟藝術也在中外文化交流的情況下形成。石窟的開鑿從東漢末年開始，到南北朝時大盛。中國佛教重要石窟，現今保存有兩大區域，一是南北朝時代信仰重鎮的華北地區。長期統治華北的北魏政權，在先後奠都的大同與洛陽分

別開鑿了雲岡與龍門石窟。洛陽在唐代仍為政經重鎮，故龍門石窟此時更擴大開鑿。龍門石窟地處中原，是外來佛教藝術和漢族傳統藝術互相交流的所在，也是研究中國雕塑、繪畫、建築、裝飾圖案的最佳來源。第二個重要石窟群分佈在西北地區，中西陸上交通孔道「絲路」沿線。最主要的有位於絲路東端天水的麥積山石窟，及絲路西垂的敦煌莫高窟。

　　南北朝時期佛教藝術漢化較顯著處在工藝裝飾方面，作為佛教象徵的蓮花和忍冬，成為這一時期的主要裝飾內容。在繪畫技巧方面，張僧繇吸收佛畫技巧，創出完全以敷彩繪成的「沒骨畫法」。由於敷彩的盛行，自此開始，「丹青」（色彩）成為繪畫的代名詞。

(二)藝　術

　　整個中古時期，藝術方面的成就，除唐三彩陶俑外，主要表現在書法、繪畫、雕塑三方面。

　　書法指的是寫字的藝術，東晉書法家王羲之，號稱「書聖」，作品中以〈蘭亭序〉對後世影響最大，被稱許為天下第一行書；其書法樹立了楷、行、草書的典範，亦代表了魏晉南北朝書法的藝術成就。之後書法家在楷書有「顏筋柳骨」及草書「張顛素狂」之雅號。中國的繪畫藝術講究傳神寫意，遺貌取神。人物畫以形寫神，東晉顧愷之、唐代吳道子（畫聖）的人物畫可為代表；山水畫重寫意多於工緻，唐代的李思訓（山水重寫實、尚工麗，善用青綠，雜以金色，號稱「金碧山水」，為中國山水畫北宗之祖）、王維（被稱為「畫中有詩」，喜以墨色的深淺濃淡變化，表現大自然的平遠景色，他的「破墨」法渲寫山水松石，風格開後世文人畫之先，被尊為「南宗」畫派之祖）各具特色。

(三)文　學

　　魏晉南北朝時期政治黑暗，傳統儒學衰微，玄學與清談盛行，士人自覺精神興起，文學遂脫離經學而獨立。由於長期創作經驗的累積，自

然形成文學理論的發展。曹丕的《典論·論文》是中國歷史上第一篇專門探討文學問題的文章；至南朝文風漸趨淫靡，為矯正時弊，遂有劉勰的《文心雕龍》和鍾嶸的《詩品》兩部文學批評專書出現。劉勰從社會狀況去解釋文學內容，認為文學是用以反映社會時況，強調內容與形式的並重與統一。鍾嶸《詩品》則開創了中國古代詩論、詩評的體制，強調詩的實際作用，反對濫用典故及一意追求聲律。由於文學作品大量增加，南北朝出現了兩部著名的文學選集，一本是梁昭明太子蕭統編的《文選》，一本是徐陵編的《玉臺新詠》。《文選》尤其是對中國周秦以降文學作品的一次總整理，成為以後各時代重要的文學讀本。

自魏晉時期曹植開始，文人講究文章的造詞煉句，形成講求詞藻華麗、雕琢字句、聲韻藻飾的「駢體文」。魏晉南北朝時期，駢體文與詩文最大的成就在於「聲律」。自《詩經》所謂「自然聲律詩」（又稱「古體詩」）到南朝齊沈約等人據佛經梵音拼法，創漢字四聲發音，正式建立起聲律論，形成一種高低長短交替的節奏，這是中國「格律詩」的開端，至唐發展成熟，後人稱之為「近體詩」。

唐代是詩歌發展史上的極盛時代，唐詩之所以發達，乃是由於帝王的提倡和開科取士的鼓勵。唐代詩歌的發展分為初唐、盛唐、中唐、晚唐四個時期。初唐有四傑：王勃、楊炯、盧照鄰、駱賓王，以詩歌描寫城市和邊塞生活；詩歌開始反映新時代的大氣象，題材從宮廷轉向廣闊的社會生活。開元、天寶之際，唐代社會達到經濟繁榮和國力強盛的頂點，唐詩發展進入高點。盛唐時期有「詩仙」李白、「詩聖」杜甫，和以描寫田園風光著稱的孟浩然、王維，及以擅寫邊塞景色、英雄壯志聞名的高適、岑參、王昌齡、李頎；這時期詩歌創作的基本特點是：內容豐富、氣勢壯闊、形象鮮明、聲律和諧，具有更多的浪漫主義色彩。

安史之亂後，唐帝國雄偉氣象不再，中唐詩歌呈現多元化與平民化

的發展。中唐平民化詩歌以白居易的成就最大，與元稹齊名，反對沒有寄託的作品，發起了「新樂府運動」。在德、憲宗之際，士大夫認為過於雕飾的駢文是亡國之音，所以強調文章的教化作用，主張恢復和發揚先秦、兩漢樸實的散文，並極力從事古文理論的宣傳和古文創作，形成一種新的淺近流暢的文言風尚，因而掀起了「古文運動」。唐代的古文運動至韓愈、柳宗元而完成。中唐時期，以韓愈、孟郊為代表的詩派，重視藝術技巧，怪僻尤其是特點。劉禹錫學習民歌並以諷刺詩見稱，李商隱擅於抒寫愛情，杜牧的詩歌多是諷刺時弊，有較強的現實意義。晚唐詩歌呈現雙重的時代特質，其一是呼應多元化民間力量的抬頭，延續中唐以降多元化與通俗化的詩風，成就可觀。其二則是反映出晚唐帝國的衰頹，用詞唯美而藻飾繁縟、堆砌典故而呈累贅之態。

三、民族融合與文化交流

　　中國是以漢族為主體構成的多民族國家，因此，漢民族與邊疆民族的衝突與融合，是促進中國歷史、文化發展的動力。魏晉南北朝是中國民族融合的一次高潮，匈奴、鮮卑、羯、氐、羌等民族利用中原內亂，紛紛進入中原建立政權，史稱「五胡亂華」。北方草原游牧民族在進入中原的過程中不斷漢化，如北魏孝文帝有計畫的推行漢化運動。而中原的士族為逃避戰亂則紛紛舉家南遷，促進了漢族和南方民族的接觸和融合。所以隋唐時期的漢族已非秦漢時期的漢族，而是黃河、長江兩大流域以漢族為主體的各族人民融合而成的新漢族。

　　中外文化交流，早在春秋戰國時期即已開始，直至近代西方文化傳入之前，以漢唐兩個時期最為重要。漢代時中西文化透過「絲路」相互交換中國的物品和西域的特產，雜技、音樂、舞蹈等西域的藝術也傳入中土。東漢靈帝特別喜歡西域藝術和風俗習慣，因此胡帳、胡服、胡床、

胡坐、胡飲、胡笛、胡舞成為上層社會社交活動不可少的一部分。西域音樂、舞蹈、百戲經南北朝至隋唐更大放異彩，而且唐代是外來宗教盛行的時期，佛教自歷經南北朝的發展，到唐代不僅逐漸本土化，且宗派繁多。回教、祆教、摩尼教、景教等也傳入中國，且在長安建寺傳教。

　　經過魏晉南北朝數百年的民族與文化融合，隋唐更達成政治的統一，社會相對安定，南北文化結合，對外貿易發達，異國文物源源流入，唐代更以凌越胡漢之別的觀念，以包羅萬象的胸襟，容納各族為一體，將東亞國家與中國在語言文字（漢字）、思想意識（儒教、佛教）、社會組織（律令制度）、物質文明（科學技術）上連成一氣，形成一個以中華帝國為文化源的有序結構系統，呈現「統一、上升、自信、開放」的時代特質。

　　唐代充分開放社會，很重視法制的建構，建立了一套較為完善的法律體系，其中關於土地制度、戶口、手工業、商業和中外交通的規定，對於造成唐代的經濟繁榮，發揮了不可忽視的作用。「唐律」從唐代起即影響到日本、朝鮮、越南等國，形成世界法律史上的「中華法系」。

　　唐代針對中國傳統律令做開創性的總結，奠定中華法系的基礎；陸羽的《茶經》則是對新興的飲茶文化進行全面的總結，成為世界上最早的一部茶葉專書，此舉並與唐代首創茶稅制度相對應；北魏末年賈思勰撰寫的農學名著《齊民要術》，則是總結了華北地區六世紀以前，長期作為全國經濟中心的農業生產和農業技術，此書並成為中國現存最早的一部完整的農書，其體例且為歷代重要綜合性農書的典範。

　　中國與朝鮮關係建立很早，商末箕子率族人避居朝鮮，秦時朝鮮分成馬韓、辰韓、弁韓三部，漢武帝平服朝鮮，設真番、臨屯、樂浪、玄菟四郡，朝鮮被劃入中國版圖。東漢以降至隋唐，朝鮮再分成高句麗（高麗）、百濟、新羅三國。唐代是中國盛世，朝鮮的文教、社會制度，莫不

受之影響。朝鮮三國之一的新羅，文教、社會風俗（無論耕稼、婚姻、喪葬，均與唐代相同）、中央與地方制度亦與唐類似，因而有「君子國」之稱。

　　日本古稱倭國，至唐始有日本之名。東漢時曾來朝貢，光武帝賜予「漢倭奴國王印」。在晉代時經百濟學者中介，日本始仰慕中國文化。至隋唐時日本使者往來更為密切，當時稱「遣隋使」或「遣唐使」。「遣唐使」中，以留學生及學問僧影響日本文化最大。「大化革新」是日本的華化運動，在革新的項目中，班田制和租稅制，完全仿自唐代的均田制和租庸調法。在奈良時代，日本貴族更醉心於唐代文化，學術、技術、文藝、音樂、建築、雕刻、繪畫及有關服飾、器皿、生活方式，完全學習唐代。至九世紀，日本在吸收唐文化的基礎上，結合文化傳統，開始形成獨特的民族文化。佛教、文學、歷史、雕刻、音樂等，由唐式發展成為其日本風格的新文化。日本人使用的文字，也在吉備真備和空海等人的改造下，由漢字簡化為片假名和平假名。

第二節　魏晉南北朝時代經濟之變化

　　自東漢獻帝建安初年開始，經三國、兩晉、南北朝至隋的統一，計有三百九十三年的時間。在此一時期的經濟，是處在破壞、後退和區域經濟發展不平衡的狀態中。魏晉南北朝時期的農業，在兩漢農業已達相當成就上出現了變化，是在東漢末年的黃巾之亂，各地豪強的連年混戰，社會大動亂以後，曹魏屯田制的興起改變了土地所有制；使淮河流域等地的農業，才走上重新恢復和發展，主要是水利的興修。北方黃河流域經過混戰，人口大移動，形成一片荒野後，均田制的實施使農業逐漸恢復生產。在恢復的過程中，出現農業與畜牧業、漢人與少數民族、國有

地和士家大族權貴之家大土地占有制混合的現象。在江淮以南地區，由
於人口的大量南移，僑置州郡的設置，水利的興修使水田增多，再加上
南方破壞較少，在原有的農業基礎上繼續發展，使得手工業和商業發達，
商品貨幣經濟遠超過北方的經濟。

一、土地制度

　　魏、蜀、吳三國土地制度，分為官田和民屯二部分。在中原地區，
由於長期戰火的洗劫，造成無數人民無家可歸，死亡流徙。許多地主也
因戰亂的原因，不得不丟棄原有的良田沃土，流亡南方；因此，北方地
區出現了大量荒田荒地。因軍國所需，東漢末年，曹操開設屯田，以軍
屯為主，積糧備戰。所以說，此時北方的公田（官田）是很多的；雖然
吳、蜀兩國也開闢有屯田，相對來說，數量較少，而且私田多於公田。
而私田則多集中於豪強地主手中。其土地來源：㈠兼併所得；㈡趁戰亂
之機，占據逃亡者之地；㈢大族從軍，軍事首領賞賜之地；㈣小土地所
有者為求得保護而投獻之地；㈤債務抵交之地。

　　西晉滅吳，結束了數十年三國分立的局面，隨著軍事行動的結束，
國家的統一，出現荒地很多，人口很少的現象；農業生產需要恢復，土
地占有制度需要規範，戶籍需要清理，賦役制度需要調整。為此，西晉
太康元年（280 年）頒行占田制。西晉占田制，本欲限制豪族地主廣占
良田，抑制土地兼併，使社會得到穩定發展；但從品官占田，蔭親屬等
優待條件來看，對士族並無多少變動。應該肯定的是占田制的實行，使
一部分農民得到了多少不等的土地，把少地或無地農民分配到土地上，
開荒墾地，對擴大耕地面積，增加農業收入，穩定財政收入來源，以及
社會穩定等方面，均有積極意義。西晉因永嘉之禍而遭滅亡，南來晉人
於江南建立東晉政權。由於東晉政權忙於內亂和北擴，對土地占有似乎

未採大的行動。南來的北方人民或淪為地主的奴客，或占荒耕種；為避免與江東士族地主發生利益衝突，北來的士族地主不再在土肥田美的太湖流域求田問舍，而是到浙東的會稽一帶甚至到福建溫、臺一帶發展。這不僅緩和了南北地主間的利益衝突，各自開拓自己的經濟勢力範圍，也對江南經濟的開發，具有十分重要的作用。南朝的土地占有情況與東晉相似，士族占有大量土地、山林，且政治地位和經濟特權融合於一體。

北魏孝文帝時，由於民族和土地問題，對社會構成諸多不穩定因素：㈠土地所有權的爭執：戰亂中，不少人逃離本土，土地為他人占耕；農民返鄉後，發生土地爭執；㈡西晉以來的「九品混通」法，弊病很多，而戶等劃分不合理，豪族庇蔭親屬、客戶，於國於民均不利；㈢官吏任意苛捐農民；㈣豪族轉嫁稅賦，中下戶負擔過重，影響社會穩定。為穩固統治，首先要限制豪強兼併，均平賦役負擔。消除不穩定因素，促進農業的恢復和發展，為此，於太和九年（485 年）推行三長制，在此一基礎上頒行均田制。

北魏均田制，是在特定的時期，土地所有制的一種特殊表現形式。從當時的情況言，均田制的推行，對農業經濟的恢復，對社會的穩定和在保證國家對賦稅的需要方面，都具有一定的積極意義，這是因為：㈠把農民和土地重新結合起來，使荒地變良田，農業因此得到恢復和發展；而流民的歸附，又能使社會得到穩定；㈡寬鄉、狹鄉的規定，鼓勵農民向地廣人稀處遷徙，有利於邊境及土廣民稀的地方得到開發，也有利於減輕占地多少的衝突；㈢均田以前，由於長期戰亂的影響，「民多隱冒，五十、三十家方為一戶」；而均田制的推行，即使人有自己的耕地，又使農民的賦稅負擔較附於士族門下有所減輕，使不少蔭戶脫離士族而成為國家編戶，從而為國家爭取了大量勞力。但從另一方面來分析，均田制並非只對農民有利，它還最大限度地保護了拓跋貴族、勢官和漢族地主

的利益。首先，均田制規定奴隸和農民一樣授田，只是不給桑田。雖然
他們沒有獨立地位，其耕作收入或紡織收入也全歸貴族地主所有，並不
負擔徭役，僅向國家交納平民（一夫一婦）賦役的八分之一；而廣占奴
婢的則為貴族、豪強，如孝文帝之弟占有奴婢上千人；可見，利歸貴族、
豪強；其次，北魏均田，其制度本身並未能改變「豪強者兼併山澤」的
現象，所以說，國家均田是均而不均。

　　北魏自宣武帝（500～515 年）後，朝政日漸腐敗，均田開始破壞，
在自然災害、邊患和饑荒的襲擊下，各地爆發反抗。北魏內部分裂為東
魏後建北齊，西魏後改為北周。由於「喪亂之後，戶口失實，徭賦不
均」，影響國家收入和穩定；而三長制免賦太多，有苦樂不均的現象。於
是於北齊河清三年（564 年）頒行均田制。北齊均田相較於北魏均田差
別之處為：㈠北齊取消了正田、倍田的區分，實際上平民授田數量並無
變化；㈡對奴婢占有量做了明確規定，即有了數量限制。但一般農民仍
有可能出現土地不足分配問題，所以又頒「東遷」之令，強迫無田之民
遷到寬鄉去，既保證貧戶有田可耕，又保護了豪族地主的利益。由於北
齊均田制的諸多缺陷，主要是平民利益沒有基本保證，所以隨著土地兼
併的繼續加劇，階級衝突也日益深刻，隨著朝政的腐敗與激烈化，最後
為北周武帝所滅。

　　西魏實行均田，據《鄧延天富等戶手籍計帳殘卷》所載，農民普遍
授田不足，北周取代西魏，亦實行均田。由於西魏和北周的統治地區是
關隴地區，雖南擴大到四川、湖北一帶，但政治經濟重心在陝西及周邊
地區，相對北齊來說，地主經濟發展較為緩慢，因此，土地兼併也不如
中原富庶地區那樣激烈，從而使北周均田制度得以順利推行。

二、農業之發展

　　北方農業的恢復，開始於曹操。曹操在東漢獻帝建安初，採衛覬建議，以鹽價所得購買耕牛，凡百姓歸者以供之，不到數年，人民勤耕積粟，使關中豐實。建安中修復了鄴城附近的天井堰十二渠，設水門以供調節。建安七年（202 年）治睢陽渠，黃初六年（225 年）修討虜渠，又在河北導高梁河，造戾陵堨，開車箱渠；賈達在河南淮陽一帶修治汝水隄堰，造新陂（名賈侯渠）；劉馥在河南固始、安徽壽縣修芍陂、茹陂、七門、吳塘諸隄堰，以溉稻田；鄭渾在當時魏郡地區，興建隄堰，開闢稻田，人民刻石頌之「鄭陂」；又自陳倉至槐里與成國渠連接，為疏晉陂，溉鹽漬地三千餘頃；敦煌太守皇甫隆教民作耬犁及用水灌溉，得穀增五成；正始時鄧艾在淮南、淮北，修廣淮陽、百尺二渠，大治諸陂渠於潁南、潁北溉田二萬餘頃；由此可見農業生產與水利事業是息息相關的，也可證明大規模水利只有政府力量始能興建，農業的興衰與政治好壞是連在一起的。

　　司馬炎代曹魏稱晉，著重拓展農業，以地方耕種農桑之好壞為考核官吏的標準，對西晉初期的農業發展有一些促進的作用。光祿勳夏侯和修新渠、成富壽、游陂等渠，溉田一千五百餘頃。咸寧元年（275 年）以鄴城奚官奴婢，發至新城代替屯田兵種稻。咸寧三年（277 年）杜預上疏論治水澇地，以疏導積水為主，宜養牛供水田耕作，廣修舊陂舊堨，助民佃種，用水灌溉稻田，明其考課，公私兩收其利，可溉田萬餘頃。西晉王朝初建時除修水利工程外，還曾招募蜀（蜀人北來，官府供給兩年口糧，並免除二十年徭役）、吳（吳人北來，百工和百姓可免徭役二十年）地區的居民以充實北方。

　　漢魏以來，不斷地有百姓向南遷徙。西晉惠帝時北方發生的「八王

之亂」，再加上天災連年，人民紛往遼東、西北以及江南遷移。自西晉永嘉之亂開始，北方即陷入長期混戰中，各少數民族的紛爭，造成土地荒蕪、無正常的農業生產可言，如有之，只是在局部的塢壁堡壘中進行自給自足大莊園耕作，或者是在地方政權暫獲保護之下，寺廟莊園及人民臨時半牧半耕以求自保的狀態中進行。北魏初期恢復農業生產，農牧並用。北魏將原三河（河東、河南、河北）農業區改為牧場，與鮮卑族傳統有關。至於在遷都到洛陽之前，因政治環境的原因，畜牧業在中原地區推廣，直至北魏孝文帝遷都洛陽後，農業有了較大的發展，經一系列的改革，一度出現農業繁榮的景象，華北地區又進入了以農業為主體的漢民族傳統的農業社會。北魏在實行均田制之後，又實行常平倉制及立農官勸耕積穀。在此期間，北方農業的發展，手工業、商業得到恢復和繁榮，佛教寺院十分興盛，文化藝術也有發展，其中都城洛陽，成為北方及中原在政治、經濟、文化的中心，吸引眾多的商胡販客聚集於此。

　　北魏太平真君五年（444 年）表請於河西平地鑿渠，可溉私田四萬餘頃。北魏時，幽州刺史裴延儁採納盧文偉的建議，修復范陽之督亢陂；又修復漁陽燕郡之戾陵諸堨，溉田百萬餘畝。北齊時，斛律羨在幽州導高梁水溉田，邊儲歲積。北魏太和十二年（488 年）五月，詔六鎮、雲中、河西及關內六郡，各修水田，通渠灌溉。翌年（489 年）八月，詔諸州鎮有水田之處，各通灌溉。北魏以後的北齊、北周朝代中，少見有興修水利的記載。西魏大統十三年（547 年），開白渠以溉田。北周保定二年（562 年）開龍首渠，以廣灌溉。以上所述水利，分佈於今山西、陝西、甘肅、河南及河北境內，北朝之於華北農業得以恢復，除實行均田制外，亦得益於水利的重修或延長。北魏、東魏時之山東、河南、河北、陝西關中的若干區域內具體的農業狀況，賴有賈思勰《齊民要術》一書，尚能得知一些有關農業生產的具體實況。

東魏賈思勰的《齊民要術》，是一部總結前人經驗，並匯集當代農業生產技術，保存最完整的一部農書。《齊民要術》基本上概括了北朝時期北方農業的生產技術與農業工具的情況，有傳統經驗，有當時實況，從中可窺知北魏、東魏時華北農業的一些實情。《齊民要術》中有很多農業增產的經驗，如利用綠肥、熟糞、選種、深耕多鋤、防旱保墒等，有利作物的生長茁壯，這樣畝產量就能提升。漢代主要用休耕的方式來恢復地力，而從《齊民要術》的記載，可以發現在此一時期除讓土地休耕外，還運用輪種與種植綠肥的方式來恢復與提高地力。

在《齊民要術》書中對許多農作物先後種植的效果進行比較，提出最適宜於與穀類作物輪作的豆類作物，這樣可以提高穀物的產量，並從生產過程中探究出正確的輪種秩序，當時的輪作方式有一年一熟與兩年三熟兩種。這一時期輪種的主要運用不在於多熟，而在於合理安排作物和應用綠肥以達到恢復地力的效果。輪作與綠肥的應用，增加了能不休耕且可以連續進行耕作的土地面積，有助於緩和部分地區可耕土地不足的問題。

與農業生產技術相對的是，此時糧食加工機械也有著較大的發展。西晉時石崇有水碓三十餘區；王戎水碓數有四十所；杜預在舊式水碓的基礎上又創製出連機水碓，更大幅度地提高了其加工效率。加工麥類糧食的磨，在這一時期也有不小的改進，杜預與同時期的劉景宣先後發明了以牛力轉動的連磨，嵇含為此特作《八磨賦》。可見在這一時期新的糧食加工機械在不斷地創製與普及。總之，魏晉南北朝時期農業生產工具和耕作技術，基本上是承襲兩漢，並有一些改進，促進了農業經濟的發展。工具的改進和技術的提高，又由賈思勰的《齊民要術》對相當部分加以總結、記錄和保存下來。

江南地區水利設施陂塘化的傾向至南朝猶存，特別是淮河流域和長

江下游地區，水網四通八達，到處可見。湖泊河流極多，經過長期的水利建設，在陂塘化的過程中，人工水渠、陂塘、堨堰、隄壩，以至人工湖泊都越來越多，形成網絡，相互調節。在航運、灌溉、蓄洪、防旱、瀉鹵、水產品生產諸方面都引起了極大作用，對於江南的開發、社會經濟的發展、經濟重心的逐漸南移，都有很大的影響。魏晉南北朝時期江南地區見於史籍的水利設施很多，渠、湖、堰、隄等的名稱不少。如賈侯渠、七門堰、鏡湖、新豐塘、小史隄等。江南眾多的陂塘渠湖堰隄，是在一個相當長的時期建設形成的，其中許多為前代所造成，時間長久，必有損壞。加上戰爭或自然災害的原因造成的廢棄，所以江南陂塘網絡重要的問題當在於日常的維護、整治和管理。水利中的許多設施，如堰堨陂塘，往往都有專人管理，有一套管理機構、人員和措施。有「堰官」、「湖尉」管理水利的專職官員，這些官吏都有機構和屬員，以處理維護管理水利設施的日常事務。而像杜預刊石立碑，制定公用水利的使用條例，則是具體的管理制度和措施。

　　魏晉南北朝時期農業的發展十分不平衡，具有波浪起伏型的特點。農業發展不平衡的原因，在於自然災害頻繁，當時官府又不具備防災害的功能和力量，防災救災的能力極低。官府的農業政策沒有長期且全面性的規劃，都是短期作為，只能在災害發生後，以賑災的形式作一些有限的救災工作，收不到實質性的效果。而小農經濟往往一次小的災害便造成影響極大的饑荒，大大地打擊農業的發展。農業生產發展的不平衡，也常由於各種其他社會因素，使農業生產遭受嚴重的打擊，可從《晉書‧食貨志》、《魏書‧食貨志》、《隋書‧食貨志》的記載，以及此時期各史籍關於戰亂、天災、沉重的租稅徭役，統治階層的奢靡、末業對本業的傷害的各種記載中得到了解。其中南朝梁沈約撰寫的《宋書》中一段對江南地區所作的評論，總結了漢代以來農業生產的波動起伏，很具代表

性的。沈約在他的總結中，將政治、戰爭、災荒、賦稅徭役、土地物產、商業、人口等因素都綜合起來，並針對江南社會經濟和農業經濟（古代社會經濟主要就是農業經濟）有精闢的記載。總之，由於魏晉南北朝時期農業生產力較為低下，生產水準不高，個體結構的生產方式使自耕小農無力承受各種內外因素的衝擊，加以不斷地天災人禍，所以呈現了十分明顯的不平衡性。而造成此種現象的產生，從根本上來說，應與當時社會結構和經濟體制所規定的法律規範，有很密切的關聯，很難根除的。

三、工商業之發展

魏晉南北朝時期的手工業與秦漢時期一樣，可分為官府手工業和民間手工業兩大類型。

官府手工業經營的範圍非常廣泛，且門類眾多。根據手工業生產的性質，則大體上可分為三類：一是略似現代的重工業，如各種採礦業、冶鐵業、鐵器鑄造業、煉銅業、銅器製造業、造船業、煮鹽業、釀酒業等，這一類手工業製品，按產品的性質和用途又可分為兩種：其一是人民大眾生活必需品，主要有鹽和鐵；其二是軍需品，當時歷代官府均設有專門官吏，主兵器弓弩刀鎧，南朝地方州郡亦設有作部，所造兵器，部分上貢朝廷，入於武庫，部分留作地方軍隊之用，可見軍用製造也是官府手工業經營的重要項目。二是略似現代的輕工業和各種器物製作業，如絲織業、造紙業、陶製業、衣服製作業、金銀器製作業、漆器製作業等類皆屬之。此類手工業產品，按其性質和用途亦可分為兩種：其一是供應宮廷所需的各種高貴奢侈品；其二是製作朝廷官府等公用物品，如宗廟郊祭的祭器、禮器，朝廷官府的法物儀仗，公卿百官的冠帽袍笏，以及車輦乘輿，旗幡幢蓋和日用的文具、雜物等等。三是建築業，大凡官府興辦的土木建築工程及其所用的建築材料，如磚瓦竹木之類，亦多

由官府調集備辦或自行製造。

綜上所言,魏晉南北朝時期官府手工業經營的範圍相當廣泛。但是,官府手工業產品絕大部分是為了供應宮廷和各級官府所需,並不是商品生產;雖也有為了銷售而生產的,如鹽和鐵,但售賣的目的並不是為了擴大再生產,本質上是統治階層的御用手工業。

官府手工業的管理制度創始於西周,而發展和完備於秦漢。從中央到地方,形成了一套完整和龐大的官府手工業的管理體系。魏晉南北朝時期官府手工業的管理機構雖不盡相同,名稱也各異,但基本官制大體上仍沿襲秦漢舊制,其職掌和作用則始終如一。三國時的官府冶鐵機構,曹操於平定冀州,首先在河北設立官府冶鐵機構,並置有司金中郎將、司金都尉、監冶謁者等官,以主管各地礦冶,製造武器和屯田所需的鐵製農具。蜀漢亦有司金中郎將,其組織大概與曹魏相似。東吳雖不見這一官職,但其冶鐵機構設置甚多。兩漢時期在產鹽之地例置鹽官,主持鹽的生產與銷售。魏有海鹽、河東解池鹽、武威、酒泉池鹽;蜀漢則置有鹽府校尉 (司鹽校尉)、鹽府點曹都尉等官,掌管鹽鐵;吳和蜀漢一樣,亦設司鹽校尉,司鹽都尉掌煮鹽,故官營煮鹽業十分發達。隨著三國鼎立局面的形成,供給統治階層奢侈享受的宮廷作場很快恢復了,曹魏時少府統三上方,即中、左、右三個作場,負責生產宮廷御用器物。蜀漢的官府織錦業很發達,在成都設有錦官;東吳的宮廷作場,除有隸配犯法婦女的織室,也有尚方的設置,尚方工官主持金銀首飾的製作。東吳官府造船業也設有專官進行管理,東吳在建安郡設有典船校尉,在冶縣設有典船都尉,負責製造官府所需的各種船舶與戰艦。為保證官府作場有充足的原料,不但金銀銅鐵等礦冶的開採全由官府主持,即使其他物資亦由官府控制。如曹魏設有材官校尉,主天下材木事,可知建築材料也由官府設官管理,像鹽鐵一樣不准私自買賣。

晉代官府手工業管理機構雖也沿襲秦漢舊制，但有所改革。如西晉中央機構中設有少府、衛尉和將作大匠三個系統，分別掌管一些重要的手工業生產部門。少府統材官校尉，中左右三尚方、中黃左右藏、左校、甄官、平準、奚官等令，左校坊、鄴中黃左右藏、油官等丞，其中三尚方專門製作宮內器物，平準令掌染，西晉猶置御府，主管奴婢製作衣服及縫補之業。衛尉這一機構，分掌宮廷與官府所需的車服儀仗、兵器製作及工徒鼓鑄。晉代又置將作大匠，主管宮殿建築和土木之役。

南朝官府手工業管理機構繼承兩晉之制，但略有增減。劉宋也由中央的少府總管官府手工業，下統左、右尚方令掌造兵器；又有細作，除主管織綬、褻衣、補浣等事，還自設有金銀庫，掌管金銀器皿的鑲嵌雕鏤；少府還統領東冶、南冶，掌工徒鼓鑄。又統平準令，掌染。除少府外，劉宋還置有將作大匠，掌土木之工。南齊、梁、陳制度大體相同，皆沿襲前代成例，置少府和將作大匠。南朝時期諸如建築材料、磚瓦燒造和造船等業，官府也設有專門機構管理和製造。在南朝，除了中央政府設有名目眾多的管理機構外，地方州郡政府也設有規模不等的「作部」，以管理和製造各種手工業產品。又有專供地方官製造器物的作場，一種專供地方官私人享受的「屯」，乃是包含手工業作坊在內的一種官府組織，其勞動者有一部分是從百工家庭中徵調來的。

十六國時期，各少數民族政權為了保障對軍用品和奢侈品的需求，類皆沿襲魏晉舊制，成立各種官府手工業作場和管理機構。如石趙中央設置有許多機構，舉凡礦冶、兵器製造、宮廷器物以及織錦等業，都掌握在官府手中。又夏赫連勃勃曾置將作大匠，主管鑄造兵器和製作裝飾宮殿的各種器物。至於其餘各個割據政權，也都設有類似的管理機構。北魏前期，政府機構中亦設有少府和將作大匠，當時工官的設置自亦係沿襲晉制而來，礦冶、鑄造、兵器製作與鏤細寶器等業，均分隸不同的

工官主持。孝文帝改定百官，將少府改為太府。北齊設置太府寺，總管各項手工業，承北魏舊制。故從北齊太府的設官及其職掌，亦可推知北魏太府掌管官府手工業的情況。北魏和北齊在紡織、染色、冶鑄、兵器、樂器，以及許多器物的製造方面，都設有專門的掌管機構，形成了官府手工業的龐大管理體系。除太府外，北齊還設有將作寺，掌諸營建。其他尚有主管興造的起曹部，主管橋樑的都水臺，亦各轄作場，規模不小。北周中央設司織下大夫，掌織染；鐵工、冶工中士，掌冶鑄；匠師中大夫，掌城郭宮室營建；司木中大夫，掌木工織政令；並初置軍器監，掌造兵器。自隋唐以後，軍器監與少府監、將作監並稱「三監」，成為官府手工業的重要管理機構。

魏晉南北朝的民間手工業，在生產門類上較前代有所增加，除了傳統的絲織業、麻織業、棉織業、毛紡織業、造紙業、造船業、漆器製造業，以及在朝廷放寬對鹽、鐵、酒的壟斷時期，還經營冶鑄業、採礦業、煮鹽業、釀酒業之外，製茶業已初步興起，青瓷製造業更是蓬勃發展，這些都反映了當時手工業部門增加和生產分工發展的情況，是民間手工業發展的標誌。特別是青瓷手工業的興起，對中國青瓷器的進一步發展，頗具有重要意義存在。民間手工業的發展，主要是因為其生產部門均與一般人民的日常生活密切相關，並在民間有著廣泛的基礎和傳統的技術。

魏晉南北朝時期私營手工業的經營方式主要有三種：一是同農業相結合，並作為它的副業的小農經營的家庭手工業；二是獨立的私營手工業者所經營的私人手工業；三是具有一定規模和資金的作坊手工業。在中國古代社會中，民間手工業分佈最廣和從業人數最多的，就是小農經營的家庭手工業。家庭手工業是一種農村副業，紡織業是這種手工業生產的主要部門，其組織形式就是傳統的男耕女織。隨著地域和客觀條件的不同，家庭紡織業的原料大體上不外絲、麻、棉、毛四大類，而尤以

絲、麻兩種最為普遍。魏晉南北朝時期由於自然經濟日益強化，家庭紡織也顯得格外發達。曹操於建安九年（204 年）定制，除田租畝收四升外，按戶收絹，改徵戶調，這一新創的制度，不僅鞏固了實物經濟的地位，對後世產生了深遠的影響。從此歷代政府不但向人民收取大量的租粟，同時也向百姓收取高額的絹布。由於賦稅徵收實物，特別是從漢代的按人收錢到按戶收絹綿這一變化，對於家庭手工業的發展產生了重大影響，一般農民必須以耕織為生，這也是促使家庭紡織手工業逐漸發達的直接因素之一。

　　私人手工業所經營的手工業，也是民間手工業的一種表現形式，並在民間普遍地存在著。這些獨立的手工業者，一部分是從農村中分化出來的私人手工業者，另一部分則是由官府放免的官工匠。私人手工業者的經營方式又有三種情況：一是手工業者自己進行加工生產，依靠出賣製成品維持生活。二是出賣技術和勞動力，依靠勞動報酬為生的私人手工業者，他們沒有資金和原料，只能在顧客的原料上加工以獲取報酬。而進行這樣的加工活動，又有兩種方式：其一，手工業者在自己的家中等顧客送來原料，然後按顧客的要求進行加工；其二，手工業者攜帶工具，周流各地去尋覓主顧，當時稱為「流傭」或「傭工」，這些流傭、散匠在顧客的原料上加工後並取得計件工資。三是官工匠在不服役期間，於民間從事私人手工業生產活動的。

　　作坊手工業是一種傳統的民間手工業，秦漢時期，凡從事商品生產的各種手工業，尤其是那些產量巨大的採礦、冶鐵、煉銅、鑄造和煮鹽等手工業部門，大都是作坊手工業。然而，自西漢武帝實行鹽鐵官營之後，諸如採礦、冶鑄和煮鹽等，與國計民生有重大關係的手工業生產部門，皆為國家所壟斷，因而作坊手工業在整個民間手工業中的比重也大為下降。直到魏晉南北朝後期，官府才對鹽鐵業的壟斷有所鬆弛。其主

要原因是當時的貴族官僚、豪強地主競相障固山澤,以收其利,中央政權在屢禁不止的情況下,不得不與之妥協,如劉宋孝武帝大明年間頒佈允許官吏按官品占有山澤的法令,就是在這種背景下產生的,並且使得占山固澤合法化。於是,封占山澤數百里的王公貴族,就可以利用自然資源來煮鹽冶鐵,以牟取巨利。不過,就魏晉南北朝總的情況而言,作坊手工業在整個民間手工業中所占的比重是不大的,且多操縱於王公貴族、豪強大家之手,無論其規模與數量,均遠遜於秦漢時期。

自戰國以來,中國古代的商品經濟已發展到一定的程度,並引起了當時社會經濟的巨大變革。秦漢時期開創國家統一的局面,在社會經濟發展的基礎上,農業產品和手工業產品商品量增加,新的商業都市不斷興起,國內商業和對外貿易日益繁盛。但是,由於中國各地區開發歷史的早晚不同,以及自然條件、人口數量、生產技術的差別等原因,使得漢代南北兩地的經濟發展很不平衡,從而商業的發展也很不平衡。當時的經濟重心在北方,商業重心也在北方,南方經濟相對地落後了一大截,這是漢代商業發展的一個突出特點。然而,到了魏晉南北朝時期,由於黃河流域屢遭戰亂,人口凋零,城鎮衰落,生產廢弛,市場萎縮,致使商品經濟發展嚴重受挫,自然經濟比重顯著增強。在這種情況下,北方的社會經濟一再遭受慘重破壞,商業的發展也因社會的激烈動盪,而陷入極度的困境之中。但是,魏晉時期是北方商業在遭受漢末戰亂時嚴重破壞之後,而逐漸走上恢復與發展的第一個繁榮時期。

三國鼎立局面形成後,北方地區的社會秩序日趨安定,農業生產得到恢復和發展。如洛陽和關中地區,流民還鄉生產,逐漸改變了荒殘破壞的面貌。淮河流域也由於屯田兵民的辛勤墾殖,農業生產日益興復,曹魏對手工業生產也很重視,無論是官營冶鑄業,還是民間紡織業,都具有相當的規模。特別是馬鈞對紡織機械的改進,促進了北方絲織業的

發展，成為了曹魏政權的一項重要賦稅來源。在農業和手工業生產發展的基礎上，商業日漸復甦，城市經濟逐漸活絡起來。

　　隨著商業的恢復，曹魏政權也採取了一些有利於商業的措施和政策。曹丕即位後下令減稅，定關稅稅率為什一，比過去減輕，有利於販運貿易的發展和各地區之間的物資交流。另外，貨幣流通與商品流通亦有密切關係。漢末戰亂，原有的貨幣制度被董卓破壞殆盡，曹魏初年，魏文帝曾一度恢復五銖錢的使用，但不久又以穀貴，罷五銖錢，使百姓以穀帛為市。到魏明帝曹叡時，穀帛作為交換手段已不能適應日益恢復的商品流通的需要，於是在太和元年（227 年），再用五銖錢，此後一直到晉代仍行用五銖錢，「不聞有所改創」，這對便利商品流通自然有一定的積極作用。

　　經過曹魏一代的治理，北方的經濟日益發展，商業有了起色，經濟實力大為增強。到晉武帝滅吳，全國又以黃河流域為中心，完成了統一大業。隨著國家的統一，社會的穩定，經濟的復甦，商業也隨之進入一個新的發展階段。首先是南北兩地的交通阻礙被打破，商路通暢，關梁無阻，地區間的販運貿易日趨興旺。其次城市商業日益繁榮，西晉統一後，首都洛陽再度成為全國的政治中心和商業中心，在曹魏城市經濟發展的基礎上，與江淮以南的經濟交流又趨密切，商業活動很盛，洛陽商業區的建置與規模，已遠遠超過魏時。其三是由於商業的發展，棄農經商與官僚經商日漸盛行。早在晉武帝平吳以前，西晉政府就屢有禁止游食商販的詔令，提倡去奢從儉，正是商品交換活動日趨發展的一個側面反映。西晉一代，官僚經商的現象也相當普遍，從一個側面也反映出當時商業確有較高的水準。最後由於國家統一，政治影響較大，對外貿易也得到較大的發展。西晉與東南亞的林邑、扶南等國，有過以朝貢形式出現的商品交易活動，與朝鮮半島諸國和日本繼續保持著海外貿易關係，

與中亞諸國以及天竺、安息、大秦等保持和發展了自漢魏以來的國際貿易關係。當時洛陽不僅是全國的政治、經濟和文化的中心，也是對外經濟交流的中心和各國朝貢貿易的聚會城市。總之，在三國分立至繼曹魏而起的西晉，由於社會安定，生產發展，商業亦因之而日趨繁榮。

　　但自八王之亂和十六國混亂中，黃河流域的大量人口在兵燹中被殺戮，許多城市被夷為平地。可見歷經曹魏西晉兩代而發展起來的北方經濟，在戰亂中大受摧殘，百姓流亡，生產廢弛，阡陌荒蕪，城鎮蕭條，商業的發展再一度停滯和趨於衰落。在十六國分裂割據的時代裡，儘管社會經濟動盪，戰亂頻仍，但事實上，當時各族的割據政權為了保境安民通常鼓勵生產，有促進經濟復興的措施和政策，使各區域內的地方經濟得到不同程度的恢復。如後趙石勒時核定戶籍，勸課農桑，鼓勵發展農業生產。又制定律令，減輕租調，生產有了發展，商品流通亦日漸活躍。由於商業恢復，石勒曾開鑄「豐貨錢」，令公私行錢，以便利商品流通和作為支付工具之用。在後趙，與周邊各族的貢獻或聘使貿易也較頻繁，與南方東晉政權的經濟交往也時有發生，商業得到一定程度的恢復。後趙滅亡後，前秦苻健雄據關中，輕徭薄賦，注意發展生產，關中地區一時出現了比較安定的環境，經濟也大有起色。苻堅重用漢人王猛治國，外修兵革，內崇儒學，勸課農桑，教以廉恥，結果經濟日益發展，軍事力量加強，北方出現統一的局面。這是自魏晉以來北方商業第二次回升與發展時期，可是好景不常，前秦瓦解後，北方又建立了十多個割據政權。到鮮卑北魏太武帝拓跋燾於西元 439 年再次統一北方，形成與劉宋南北對峙之局。

　　北方統一之後，社會經濟日漸復甦，富商大賈已日趨活躍，當時棄農經商的小商販不少，說明私營商業也在逐步恢復。由於商品交換活動有了一定程度的發展，官吏經商之風日漸盛行。到孝文帝即位之後，北

方經濟經過近百年的休養生息，已有了明顯的發展。尤其是太和年間實
行一系列改革，如整頓吏治，實行班祿，推行均田制與三長制，改革鮮
卑舊俗，遷都洛陽和進一步推行漢化等，把北魏的社會經濟推向一個新
階段，商業也因此而出現新的發展與繁榮。孝文帝改革以來，北魏與西
域各族及北境各族的貿易也有較大的發展，與南朝的通商互市也十分活
躍。北魏與日本及朝鮮半島的高麗、百濟、新羅等，經常往來，貢使相
尋；與中亞諸國及波斯、天竺、大秦等國，貿易往來也不少。通過貿易
來往，不僅豐富了北魏的國內市場，而且對加強中外經濟文化交流也具
有積極的意義。

　　總之，從孝文帝遷都洛陽（495 年）到孝明帝孝昌之前（525 年）的
三十多年間，由於北魏實行了一系列改革措施，促進了民族融合和生產
的發展，商業也因之呈現出興旺發達的景象，這是魏晉以來北方商業的
第三次回升與發展時期。但自孝昌以後，政治日趨腐敗，魏末各族人民
的叛亂，使北魏王朝迅速衰亡，從此北魏分裂為東、西魏兩個對峙的政
權。在東魏、北齊、與西魏、北周相對峙之時，除戰亂的影響，雙方在
各自的統治區域內，或是注意並發展生產，或是推行漢化政策和實行改
革，從而使商業得到一些恢復與發展的機會。如北齊高氏以鄴為都城，
是河北地區的商業中心。長安為西魏、北周之都，城市經濟也相當活躍，
長安還是西域商人的薈萃之所，先集中於此，再轉往內地貿易。西魏、
北周又從南朝手中攻取成都與江陵兩個城市。成都歷來為西南的一大都
會，商品流通格外活躍。江陵南接襄陽，西通岷蜀，物產豐富，商貨聚
集，是重要的貨物集散中心。這兩個商業城市的獲得，擴大了西魏北周
時商品流通的範圍，加強了南北兩地的經濟聯繫，並為北周武帝攻滅北
齊，統一北方奠定了基礎。

　　西漢時期江南一帶還是亟待開發之地，人口稀少，農業手工業落後，

商品交換不發達，因此江南地區在全國商業中所占的比重是微不足道的。到了東漢，江南經濟的開發速度有所加快，諸如人口大量增加，棄地得到開墾，農業手工業逐漸興起，商品交換開始活躍。進入魏晉南北朝以後，江南經濟始由過去的零星與局部開發，而轉入到大規模全面性開發階段。

　　三國時期東吳立國江南，商業發展由多方面因素造成的。首先，漢末喪亂，黃河流域是主要戰場，而江南地區社會環境相對安定，為商業發展提供了較佳的環境。其次，東漢末年大量的北方人民為躲避戰亂而被迫南遷，南下的人民不僅補充了江南的勞動力，還帶來了當時足稱進步的生產工具和先進的生產技術。江南就利用其資源的礦冶業、煮鹽業、製瓷業、麻織業等發展其手工業，造船業更為發達。因此，東吳農業與手工業的進步，為日趨活躍的商品交換活動提供了大量的商品。第三，江南自古河流眾多，水運便利。東吳政權出於經濟和軍事需要，又圍繞首都建業（南京），開鑿通往太湖流域和浙東地區的人工運河「破崗瀆」，這是聯繫建業與雲陽的主要內河航道，後來南齊將「破崗瀆」向東南延長，成為隋代江南運河的前驅，無疑為江南地區商業發展奠定了基礎。

　　江南水運便利，地區間的販運貿易也顯得格外活躍。長江是江南水上交通的主要運輸線，商旅往來絡繹不絕。東吳後期，官府對屯田「租入過重，農人利薄」，因此屯田兵多浮舟長江，往來經商，因泛江貿易，獲利大於農耕，故屯田兵民競相棄本逐末，這也是長江流域商業發達的一個側面反映。長江之外，錢塘江流域的貿易活動也較頻繁。由於商業的發展，到東吳末期，奢侈浮華已成為一種風氣。三國時期，東吳與曹魏、西蜀間的互市也頗發達。江南近海洋，對外貿易便利，因此東吳的海上貿易十分興盛。孫權時曾派航海大船裝載貨物到遼東、高麗進行貿易活動。黃龍年間（229〜331 年），東吳又派使者到林邑、扶南諸國，

各國也遣使到東吳來進行朝貢與回賜貿易。天竺、大秦和東吳亦有經濟往來。東吳商業比曹魏地區活躍，最主要原因是由於社會經濟的發展，一方面提高了南方商業在全國中所占的比重，使過去商品經濟不發達的狀況發生了歷史性的轉變，另一方面它又促進了南方地區商品經濟的進一步發展，並為東晉南朝時商業的日趨繁榮打下了穩固的基礎。

　　東晉南朝時期，長江流域經濟又有長足進步。在長江中下游的太湖、鄱陽湖、洞庭湖以及浙東會稽一帶，已經精耕細作，普遍推廣牛耕、糞田與區種法。當地人民還開闢了許多湖田，提高土地耕作效率，使墾地面積大為增加。另外，水利事業也有大發展，人民利用江南湖泊縱橫，水源充足的特點，興建了大量水利灌溉工程，對於提高農田產量起了很大的作用。由於永嘉之禍後，北方人民大量湧向江南，與江南農民結合，北方的生產技術與南方水田種植經驗的結合，促進了南方農業的發展，使長江流域已開發成為富饒的地區。在農業生產發展的同時，手工業也有明顯的進步，如豫章之蠶，一年四五熟，荊城與揚州絲綿布帛之饒，覆衣天下。東晉南朝時期，南方先後出現了一批較大的商業城市，如建康是東晉、宋、齊、梁、陳五朝的國都和政治中心，也是南方最大的商業都市。秦淮河兩岸也有很多都市，各地商旅雲集，交易十分繁盛。建康之外，南朝統治中心除在漢時就已有較發達的商業城市，如吳郡、番禺、成都外，像廣陵、京口、會稽、餘杭、壽春、襄陽、江陵等都是在六朝時新興的城市。東晉南朝商業城市的增多，標誌著南方商業在向前發展，同時也說明其商業發達程度不僅超過了前代且超過北朝。

　　在城市商業發展的同時，南方一些原無集市的鄉邑或接近農村的地方，也逐漸出現了定期一聚的集市，成為附近周圍地區的一個貨物交易中心。值得注意的是在一些城外交通要道和人們往來頻繁的地方，還進一步形成了較為固定的市場——草市。這種市，或在都市之旁，或在商

旅往來的水陸要道和津渡自然形成，與政府法令無關，也不設市官。久而久之，在草市內有經常進行商業活動的固定店肆舖面，也有一定數量的定居工商人戶，這樣一來，草市蔚成繁榮的市場，並逐漸發展成為正式的市和固定的市鎮了。介於城鄉之間的「草市」的出現，是南方商業發展的一個現象，不僅城市商業繁榮，城市以外的市集也更見活躍。

　　綜上所述，南方地區社會環境的相對安定，北方人民的大量南遷，農業和手工業的蓬勃興起，以及水利交通運輸的發達等原因，都為南方經濟的持續開發和商品經濟的迅速發展創造了有利條件。六朝時期南方商業的繁華與興盛，就是在這樣的歷史背景下穩步地發展起來的。長江流域是東晉南朝立國的根基，經濟和商業發展很高，也較發達。閩江與珠江流域發展晚於長江流域，因此在經濟與商業的發展上相對遜色多了。但是，就東晉南朝南方經濟發展的總體而論，不僅遠遠超過前代，而且也逐漸趕上甚至是超過了同時期的北方。且隋唐以後，全國的經濟重心便由黃河流域轉移向長江流域，商業的重心也開始由北方而轉移至南方。因此，東晉南朝時南方經濟的長足發展，對此後南方經濟的迅速崛起產生了巨大而深遠的影響。

四、賦稅制度

　　三國時的田賦收入，一般包括兩部分，即公田田租收入和私田田賦收入，三國公田收入多指屯田收入。曹操募民屯田許下，一歲得穀百萬斛；又在州郡列置田官，數年中所在積粟，倉廩皆滿。吳在長江沿岸屯田時間較長，史稱對軍食和安置南移之民起了積極作用。蜀漢屯田規模較小，主要屯田漢中，以解決軍糧在運輸上的困難。至於對私人土地收入的徵收，曹魏承襲曹操在漢末所實行的田租戶調制度而未加改變。東漢後期，為適應農業和家庭手工業不分離的特點及其統治者的需要，在

田租口賦之外，又對家庭手工業產品徵收實物。曹操平袁紹之後，為鞏
固自己的統治，下令改制，其變化有四：㈠徵田賦、戶調，取代兩漢以
來的田租、口賦、算賦制度；㈡口、算賦收錢，戶調收實物，由按人徵
改按戶徵納，以適於貨幣難於流通的需要；㈢實物稅既便於農民交納，
又能滿足國家需要；㈣畝收四升，減輕了農民的負擔，有利於鼓勵農民
從事農業生產的積極性。曹魏的租調制度，是中國賦役制度的一大變革，
對後世的影響很大，關於吳、蜀的田賦制度，史書記載不詳，可能是沿
襲漢制未變。

　　三國時期，鹽鐵多實行專賣制度。曹操遣謁者僕射監鹽官，置司金
中郎將主鹽鐵，利權收歸中央，並曾以鹽利收入購買犁牛，以助農業。
蜀地富鹽鐵之利，劉備置司鹽校尉和司金中郎將，典作農戰之器，利入
甚多。吳亦富鹽鐵之利，在產鹽地方設司鹽校尉，在產銅鐵之區置冶令
或丞，勿令與市，自鑄甲兵。三國時因戰爭頻發，商旅受阻，工商稅收
項目不多，魏有石炭的開採，蜀漢令南中出金銀、丹漆、耕牛之稅；但
魏蜀均以時禁酒，如天旱釀酒，釀者有刑；吳令婦女績麻，人歲一束，
又收珠稅，上珠三分收二，次者輸一，粗者蠲除。三國時也有貢獻之制，
貢魏所獻之物，有名馬、石弩、貂皮、靈龜等物；倭王遣使獻牲口、倭
錦、絳青縑、綿衣、帛布、丹木等物。蜀居西南，沒有貢的記載；吳國
則向交趾索孔雀、大豬之貢。

　　西晉平吳後，於太康元年（280 年）頒行「戶調之式」。一個成丁男
子（十六歲以上）為戶主之家，每年要繳納戶調絹三匹、綿三斤。沒有
丁男，而以婦女或次丁男（十三至十五歲或六十一至六十五歲）為戶主
之家，按丁男之戶減半交納。少數民族每戶繳賓布一匹，邊遠地區可只
繳一丈。在徵收時按「九品相通」將一個地區戶調總額（公賦）按區內
各戶貧富情況相搭配，資財多的多出，資財少的少出，不是每戶平均分

配。對田賦的徵收，在占田的基礎上，實行課田。凡民丁課田，夫五十畝，收租四斛、絹三匹、綿三斤。少數民族及邊遠地區，令收義米，每戶三斛，遠者五斗；極遠者輸算錢，每人二十八文。東晉初，國家經費，臨時取給，成帝咸和五年（330 年）始行度田收租，取十分之一，率每畝稅米三升（斗）。武帝太元二年（377 年），因豪強占田無限，改按田收租為按口收稅，王公以下，每口稅米三斛；八年（383 年），每口稅米增至五石。南朝宋收田賦，齊有戶租、租布，梁有租調，百餘年間，時在變化。在戶調徵收上，東晉可能沿襲西晉制度；只是年齡放寬至男年十八歲才納正課。

南朝宋沿襲晉制；大明五年（461 年），制令民戶歲輸布四匹，按戶定等徵收。齊永明四年（486 年）調整估價標準。梁天監元年（502 年）始去貲，計丁為布，從梁代起租調制又起了變化。第一，田賦的徵收對象已不是口而是丁，並且有丁男、丁女的區別。徵收的數量，除租米五石外，再加祿米二石，共七石。但只限於丁男繳納，丁女半輸，所以人民的負擔不一定比過去加重。第二，調過去是對戶徵，現改按丁徵，徵收的對象有了變化。第三，調不再按資產的多少，分戶等徵收，成丁不論家貲多少，都同樣繳納布二丈、絹八丈八尺、絲三兩、綿十一兩二分，丁女減半，由此可知，在調的負擔上是不輕的。

西晉時禁止私鹽，置官專賣，對私鹽者判刑四年，主吏判刑二年。東晉及南朝各代改為徵稅制，時江南吳郡海鹽、江北鹽城是重要鹽產區，鹽稅收入頗豐。對於鐵礦和銅礦的開採和冶鍊，一般規定歸政府專營，禁止私人開採。對於酒的徵收，除少數朝代（南朝陳文帝）外，一般都實行徵稅。在關津要路設官收稅：三國時的吳、魏二朝都是如此；西晉建立後，泰始元年（265 年）曾宣佈免下租賦及關市之稅一年，當時全國一統，南北商貨正待交流，稅收是不會少的；南朝劉宋隨地設立關卡，

重複課徵，稅及米穀。市稅的徵收，西晉記載不詳；東晉時，淮水北有大市百餘，備置官司，稅收很重。民甚苦之；南朝市稅，劉裕即位時，以「市稅繁苦，詔優量減降」，南齊豫章王嶷為荊州刺史時，「以市稅重濫，更定橋格，以稅還民」，可見，南朝市稅苛重問題，始終未獲解決。此時期的通過稅，包括桁稅和牛埭稅等項。東晉武帝時，在京師秦淮河上架設了二十四座浮橋，以供行人往來，官府對過往於丹陽、竹格、朱雀、驃騎四橋之人徵收通過稅。直至晉孝武帝寧康元年（373 年）才停徵。牛埭稅，初始立牛埭之意，非為常稅，後因商船往來增多，官府乘機收稅。至宋、齊未止。東晉南朝徵估稅（契稅），對交易行為的課稅，基於江南開發，農業和手工業發展，活絡了商業流通的原因。官府雖以「人競商販，不為田業」為理由，對其徵稅，「欲為懲勸」，但當時人也明白，這是為財政的需要才徵收的。北方黃河流域歷經東漢末年的董卓之亂、西晉八王之亂、永嘉之禍及其後之五胡亂華，對北方生產造成很大的破壞。直至鮮卑拓跋燾滅北涼，統一北方。後北魏分裂，北周攻滅北齊，再次統一北方，北周武帝實行多方面的改革：推行均田，調整賦役負擔，釋放奴婢，放免雜戶，沒收寺院財產、土地，擴充府兵，為隋代最後統一全國奠定了基礎。

北魏孝文帝實行均田制後，頒行新的租調制度，一夫一婦一年納粟二石；十五歲以上未婚男子，四人納粟二石；從事農耕的奴，八口所納為一夫一婦之數；耕牛每二十頭納一夫一婦的田賦。北齊初沿北魏制度，河清三年（564 年）改行新令，在授田的基礎上，一床（夫婦）納墾租二石，義租五斗，丁男無妻者和奴婢輸租為一床的一半；耕牛輸墾租一斗，義租五升。墾租送中央，義租輸本郡，以備水旱凶荒。北周規定：已婚男丁每年納粟五斛，未婚男丁減半；豐年全交，中年交一半，下年交三分之一，大災之年全免。

　　北魏初，制度不定，徵收無準則。太延元年（435 年）按「九品混同」法，計貲納課，戶調絹帛二匹，絮二斤，絲一斤，粟二十石；又入帛一匹二丈，委之州庫，以為調外之費；太和八年（484 年），又每戶增帛三匹，粟二石九斗，以做官司俸祿；後又增調外帛二丈。合計起來，每戶調絹七匹，其中，戶調五匹，調外帛為二匹。比西晉每戶多四匹，為曹魏的三倍半。之所以出現這種狀況，是因為魏初民多蔭附，所以徵收數增大。太和九年（485 年），實行均田，戶調改為一夫一婦每年交帛一匹；產麻之鄉則納布，數額同納帛一樣。所納絹布，半為公調，十分之二為調外之費，十分之三充內外百官祿，此外，還有雜調，隨時徵調。北齊初沿北魏制度，河清三年（564 年）改行新制；一床納絹一匹，綿八兩，奴婢減半。北周規定，凡年滿十八歲至六十四歲（包括輕度殘疾者）均需負擔租調。有妻室者，每年納絹一匹，綿八兩；單丁減半。在非桑土區，有妻室者，布一匹，麻十斤；單丁減半。總之，北朝租調制，總體精神相同，只是根據各個時期的政治經濟情況，略作增減。

　　十六國至北朝各代，由於戰爭頻仍，故工商稅收多受影響。北朝各國對於鹽利，時而專賣，時而徵稅，沒有定制。太和二十年（496 年），開鹽池之禁，與民共之；正始三年（506 年）又詔罷鹽池之禁，變化無常。東魏孝靜帝（534～549 年）於天平元年（534 年）遷鄴後，於滄、瀛、幽、青四州之境，傍海煮鹽，軍國所資，得以周贍矣。魏之礦冶，史載北魏宣武帝延昌三年（514 年）春，有司奏長安驪山、恆州白登山都有銀出產，詔並置銀官，常令採鑄，係官營性質。孝明帝熙平二年（517 年）冬，採納尚書崔亮建議，官收鑄錢；孝明帝神龜元年（518年）弛銀山之禁，官收稅。北魏弘農郡、河內郡、南青州、齊州都有銅生產。關於酒稅，北朝多禁酒。東魏孝靜帝元象元年（538 年）四月詔開酒禁。北周保定二年（562 年），以久不雨，在京城三十里內禁酒，可

見，禁酒與糧食有關。此外，還有關市稅、山澤稅、牛馬稅，戰利品的收入。另有一特殊現象，於北魏莊帝時，因內亂倉廩虛罄，宣佈入粟賣官。北朝時期，東北有契丹、勿吉等民族，北有柔然、突厥等，西北有鄯善、高昌等，西部有吐谷渾、党項等民族，他們與北朝互通往來，進貢聘問。北朝同周邊各國如高句麗、百濟、新羅、日本、波斯、大秦、五天竺等國保有商業往來或通商關係，並互有贈賜，特別是高句麗，先後九十餘次派遣使節到北魏、東魏、北齊、北周王朝的京師進行聘問，並餽贈珍貴土特產品，有時一年派出使團數次。而在北魏王朝舉行的大朝會中，高句麗使團被放在很高地位。

　　同各個歷史時期相比較，此時期的軍費當是最多的。至於各時期官員俸祿，三國至晉初實行薄俸制，以實物發給；東晉一代，因地域縮小，官吏減少，俸祿支出相應減少。南北朝時，宋初增俸，並給以山林、職田，後因軍事緊迫，財政困難，俸制也多變化；南齊官俸，半錢半物；梁因襲漢魏官職，按官品高低定俸祿；北魏初年無俸祿，武官靠戰爭繳獲，文官靠皇帝頒賞；至孝文帝才頒俸祿制度，按季發給；百官就近給公田，以公田（職田）收入充官俸；北齊以絹定俸祿，北周以穀定祿。如有凶荒年，則不給祿。在撫恤、賑濟支出方面，曹魏明帝、西晉惠帝，對高年偶有賞賜，一般為穀、帛。北魏太和初，多次對京師耆老年七十已上者賜以衣服，或賜錦采、布服、几杖、稻米、蜜、麵。此外，從征戰上，貧困之家也偶有救助。賑濟支出，主要包括各地遇有嚴重水、旱、蝗蟲、風、雹、疾癘以及地震等災害，國家財政多有賑給。

　　三國至南北朝時期，處於分裂割據狀態，戰爭多，因此國家機構，人員的設置，制度的制定，或依舊制，或臨時因事設官。在財政機構方面，名雖異，而事卻同。三國時，魏置度支尚書，掌軍國大計（吳孫修時，戶部尚書主算計），下有度支、金部、虞部、比部、庫部（倉部）、

工部、水部等郎中，皆主財貨。蜀、吳多如舊制。西晉置金部、倉部、度支、都官、左民、右名、虞曹、屯田、起部、庫部等曹郎；後又置運曹；又有大司農、少府的設置。東晉有左民、度支五尚書。南朝的宋、齊、梁度支尚書領度支、金部、倉部、起部四曹，以及常平、平準等官。北魏度支掌支計，有戶部、度支、金部、倉部分掌諸事；此外有少府、大司農和常平諸官署。北齊戶部統度支（掌計會）、倉部、左戶（掌天下計帳、戶口）、右戶（掌天下公私田宅租課）、金部、庫部六曹。

　　戶口不僅是為國家創造財富的勞動力，還是為國家提供各種勞役和兵役的主要來源。所以，當一個政權新建立時，或者在進行擴邊或守邊的戰爭時，均需對實有人丁進行調查，或安土定居，或調發充役。北魏孝文帝即位初，為克服戶口不實、賦役不均、社會動盪的問題，頒行三長制，通過加強對戶籍的控制，達到均平賦役，穩定社會的目的。

　　關於國庫的管理，各時代的方法並不完全相同，但一般是錢、穀分別設庫設官管理。曹魏時，在少府下設中藏府令丞，掌管錢庫；而大農（後改大司農）及所屬太倉、籍田、導官三令丞總倉場事務。兩晉時，少府統中常左右藏，負責收納銀錢，大司農及屬官負責糧食的收納，並由太倉令總管倉儲。南朝多依兩晉制度，北朝北魏設太府卿、太府少卿各一人，掌管財物庫藏；北周改由太府中大夫掌貢賦貨賄，司倉下大夫掌倉廩出納；而掌穀粟收納之官，各代均由大司農主掌，並無變化。

第三節　隋唐五代經濟之發展

一、土地制度

　　隋代的土地制度，是在前代土地制度的基礎上繼續發展，因而它的

土地所有制亦可分為官田與私田兩大類。隋代在農業土地經營形式有四：一是國營農業經濟，是由政府直接派出官員，在國有土地上組織生產經營的。二是地主莊園經濟，是私人地主對他們占有的廣大田地進行生產經營的形式。三是自耕農業經濟，是原有小額土地而未授田的農民，與實行均田而授田的農民，所經營的農業。四是佃耕農業經濟，是次於自耕農業經濟的一種形式。無地少地農民租種地主的土地，也是農業經營形式的一種。佃耕農民有的租種官府的公廨田和職分田，有的租種地主的私田，他們也是以全家的勞動力從事耕作，或者利用自己的耕畜農具和生產資料，或者使用地主所提供的生產資料，根據不同情況，向地主交納一定比例分成地租。

唐代就土地所有權實際情況言，當時存在土地國家所有制、世俗地主土地所有制、寺院地主土地所有制和自耕農民小土地所有制。國有土地主要有：國家直接掌管經營的屯田、職田、公廨田、驛田、官園林等；地主所有土地：官吏和庶民地主私有的莊田、園苑、牧場和寺院莊田、園林等；農民所有土地：承繼祖業的土地、請受於官府的土地、購買土地和未登籍的私墾地。就土地經營的實際情況言，當時有自營、自種、出租。就租佃關係言，主要有：官府與農民之間的租佃、地主與農民之間的租佃、農民之間的租佃、轉租佃等。就直接生產者的人身地位言：有官私奴婢、部曲、客女等賤民，有具有「良人」身分的自耕農、佃農、雇農，有流亡投附的佃農、雇農。

唐代的法制體系，自武德元年（618年）根據開皇法律重新修定以後，基本上是由律、令、格、式四種形式的法律組成。在四種法律中均有關於土地占有的規定，見於《律》中的有戶婚律，見於《令》中的有田令，見於《格》和《式》中的有戶部格和戶部式等。這些規定是互相補充，共同構成唐代土地法的基本內容。

　　唐代對土地所有制有重大影響，除土地法外，還有以戶令為主的戶
籍法，以賦役令為主的賦役法。土地法通過對土地的繼承、占有、轉讓
的限制和公田的平均分授，在基本維護地主階級利益的同時，也極力維
持國家賦稅基礎的自耕農民小土地所有制。戶籍法是實施土地法和賦稅
法的前提，戶籍、土地、賦役的登記和統計，是依據土地法和賦役法施
行的結果。賦役法的征斂是實行「未受地者皆不課」（指不徵租調兩項）
原則，民戶土地的給授首要規定是「先課役、後不課役」。

　　在唐代的官府文書上常見的「公田」、「官田」、「私田」，基本上是根
據土地所有權的不同來區分的。一般說來，法律及其他官府文書提到的
「公田」，大致包括了官田（除賜田外，屯田、諸司公廨、官人職分及官
園宅等）、還公田、無主荒地。「私田」的範圍大致包括官吏與百姓的永
業田、口分田、園宅地、賜田、勳田、籍外田、新墾田等；在戶籍上登
記的民戶「已授田」和不在戶籍上登記的民戶土地，都屬於私田；此外，
寺院共有的「常住田」和僧、道個人擁有的土地，也是私田一類。

　　唐代屯田、營田的收入是官府軍需及部分財政的重要來源。唐代的
屯田制度經歷唐前期一百多年的發展，從安史之亂以後，兵役制度、賦
稅制度、戶籍制度及土地關係和軍事形勢的變化，使屯田制度發生了較
大的改變。首先在軍屯方面：雖仍用兵士屯墾，但此時的兵士已不是前
期強制檢點、輪番服役的府兵之類，而是招募具有職業性的長期服役的
兵士。也就是由過去輪番無償服役的兵士、屯丁，演變為由官府供給的
募兵，與有償招募的民戶。除此之外，仍有配流的罪犯用於軍事屯田。
其次是官府屯田制度的變化：在屯田上的勞動者，也由過去徵發的屯丁
變為雇民耕種，即所謂「僦募」。再次就是民屯的發展。官府管轄屯田的
另一變化，是屯田時行租佃制，仿職田、公廨田等官田的租佃制而來。
最後，是「營田」的產生與發展。在唐後期屯田制度的發展變化中，最

顯著的是所謂的「營田」，在組織管理上，是設立由戶部直接掌管的「營田務」來管理。營田務下的營田，已經是以莊為地區，地租收入稱「課利」。這類官田性質的莊田，一部分轉移到貴族、官員手中，成為私人莊田；一部分則被賜予「見佃人戶」，也成為私莊田；還有一部分，成為官莊。原具有屯田性質的營田，帶有不穩定性質，是在唐後期至五代時期所出現較特殊的國家土地所有制。

　　唐承隋制，進一步發展、完善了職田、公廨田制度。至於職田的總數，因各時期內外官員人數及其職田數不盡相同，難於計算準確。職田的來源主要有三：荒地、官地與百姓私田。公廨田與祿米、俸錢、雜課錢、職田地租等，成為官員的經常「俸給」。與公廨田、職田性質相同的還有驛田。其管理在中央主要是由尚書省工部的屯田郎中、員外郎掌管，而田地的占用及地租等徵收，則由地方官府主持。職田等的出租，地租的催徵，是由司戶參軍主掌，職田的分配及地租等收納與支付似為司倉參軍主持。職田、公廨田等的經營方式，有出租、自佃、虛名配佃、雇工營種與差發民丁和官奴婢耕種等方式。

　　唐朝均田制有關勞動者的「私田」，和非勞動者的「私田」（主要有貴族、官吏、庶民地主、寺院和商人）的占田規定，反映了當時普遍存在的地主私有土地制。首先貴族、官僚們按官品和勛品就可以占有大量能夠買賣、繼承的永業田；唐王朝並常以「賜田」方式給貴族官僚，貴族官僚因而可獲得更多的土地。其次是富豪大地主也在這個時期發展起來，同樣大量兼併土地。第三是寺院地主勢力在唐前期迅速發展。唐代在政治上和經濟上都支持佛、道的宗教活動，大大助長了寺院經濟的擴張，尤其值得注意的是，在寺院經濟發展過程中，除了有屬於寺院共有的「常住田」外，還出現了僧尼道士個人私有的財產和田莊，改變了佛道歷來限制僧道個人擁有私產的規定。上述各種地主的土地，基本上來

自三個方面：繼承祖業和他人贈送，官府授給、賜予，購買或占奪農民土地。政治權勢、繼承制度和土地買賣對土地的私有權產生很大影響。

隋唐五代時期自耕農民占有的土地，是具有私有權的土地。擁有「私田」的自耕農民，占居民的大多數，具有獨立小經濟和受法律維護的良人身分，不同於賤民。自耕農民雖然人數眾多，也占有相當數量的土地，在經濟上卻受官府經濟規律的支配。占支配地位的地主，與廣泛的自耕農民長期同時存在，是中國古代經濟史制度不同於歐洲封建經濟制度的主要特點之一。

二、農業之發展

隋唐五代時期的農業生產力比魏晉南北朝時期有新的發展和提高。在隋代，由於鑄鐵技術的進步，鐵製農業生產工具如犂、鋤、鏵、鐮等都有廣泛的應用，畜力的使用更為普遍。隋代對水利工程的興修尤為重視，其規模之大，項目之多，都超越了前代，如著名的廣通渠、通濟渠、永濟渠、江南河的開鑿修整，不僅有利於漕運的發展，也可使某些運河的兩岸農田受到灌溉之利，對農業生產的發展甚為有益。

唐代農業生產工具的進步，主要表現在耕犂和灌溉工具的改進。耕犂是農業生產的主要工具，已擺脫了漢代使用笨重的單（雙）長轅犂的單一局面，因地制宜地向輕便化、小型化和多樣化發展。陸龜蒙在《耒耜經》中記載的曲轅犂，在江南地區已普遍使用，北方也有推廣，有些地區則根據自然條件的不同創造出新的形式。在關中地區使用的耕犂就是有曲轅但無犂床的，在河西走廊則依然使用長轅無床犂。耕犂形制的多樣化，表明了唐代在生產工具方面的普遍進步。在灌溉工具上，除使用傳統的桔槔、轆轤、戽斗，以及東漢末至三國初出現的翻車外，唐代還發明了筒車、高轉筒車、立井水車等更為先進的灌溉工具，可以適用

於不同的環境。如筒車用於一般江河沿岸，高轉筒車則專門用於水流落差比較大的地方。唐代農業在耕作技術、栽培方法以及興修水利工程等方面也有許多新的進步。

隨著農業生產力的發展，栽培耕作技術和養地水準的提高，唐代土地使用率相應提高，輪作制度得到推廣。在北方，輪作體系以麥、粟為主，粟麥輪作形成了一年兩熟制或二年三熟制。在南方，水稻移栽技術的廣泛應用，實現了水稻的輪作，也可以達到一年兩熟或三熟。有些地區還實施了稻麥的輪作，使麥成為南方糧食種植中的重要作物。唐代水稻的生產較漢代以來有顯著的發展，一般畝產以「粟」計，雖然「粟」在唐代有時也作為穀物泛稱，但北方旱田的主要作物是粟，水田的作物則為稻。隋唐時期，水稻種植的地區較漢代有很大的發展，在北方，以長安為中心的關中地區，以洛陽、鄴為中心的河南西部、北部、南部都是著名的水稻產區，今山東、河北、山西都有水稻產區。南方歷來以種水稻為主，經過魏晉南北朝及唐前期的發展，水稻種植的地區擴大，耕作栽培技術的提高，水稻種植的發展對全國平均畝產量的提高，其所產生的影響是不可忽視的。

隋統一全國後，水利事業有一個很大的發展。隋代重視水利事業，中央設都水臺，有都水使者、丞、參軍、河堤謁者等官員，主管水利的機構和官員遠比前代更完善、更多，隋代最大的水利工程是開鑿運河，運河的開鑿分五段：廣通渠（富民渠）、山陽瀆、通濟渠、永濟渠、江南河。運河在隋唐時稱漕渠或運河，運河的開鑿主要是為了解決京師糧食不足的問題。關中雖號稱沃野，但地狹人眾，主要靠運輸山東諸州（郡）的糧食來供應關中。隋代的水利灌溉工程，主要是在隋文帝統治期間興修的，水利灌溉事業的發展，直接促進了農業發展。但隋煬帝繼位之後，由於濫用民力，工役浩繁，戰爭頻仍，致使農民負擔沉重，農田荒廢，

生產破壞，不僅不能再興修水利工程，且連原先的水利灌溉工程也大多
受到破壞，甚至廢棄。

　　在唐代，特別是後期，由於關中缺糧時主要靠漕運江南糧食供應，
運河對維持唐政權的穩定發揮著重要的作用。運河除用於漕運外，運河
兩岸的農田，也有灌溉的便利，對農業一樣有利。唐代水利工程在數量、
質量和經濟效益等方面，都取得了顯著的成就。從水利工程建設的佈局
看，其特點是前期施工重點在北方，後期施工重點轉移到南方。由水利
工程的興建，反映了全國經濟發展的變化，也出於中央政府的實際需要。
唐王朝的政治、軍事重心在關中地區，關中糧食供應問題關係著唐朝廷
的興衰安危，糧食透過漕運關中對唐朝廷至為重要。因此，唐中央政府
必然重視供應關中糧食的產糧區，優先發展漕糧來源地區的農田水利建
設，以保證對關中糧食的供應。這是唐代農田水利佈局特點的原因所在。
唐代興修的水利工程，就其作用而言，可以分為農田灌溉、漕運交通、
防治水害、居民用水等四個類型。唐政府大力興建農田水利工程，促進
了農業生產的發展，特別是使糧食產量提高。唐代農田水利建設的經濟
效益，主要體現在以下幾個方面：㈠擴大了耕地面積和水田面積；㈡改
良土壤；㈢漁業水產的綜合利用；㈣增加糧食產量。

　　唐代農田水利事業取得的成就，是和唐政府的重視以及有關部門充
分發揮其職能分不開的。中央政府負責管理農田水利的機構是尚書省工
部中的水部郎中員外郎以及都水監史者。水部郎中員外郎負責主管水利
政令，都水監使者負責主持興建水利工程和灌溉事宜。因此，都水監下
不僅配有令、丞、府、史等行政管理人員，而且還有通曉水利、漁業的
河堤謁者、漁師等專業技術人員，以便從事水利工程和漁業等具體工作。

　　中央政府有關機構負責制定管理農田水利的法令和規定，保留至今
的唐代《水部式》是國家制定的水利法規之一。各州、縣的地方官都有

興修水利和管理灌溉的職責,把管理水利灌溉的情況作為官吏考核的內
容,可見對這一工作的重視。此外,還設有渠堰使、渠長、斗門長等專
職水利人員,對全國各地渠堰做具體的管理。高度集權的水利體制,首
先表現在水利工程的興建和修復要經中央政府的核准,地方官府不能擅
自動工。如果水利工程規模較大,需要兩州或數州聯合興建,或者水利
工程本身需要延伸出境,則由有關州縣地方官協商,聯合上報中央政府。
高度集權的水利體制還表現在對於灌溉用水的嚴格控制和管理,唐政府
在《水部式》中對全國各大渠堰的用水時間、用水量、人員配置、管理
辦法等,都做了詳細而具體的規定,由各級地方政府監督執行。官府管
理灌溉用水有一套具體的辦法和程序,在一般情況下,要照章辦事;遇
有特殊情況,如天旱急需用水,照章辦事就會貽誤農時,因此,也有變
通的辦法。破壞農田水利建設的因素來自兩個方面:一方面,由於興修
水利是人與大自然的爭鬥,因此要受到各種自然因素的制約和破壞,如
水災、地震、泥沙淤積等,而工程本身的設計不良、施工質量不高等技
術方面的缺陷,也會帶來災難性的後果。而戰爭給農田水利建設帶來的
破壞是巨大而明顯的;在和平的社會裡,對農田水利建設的破壞力量,
則主要來自統治階層的內部,如碾磑(利用水力加工糧食的機械)之害,
由於獲利豐厚,貴族官僚地主在河渠上競置碾磑,占用水源,妨害了農
田的灌溉。終唐一代,碾磑之害未能根絕。

　　五代時期的農田水利建設,北方與南方的發展是不平衡的。自唐末
以來的幾十年藩鎮割據,戰亂主要在北方。據《舊五代史・五行志》載,
從後梁開平四年(910 年)至後周廣順三年(953 年),黃河決口及其他
水災共二十四次。水災頻仍,使中原地區的農業遭到嚴重破壞。從後唐
開始,後晉、後漢諸朝都曾發軍民修治河堤,但政局動盪,屢修屢決。
後周建立後,中原局勢轉好,特別是後周太祖郭威、世宗柴榮進行一系

列改革，使黃河流域的社會經濟得到迅速的恢復和發展，後周非常重視興修水利、治理黃河、疏通漕路。後周對農田水利的重視，有利地促進了中原地區農業的發展，為北宋統一全國奠定了基礎。十國（除北漢立國北方）位居南方，戰亂較少，和平安定，為了自身存在和發展的需要，都比較重視興修水利，發展農業。因此，南方的水利灌溉工程取得了一些新的成就。南方各政權對水利建設重視，使五代時期南方農業生產和社會經濟發展的水準，持續保持超越北方的領先地位。

隋唐時期農產品商品化的擴大，標誌著農業和社會經濟的進步，糧食是最重要的農產品，早在春秋、戰國時期就進入流通領域，成為商品，甚至充當貨幣的角色。唐代糧食的買賣在史料中多有反映。城市是非農業人口聚居的地方，多有糧店，如長安市內有麩行糧店，范陽郡有米行、白米行、大米行、粳米行的記載，說明城市中有相當多糧店。糧食由於價格低，分量重，體積大，大量的長途販運，獲利極薄，所以糧食一般都在本地銷售，是農村集市貿易中的主要商品。漢代就有「千里不販糴」的民諺。在隋唐時期，由於運河的開通，水運、海運的便利，大大降低了運輸的費用，而各經濟區域差異及城市非農業人口的增加，使糧食的市場擴大，對商品糧的需求增加，促進了糧食的流動，使糧食成為長途販運的商品。

隋唐時期，隨著城市和工商業的發展，非農業人口大量增加，對商品糧的需求也相應增加，糧食市場的擴大，刺激了糧食加工業的發展。以隋唐兩代都城長安附近的糧食加工業來看，唐代長安的人口百萬以上，要解決大量城市人口的糧食問題，必然要有發達的糧食加工業。當時加工糧食的工具主要是碾磑，碾磑的動力可用人力、畜力或水力。由於關中有鄭、白渠等大型的水利灌溉工程，河流也較多，因而碾磑多用水力推動。碾磑業的發展往往會妨礙水利灌溉，影響農業生產，形成社會問

題。關中碾磑業與農業爭水的問題所以難以解決，不僅因為碾磑業大多數為貴族官僚所壟斷，更重要的是長安城中有大量的非農業人口需要商品糧，因此，糧食加工業不可能因行政命令而終止。隋唐時期，糧食加工業在全國各地都有發展，碾磑業與農業爭水成為一個普遍現象，為此，《唐六典》做了原則性的規定：「凡水有灌溉者，碾磑不得與爭利」。從關中碾磑業妨礙農田水利的情況來看，這些規定在實際中是很難貫徹執行的。

　　長安是隋唐兩代的都城，為皇室、貴族、文武百官聚居之處。雖然關中土地肥沃，農產豐饒，但遇到水旱災荒，糧食就困乏，皇帝往往率百官就食於東都洛陽。開元年間，唐玄宗行變造與和糴之法，始解決關中缺糧的問題，不再遇荒年便就食東都。所謂「變造」，就是把義倉中貯存的粟變為米，以便長途運輸。把變造之法推行到全國各州縣倉庫，地稅丁租，變造的推行實際上使糧食進一步商品化。在推行變造的同時，也在關中實行「和糴」。和糴原本是政府出資收購糧食以充軍用，此制始於北魏，唐前期繼續使用。和糴是「官出錢，人出穀，兩和商量，然後交易」，並且要「於實價外加估和糴」，就是收購價要高於當時糧食的市價。因此，對農戶來說，和糴應該不是弊政，但在實行過程中則成為害民的弊政，其原因之一，是和糴的賦稅化。另一原因，就是富豪、商人從中漁利。變造和和糴都是政府行為，有別於商業貿易。但它們能夠推行的前提條件是農民手裡有多餘糧食，正如陳寅恪先生所言「故必須其他農民人口繁殖，有充分之生產，始得行收購之實」。開元天寶時農業的繁榮和民間糧食的富足具備了這一條件。其次，變造與和糴雖是政府行為，但它是借助於市場交換形成的，有時還需要商人為仲介，因此它也促進和反映了糧食商品化的發展。

三、工商業之發展

　　隋唐手工業的管理體制，取決於當時手工業的類型。隋唐手工業的類型，主要有官府手工業（中央政府經營的手工業、建築業及公共工程手工業，地方政府經營的手工業，軍事手工業），家庭副業手工業（農民家庭副業手工業、地主家庭副業手工業），私營手工業（私人手工業經營者、私營手工業作坊），寺院手工業等等。在隋唐手工業管理中，中央既有六部之一的工部作為最高手工業的行政管理機構，也有各司其職的少府、將作、軍器、都水監等諸監負責政令的實施。少府監掌管工匠，下設中尚、左尚、右尚、織染（前四署主要負責管理皇室器用服飾、百官冠冕儀仗等專用品）、掌冶（所屬諸冶監則主要掌鑄農器及銅鐵器物等）等五署。將作監主要負責大型建築土木工程，包括修建宮殿、壇廟、官署、陵墓等；將作監所屬的甄官署及其作坊，主要從事採石料並加工、燒磚瓦，製作碑碣、石人、石柱、石獸、碾磑及貴族百官喪葬冥器等。除此之外，將作監還在京師附近設有百工、就谷、庫谷、邪谷、太陰、伊陽等監，主要掌伐樹木，以準備土木工程等原料。至於軍器監則掌管兵器製造及修理。工部及其下屬的手工業機構，其主要職能是基於官府手工業尤其是京師手工業。

　　至於地方還設有專門的官府手工業機構，以作為中央手工業機構的補充，主要情況有兩種：一是在產銅、鐵、錫、金、銀及鑄幣的地區，或由中央派遣官吏直接經營，或由當地地方官員代為管理；二是由地方政府在當地設置官府手工業作坊，以生產向中央政府進貢及用於當地官府消費的具有地方特色的手工業品。揚子縣設置造船廠，揚州、洪州、宣州、成都等地設置的兵器、銅器、造紙、陶瓷、絲織品等作坊，在當時都是比較有名的。

在唐代手工業發展演變過程中，變化最大者莫過於私營手工業作坊中出現了行會。民間手工業作坊的出現，是手工業經濟發展和商品經濟比較活躍的必然結果；而出現於唐代的行會，除了是民間手工業作坊發展的體現外，在一定程度上還與國家對民間手工業作坊的控制有關。重本輕末是中國古代社會自始至終奉行的一個基本原則，政府允許商品經濟和市場的存在，在一定時期和環境下還鼓勵其發展。但政府往往將商品經濟的發展嚴格控制在一定的限度之內，絕不允許其超出。民間作坊生產的出現，集中反映了商品經濟在唐代經濟領域內的繁榮與發展，也反映了貨幣財富集中的趨勢，這與古代社會限制商品經濟發展的基本原則相違背，因而一開始就受到政府的嚴格限制。一是將其發展規模限定在一定的範圍內，二是將其納入國家的嚴厲控制下，這樣便出現了由國家控制工商業的組織——行會。

隨著商品經濟的相對發展、市場範圍的擴大、私營工匠數量的增加以及民間私營作坊的出現，行會應運而生。民間私營作坊的出現是社會經濟發展，尤其古代商品經濟發展的必然結果，它與商品係貨幣經濟的一種反映。

唐代商業的發展，是建立在農業和手工業發展的基礎之上的。農業勞動生產率的顯著提高，使糧食生產大為增加。糧食的豐足，不僅能為日益擴大的、不從事農業生產的手工業、商業從業人員提供充足的口糧和一些必需的原料，為手工業和商業的發展奠定了物質的基礎。而且，農業產品商品化的擴大，手工業部門的增加和種類的繁多，為市場提供了空前豐富的商品，從而促使了商業的繁榮。

唐前期的商業，儘管不斷的發展，但從整體水準上看，其發展水準遠不如後期。唐前期商業的特點，是它仍然受官府的嚴格控制和管理，傳統的坊市制度發展得到空前完善。市場是商業活動的主要場所，唐代

的市場可以分成三種類型，一種是城市中的固定的商業區域，一種是城市以外，在廣大鄉村中民間自發形成的集市或草市，還有一種是在邊境地區，與周邊少數民族或外國商人進行貿易的互市監。其中，城市中的「市」在市場體系中占有最重要地位，它在官府的嚴密控制之下。

　　唐代對市的設置有明確的規定，不允許任意設置市場，必須是州、縣（及州、縣以上）治所所在的地方才可以設市。唐政府還設官立制，對各級城市的「市」進行管理。西京長安和東都洛陽的市，由兩京諸市署管理，兩京諸市署不屬京兆府和河南府管轄，直屬太府寺管理。可見其地位和規格都較其他府、州市場機構為高。尚書省戶部的金都司也過問兩京市事，及一些有關貿易的工作。兩京之外，諸都督府、州、縣各級城市的市署官吏的設置、品級、人數都有具體的規定。都督府與州的市場官吏，分別隸屬於府、州的倉曹、司倉曹參軍事管轄（倉曹司倉掌公廨、度量、庖廚、租賦、徵收、田園、市肆之事）。縣級市場，由於唐代京縣分設司功、司倉、司兵、司戶、司法、司士與州府的六曹相對應，畿縣設司功、司倉、司戶、司法，京畿縣市場由司倉管理，而上縣以下諸縣只設司戶佐、司法佐，因此，縣級市場的官吏當直接受縣令管理。市場官吏的職責各有不同，市令是主管市場的官員，丞為市令的副貳，倉督專管出納，佐、史、帥則分行檢查，市場官吏辦事則根據坊市制度的有關規定。唐代坊市制度是國家管理商業的法令，在總結歷代坊市制度的經驗基礎上，其內容相當系統、完備。可以分為市場的行政管理和貿易的業務管理兩個方面。

　　㈠在市場的行政管理方面：市門的開閉必須嚴格地按照規定的時間，如果不按規定開閉市門，要受到法律制裁。因此，各市均設「市門監」一職專司市門起閉和稽查出入人等。對不經市門而越坊市垣籬，或從溝瀆入市者，也要受到法律的制裁。市內出售同類商品的商店要集中在一個

地方，稱為「行」或「肆」，並需建立標牌，題寫行名，標以商品種類，如絹肆、布肆等，既便於交易，也便於管理。市內同業商店集中在一起，各行各業店鋪排列有序，店鋪之間的通道寬敞，便於顧客往來選購及貨物運送。為了保持市容的規整，和市內建築物的整體規劃，唐政府下令不得在鋪前再設鋪，以保持鋪前通道的整齊、暢通，並禁止築牆造舍侵及市場，破壞市容。為了維護市場秩序，唐政府還嚴禁在市場內進行非法的政治活動。由於市場是民眾集中的地方，利用市場來進行不利於國家的宣傳活動，不僅擾亂市場秩序，且對統治的危害性極大，因此，政府嚴加禁止，如發現無良之人，及時捉拿，其罪證銷毀，不得擴散。

　　㈡在貿易的業務管理方面：監校度量衡器物，對斛斗、秤、度尺實行統一標準和監校是貿易公平開展的基本保證。對於在市上使用私造不合標準的斛斗秤度者，或使用未經檢校、印署的斛斗秤度者，都要受到法律的制裁。如果市司校斛斗秤度不平者，也要受到處罰，可見政府對統一度量衡器物標準的重視。唐代市場商品價格由市司直接評定，每月按旬對商品價格評定三次，把所有的商品按質量評出精、次、粗三個等級。同一等級的商品每旬又有三等估，亦即同一種物品有九等價格，且這些價格都要登記在冊、記錄在案，並每旬申報州府，州府每季申報戶部。市司在評定物價時，主要根據當時實際交易的物價確定。這些管理物價的規定是相當細緻並有些繁瑣，從吐魯蕃出土的「唐天寶二年（743年）交河郡市估案」中便有具體反映。為了保證市場商品質量，防止劣質商品上市，市司有檢查商品質量的職責。在出售商品時，要求在手工業產品上標明製作者的姓名，還規定不合格的商品不准上市。發現偽劣產品，要繩之以法。不僅製造、販賣偽劣產品的要受到處罰，且州、縣及市司有關人員知情不禁，查而不覺也要受罰，可見對商品質量檢查要求之嚴。對特殊商品（主要指奴婢、牛馬等）在交易時，要由市司負責

為買賣雙方訂立券契，以避免可能發生的糾紛。敦煌文書中保有這類券契文書，使我們可見這類券契的內容及格式。如果在進行特定商品交易時，如不立券，買賣雙方都要受罰，而市司在買賣完成後不及時給券，也要受懲罰，可見在監督檢查立券時也是非常嚴格的。禁止買賣交易中的不正當行為，違反者要受處罰，唐律中這些對交易中不正當行為的懲罰規定，對於保證商品交易的公平進行和買賣雙方的正當權益都是十分必要的。

　　從上述可知，唐代坊市制度的內容是相當系統和完備的，其中有許多規定是賦予了法律的形式而有相應的強制、懲罰手段，可見政府對控制、管理市場的重視。坊市制度對市場秩序和市容的整頓、維護，對統一度量衡的檢查監督，對商品價格、質量的管理，對交易不法行為的制止，都有利於商業的正常進行。另一方面，坊市制度的總體指導思想是國家嚴密控制商業的發展，把商業限制在一定的時間和空間之內，坊市制度對坊市的設置，開閉的時間，商業區域的規劃都有嚴格的限制，這是不利於商業發展的。隨著社會經濟的發展，特別是商品經濟的發展，人們的日常生活日益廣泛地同商業發生密切關係，社會進行再生產的生產工具和資料，人民日常生活所需的器物，都更多、更廣泛地依賴市場交易所取得，這種在空間和時間上都對商業採取限制的坊市制度，不適應日益發展的社會經濟的需要，而成為商業發展的障礙。

　　安史之亂後的唐後期，城市的商業發展，衝破了國家嚴格控制商業的坊市制度，在農村則草市大量增加，各類專業市場形成。這使唐代商業的發展，衝破了坊市制度規定的交易買賣，必須在指定市區內進行的束縛，使商業活動的範圍擴大，更加貼近城市居民的生活。其次，商業的發展衝破了坊市制度規定的時間限制，夜市的廣泛出現就是主要標誌。再者，草市的大量出現，可分為兩大類，一類是廣泛在農村存在的定期

交易集市。這類市場主要是適應自然經濟的需要，在農民與農民之間，或在農民與小手工業者之間，調劑和交換剩餘產品，以滿足生活和生產需要。在交易時往往採用以物易物的方式。由於自給自足的農民對市場的需求十分有限，因而交易量小，多採取定期而集的方式，或三日五日，或十天半月。因各地習慣的不同，有集市、墟市、亥市等不同名稱，但可以通稱為集市。另一種是市鎮，它有固定商業店鋪，常住人口以工商業為主，以及滿足住地居民日常生活需要的酒肆、藥肆等。在市鎮常常進行商業活動，市鎮大量見於記載，則在唐中葉以後，至宋則更加廣泛，唐代文獻中的草市一般指的就是狹義的草市（市鎮）。

草市乃由定期的鄉間集市發展而來，即由於商品經濟的發展，商業交易頻繁，開市時間的間隔縮短，最終集市成為經常性的草市。但集市的草市化，往往又和集市所處的地理位置有關。轉化為草市的地方，一是水陸交通的要津，或驛站所在地。二是鄰近城市的郊區。這些地區是城鄉的結合，便於城鄉的物資交流，因而發展成草市。唐中葉以後草市的大量出現，南方較北方更為顯著，是由於草市的興起和商品經濟的發展相適應。江南經濟發展的水準在唐中葉以後已超過北方，江南草市的大量出現，正是全國經濟重心南移的標誌之一。草市的大量發展，是對坊市制度的衝擊和破壞，因此，朝廷對草市持反對態度。雖然官方一再重申禁止草市，但草市的增加是社會經濟發展的必然結果。在屢禁失敗後，採取將草市官市化的辦法，或者將大規模的草市設為縣治，以加強對草市的控制與管理。另外，朝廷還採取對草市設吏置場院或置軍鎮等措施管理。竭力使繁榮的草市官市化，這是對草市在商業活動中占有一席重要地位的肯定。最後，是各種專業市場的形成和發展。從唐中葉開始，飲茶之風從江南傳播到北方中原地區，茶已成為全國人民日常生活的必需品。由於有廣大的消費市場，茶葉的生產和銷售規模相應擴大，

在著名的茶葉產地形成了銷售茶葉的專業市場。除茶市外，還有鹽市、橘市、藥市、木材市等。專業市場的形成和發展，反映了社會分工的發展和商品交換水準的提高。

由上述可知唐中葉以後，坊市制度已突破，夜市的出現，草市的發展，專業市場的形成，以及在農村中廣泛存在的傳統的定期集市，使商業發展的面積擴大，營業的時間延長，商品流通的數量和範圍都逐漸增長，這些都表明唐後期的商業有長足的發展。為何唐後期在中央集權趨向衰弱，藩鎮割據，社會比較動盪的情況下，商業卻能夠有所發展並日益繁榮，其原因有以下幾個方面：

㈠均田制和租庸調制的破壞，使農業生產的生產關係及經營方式發生了變化。租庸調以徵收糧食、絹布等實物為主，不僅限制了農民經營土地的自主權，也限制了農民出賣農產品的自主權。隨著均田制的破壞和大土地所有制的發展，租佃佃農制有相應的發展。佃農在向地主繳納地租之後，可以自主地支配自己的產品，他們往往用自己的剩餘產品去交換所缺的生產和生活所需，因此增加了市場的商品量，刺激了商業的發展。

㈡大土地所有制的發展。隨著均田制的破壞，土地兼併之風盛行，地主莊田的發展，使他們擁有大量的農副產品。莊田豐收，農產品增多就出售，有些大地主更利用莊田從事商品性的農業生產。地主大土地所有制的發展為商業的繁榮提供了更多的商品。

㈢唐後期藩鎮割據局面的形成，各地藩鎮為擴大自己的勢力，都多方開闢財源，其中，商業利潤就是重要的一環。各地藩鎮對商業的重視，也是唐後期商業發展的重要原因，而中央集權的衰弱，減輕了國家對商業的控制，也為商業的發展提供了良好的條件。

五代十國時期實際上是唐末藩鎮割據局面的延續，這一時期，各個

割據政權之間相互攻擊，戰亂不已，戰亂使北方的農業、手工業受到嚴重破壞，商業也相應衰弱，主要表現在：

第一，市場體系遭到破壞。城市的破壞，也就是城市市場的破壞，農村的蕭條也就是農村市場的蕭條。農村的草市、墟市在戰火中也受到嚴重破壞。

第二，統治者加強對商業的控制與掠奪，限制了商業的發展。統治者為增加財政收入，首先是對重要商品實行專賣，謀取暴利。其次，政府對商業的徵稅苛重。此外，統治者直接掠奪商人的情況也時有發生。最後，官僚貴族直接插手商業，破壞了正常的商業秩序。五代時，從事商業的這些皇親國戚、貴族官僚為數眾多，他們可以憑藉特權，巧取豪奪，牟取暴利，從而損害普通商人的利益，影響了商業的發展。

第三，貨幣經濟衰退，貨幣流通紊亂。這既是影響商業發展的原因，也是商業蕭條的反映。貨幣濫惡，反映了社會經濟的萎縮，也使人民倍受盤剝，身受其害。五代時期，南方商業發展的情況有與北方相似之處，也有不同的地方。儘管南方存在著諸多影響商業的因素，但從商業發展的情況看，南方比北方有較大的發展，也比唐末有所發展。

南方商業的發展，是由於整個社會經濟在相對安定的環境下繼續發展，並呈現上升的趨勢。南方各國，都重視農田水利建設，加之，北方人民的大量南遷，給南方帶來了先進的生產技術，使南方增加了勞動力，因而，南方農業生產得以發展。糧食產量增加，經濟作物的種植，如茶、桑、棉花等都有大幅度增長，農產品商品化程度加強。南方農業和手工業的發展，為商業的發展提供了物質基礎，而南方各國統治者對商業的重視更促進了商業的發展。南方商業的發展，首先表現在城市的繁榮。南方不僅城市商業繁榮，農村的草市、墟市也很繁榮。墟市向草市的發展，草市向城鎮轉化都是商業發達，商品經濟活躍的重要標誌。江南商

業的發展，還明顯地反映在對外貿易的發達。

　　從商業發展的狀況看，五代時，南方優於北方，但北方在西元 950
年郭威建立後周，開始出現轉機。後周太祖郭威和世宗柴榮順應社會發
展需要，在政治、經濟、軍事等方面進行改革，嚴懲貪官污吏，認真選
拔人才，整頓吏治，輕徭薄賦，勸課農桑，使社會經濟迅速發展。特別
是世宗柴榮的改革，加強了後周中央集權的力量，奠定了統一事業和抗
擊契丹的物質基礎。後周世宗在他的經濟改革中，與商業發展有關的措
施主要有下述幾點：㈠放寬了對商業的控制和減輕對商稅的徵收；㈡浚
清漕路，使阻塞已久的大運河重新通航，運河的重新通航對北方商業恢
復和發展的促進作用是不言自明的；㈢擴建開封，使之成為北方商業中
心；㈣整頓幣制。錢幣濫惡是唐末五代以來一直存在的問題，嚴重地影
響了商業貿易的發展。柴榮下詔立監鑄錢，為了增加鑄錢數量，規定限
制銅器使用，同時要求各地限期收集上繳銅器，民間獻銅，據斤論價。
由於佛寺廣占田產，廣收僧徒，使國家稅收減少。為鞏固政權，發展社
會經濟，柴榮下令「滅佛」，限制寺院，淘汰僧尼，毀佛像鑄錢是其中一
個重要內容。經過這些切實的措施，後周世宗時鑄錢數量大增，質量提
高，使貨幣濫惡的情況得以改善，對商業貿易的發展起了積極的作用。
後周世宗的改革，使北方社會經濟得以恢復、發展，商業日趨繁榮，這
就為宋代的統一奠定了基礎。

四、租賦制度

　　隋唐五代的租賦以唐德宗建中元年（780 年）兩稅法的頒佈為標誌，
可分前後兩個不同階段：前一階段，隋及中唐以前，係以均田制基礎之
上的租庸調制「人丁為本」為基本內容；後一階段即建中元年至五代十
國時期，在均田制崩潰、租庸調制瓦解的前提下，以「資產為宗」的兩

稅法成為當時租賦制度的主要方面。隋唐五代的這些變化不僅僅只是在租賦制度本身，也代表當時社會經濟的變化。

　　隋代和唐代前期的土地制度、賦役政策主要是均田制和租庸調制。均田制下的土地授受和租庸調制下的粟帛徵收，均以人丁為基本依據和計量單位。租庸調制實行的先決條件是均田制，也就是說租庸調是建立在均田制之上的一種稅收和財政制度。租庸調制是以人丁為本的徵收和財政政策，隋代的均田制與北齊乃至北魏是一脈相承的，並在具體實行過程中有一系列的發展變化。隋代均田制的推行空間範圍較以前有所擴大，隨著全國南北的統一，均田制除了在廣大北方地區繼續推行外，南方地區也開始推行。隋代在推行均田制的同時，實行租庸調制。租是作為土地收穫物——穀物的稅，調主要取得的是家庭副業手工業生產的紡織品。均田戶除上租調外，還要為官府在一定時間內服役，而庸正是力役的替代物。均田制在實行的過程中，均田戶占地不足額的現象比較普遍，但是政府在徵收租庸調時，卻是按授田足額來計算的，不管實際占田多少，均要求上繳足額租庸調，以保證國家財政正常的收入和財政支出。隋代均田戶占田不足的現象，除正史有所記載外，敦煌吐魯蕃文書對此有比較集中的反映。

　　唐代一建立，就在隋代的基礎上實行均田制和租庸調制。唐代均田制和租庸調的特點主要表現在：成丁年齡逐漸提高，入老年齡不斷降低；均田制中的永業田和口分田的區別明顯不及以前清楚；隋代大業年間和唐代，婦女和奴婢授田被取消；道士、僧尼和女冠在唐代可以授田；工商業者在寬鄉可以獲得一般均田戶 50% 的口分田和永業田等。這些規定說明，唐代均田制反映了當時人口增加與可耕土地之間的矛盾，說明工商業者的社會和經濟地位的提高，同時也說明了在商品經濟相對活躍的歷史條件下，土地買賣已成為事實，土地兼併更加激烈且不再受到國家

政權的嚴格限制。以庸代役及納資代役的普遍化,對於直接生產者的人身依附關係有了相對的減輕,對於政府則是增加財政收入的途徑。唐代前期社會經濟的發展,尤其唐玄宗開元時期出現的盛世,與此不無關係。唐代開元時期的政治穩定、國勢強盛、經濟繁榮、文化發展、對外交往活躍等等,從一個方面說明當時的租庸調制發揮得比較充分,小型農業及其家庭副業的潛在能力發揮也較為出色。

隨著高宗、武則天時期開始對均田制中永業田與口分田買賣限制的不斷放鬆,土地兼併日益激烈,地主、貴族、官僚兼併土地的勢力得不到遏制,均田戶占有的土地不斷減少,土地占有不均的情況日益嚴重。在這種情況下,均田戶還得按均田足額上繳租庸調,他們已經承受不了如此沉重的經濟負擔,而唐政府為了保證財政的收入,不會因此而減免均田戶的租庸調額。均田戶只好逃離國家的戶籍,或者變為地主的隱戶,在玄宗時期,均田制已走到盡頭,連帶著租庸調制也就不能再維持下去了。唐代在玄宗時期土地買賣的限制越來越放寬,在實際經濟運作中等於取消了限制。開元年間對均田買賣的規定,是對現實土地占有狀況的承認。

均田制在遭到嚴重破壞的條件下,政府對租庸調的徵收不但沒有及時調整,還加重了均田戶的負擔。如規定均田戶必須在指定的地點繳納租,若先交縣司,則依次集中在州府,再由州府送到指定的地點。這種情況下通常要將大量運輸費用預行攤徵在均田戶身上,這種被稱為「租腳」、「腳錢」的數量沒有定額,全憑有關部門臨時規定,官吏中飽私囊,甚至公開作為官吏的俸祿使用,這樣運腳數倍加錢,成為苛政。租庸調情況大體差不多。庸調還存在一個折變問題,通過折變多徵收的情況普遍存在,甚至還有提前徵收一年或數年的庸調。這樣,均田制保護小農與手工業者的本質已不復存在,而政府反過來又將逃亡的均田戶的租庸

調負擔轉嫁到其他均田戶身上，造成更多均田戶的進一步逃亡，如此反覆，形成惡性循環，政府財政收入嚴重受到影響，政治、經濟、軍事危機進一步加深，朝廷在這樣的歷史環境下只好改弦易轍，均田制和租庸調制形同虛設，兩稅法便應運而生。

唐玄宗開元時期土地兼併非常激烈，農民逃亡現象嚴重，均田制被破壞，造成的直接後果是租庸調因此難能徵收，政府出現嚴重財政危機。一種新的財政稅收政策即兩稅法便應運而生了，兩稅法作為一種新的財政稅收政策，它的出現反映了當時社會政治、經濟和軍事的發展變化，具體而言，反映了社會商品經濟的活躍、直接生產者人身依附關係的相對減輕、社會生產力的提高、國家財政稅收政策的成熟。因此，兩稅法一經產生，不但成為藩鎮割據下唐政府財政收入的有效保障，且成為中唐以後財政稅收的主流，其對社會的影響十分的深遠。兩稅法在中國經濟史與財政史上具有劃時代意義，兩稅法中以地畝徵稅順應了稅制改革的發展方向，結束了長期以來賦稅制度的混亂局面，並為宋代以後的稅制改革理出了一個頭緒，像明代的一條鞭法和清代的攤丁入畝等，均與唐代的兩稅法一脈相承。

兩稅法與租庸調制的主要區別在於，一是改變徵收方法，戶稅改按糧食收穫季節的不同分為夏秋兩徵。二是強調將丁稅改為戶稅。這樣做其實是符合土地集中和貧富升降的社會現實。戶稅按戶等以錢幣定稅，納稅時可以根據實際情況或交錢或折納絹綾。戶稅對於政府來說擴大了徵稅面，即使政府不增加每戶的稅額，國家財政收入卻明顯增加，在提高政府稅收的同時，中下層居民的負擔也有所減輕。兩稅法正是從這個意義上繼承了戶稅，對於國家財政收入的增加和使稅收趨於比較合理。

唐代兩稅法的制稅原則是：「凡百役之費，一錢之斂，先度其數而賦於人，量出以制入」。量出制入的具體含意是：將大曆十四年（779 年）

　　唐政府財政支出的數額（包括上供、送使、留州）加在一起，以作為建中元年（780 年）制訂兩稅稅額的基數。兩稅法規定「稅及客戶」，不僅反映了直接生產者人身依附關係的相對減輕，也說明了租庸調制破壞後，尤其藩鎮割據時期國家擴大稅收徵收面的現實。另外，兩稅法明確規定了「量出以制入」這樣的制稅原則，這與傳統的「量入為出」的制稅原則有比較大的差異。兩稅法還規定了「地稅」，這時的地稅與租庸調中的地租是有嚴格區別的，地租是通過均田戶人丁所應該授田數額徵收農業生產者的實物糧食，地稅是根據每戶實際占有的土地面積計徵。需要特別指出的是，實行兩稅法後，夏秋兩徵的戶稅，即兩稅與地稅，是分項計算和徵收的，不可將其混為一談。

　　兩稅法在建中元年（780 年）實行以來，隨著當時社會經濟和政治、軍事形勢的發展變化過程。這個過程相當複雜，而其中「錢重物輕」的出現幾乎貫穿於唐代後期，以及兩稅稅額以外的徵收，成了當時唐代擴大徵收來源的主要途徑，也是直接生產者的沉重負擔，影響當時正常的社會生產和社會生活秩序。兩稅法實行後不久，即發生了「錢重物輕」的普遍現象。錢重物輕的出現，直接原因是政府的貨幣供給量遠遠跟不上社會經濟發展的需求，這對政府的財政收入和生產者的負擔來說，均產生了不可低估的重大影響。因為按兩稅法規定，納稅戶在繳納兩稅時是以錢幣計算的，即使繳納絹綾等實物，也是以錢幣折算的。當時錢重物輕的幅度很大，政府的實際財政收入在成倍增加，納稅戶的實際負擔也在相應加重。兩稅法實行後錢重物輕的出現，往往成為財政專家多次著手解決的棘手問題，也是普通百姓最為關心的社會問題，甚至成為科舉考試中對策的重要題目之一。兩稅法實行後一方面是隨著錢重物輕的出現和其程度的不斷加重，另一方面是官吏在實際中稅外加徵，本來規定兩稅外徵一錢一物，但這在實際中從未貫徹執行過，稅外加徵這種狀

況成為唐代後期社會經濟的一大特色。

　　五代十國時期由於政權林立，政令不一，各政權的財政稅收政策有比較大的差異，但各政權繼承唐代兩稅法的基本精神是一致的。自安史之亂後，藩鎮割據局勢正式形成，大藩強鎮在自己的勢力範圍之內享有政治、經濟、司法和軍事特權，當地兩稅的徵收成為其維持割據勢力的主要經濟基礎。節度使以支使負責兩稅倉廩的掌管，而具體負責戶等的確定和核實、兩稅的徵收等工作，則由地方刺史、縣令和錄事來完成。自唐代後期以至於五代十國，由藩鎮幕僚掌管本地財賦。戰時經濟的色彩比較明確，財政大權掌握在幕僚手中。但是中央財政集中的趨勢卻隨著後周統一全國的條件逐漸具備而顯現出來。

　　隋及唐初繼承北魏以來的均田制和租庸調制，租庸調制成為隋及唐初國家財政的主要來源，租庸調是當時生產者的最基本負擔。為適應這一財政體制，隋唐在中央政府三省六部制的基礎上，形成了以戶部度支為基本內容、政令與政事相結合的財政管理和執行機構，這一時期國家的財政預算原則是傳統的「量入為出」。隋代綜合南北朝中央政府機構，建立三省六部制，其中六部之一的度支掌管財政。開皇三年（583年）改度支為民部。在論述隋代財政時，高熲對於隋代前期的財政政策的制定、財政收支的編制、財政收入措施的落實等起了難以替代的作用。隋文帝時高熲請為「輸籍定樣，遍下諸州」。「輸籍定樣」是隋代的財政與稅收的主要內容之一，是政府為了保證租庸調徵收、防止均田戶「詐老詐小」的一種措施。其內容是政府編制每丁每戶應納租庸調的標準，由縣令及其他人員共同監督實施，以確保租庸調的徵收，保證國家的財政收入，而當時是以人丁為本的。在這種稅制下，租庸調稅率是一個常數，每年實際繳納租庸調的丁男人數，則是影響租庸調財政收入總量的變量。輸籍法實行以後，國家加強了對納稅人的控制和財政收入徵收的力度，使國家

的財政收入數量大為增加。正因為如此,隋政府不遺餘力地通過戶籍法檢索戶口。但在開皇十八年(598 年)發生變化,出現了「計戶徵稅」,雖帶有臨時性質,但其在以後的經濟生活中所占的比例不斷地提高。

隋文帝時在著名理財家高熲的輔佐下,財政編制較為有效,財政收入較為暢通,再加上文帝本身節儉,使政府的財政收入主要內容手工業品──紡織品,在國庫庫存甚多,以至於隋代前期犒軍及獎賞文武大臣往往以數十萬、數百萬匹絹計。至於隋煬帝時將全國經濟納入戰時經濟的體制,財政收入和支出以實際需要為準,正常的財政編制和收支程序被打亂,以掠奪性經濟為主、不考慮生產者的承受能力,已違背正常財政原則,其沉重代價是隋代由強盛轉為衰弱以至於亡。

唐代隋而立,李淵、李世民父子認真汲取隋代財政收入和支出隨意性大,造成百姓及一部分官吏一致反對的教訓,高祖採取壓縮中央統治中樞和京師的高消費,以減少政府的財政支出;太宗以「省徭賦,不奪其時」的思想指導,以及君臣奉行節儉自律的作風下,對財政的收支狀況產生了直接的影響。唐代前期的財政預算和編制,以租庸調制的徵收和嚴格的戶籍制度為依據,戶部及其四司,分掌財政政令和具體操作,其間有嚴格分工和密切配合。隨著隋唐中央集權的加強,中央政府除了完全控制中央的財政外,對於地方的財政亦實行統一編制、收入和支配原則。這種行之有效的財政原則,主要是通過法律形式的規定及其嚴格的監察和審計制度,來加強對各級財政機構及其運行機制的管理。

唐代規定戶部掌管全國的財政,戶部下設戶部、度支、金部、倉部四司。戶部長官尚書及其侍郎,「掌天下戶口、井田之政令,凡徭賦職貢之方,經費調給之算,藏貨贏貯之准,悉以咨之」。戶部下屬的四司之具體分工是:戶部司主管戶口、土地、賦役、貢獻等事,度支司執掌國家財政的預算編制和支出,金部的主要職責是掌管國庫金銀財寶的收支,

倉部主管政府倉庫糧食的出納。四司分工明確，執掌專一，相互配合，彼此制約監督，「互相關鍵，用絕奸欺」，就是對唐代財政機構之間關係的說明。至於其他部門也同時兼有財政之職能者，如工部的工部、屯田、虞部、水部等分別執掌興造、屯田、漁獵、水利政務；禮部下屬的主客、祠部、膳部等；九寺五監中的太府、司農分別負責錢幣、寶物和糧食的出納等。可見唐代財政機構雖以戶部為主，卻涉及到其他各個職能部門，這是在論述唐代財政時不可忽略的事實。

　　與隋代一樣，唐代前期的財政在中央政府統一管理和支配下，地方的財政運行被納入中央政府的行政管理機制之下，也就是說地方官吏的任命權歸中央，同樣地方財政規定納入地方行政系統。具體對地方財政的控制和管理，主要通過對地方財政的編制、收支預算的批准以及監察等等途徑來實現。每年年初，中央有關財政主管部門向地方政府下達財賦的具體收徵方案，年末則要將一地財政收支情況的具體帳目上報中央有關財政職能部門度支、金部和比部等。從此可看出，唐代前期的財政制度比較嚴密，管理體制顯得有序而有效。這種多層次的管理體制，有力地監督了各級官吏徵收和支配財政的過程，使中央財政的編制及收支分配具有權威性。

　　唐代前期財政的基本收入預算程序，是度支在各地戶口、田地、課丁上報資料的基礎上，根據政府的有關法令、法規和財政支出的實際狀況，確定每一州縣的具體稅收品種和數量指標，就是所謂的「諸色旨符」。唐玄宗開元二十四年（736 年）在宰相李林甫的建議下，將比較穩定的預算內常規項目彙編成簡便易行的《度支長行旨》五卷，發放各地有關部門執行。這不僅提高了行政效率，也提高了中央和地方財政運行的可操作性，反映了財政改革向規範、簡便、劃一方向發展的趨勢。代宗時劉晏主持全國經濟時，曾在全國設置十三個巡院，主要分佈在淮南、

江南、嶺南和河南道等,並選擇精幹敬業的官吏主持。這些巡院的設置
與中央政府在經濟相對發達而藩鎮勢力卻比較薄弱的地區,提高政府的
財政收入有關,是中央政府的重要財政派出機構。

　　唐代前期的財政管理體制主要由均田制和租庸調制所制約,也就是
說,當時的財政收支主要由租庸調的數額,及各地的徵收分配方案所決
定。當然其中也有一些變化,最主要的變化是戶稅在社會經濟尤其在稅
收中的比例不斷上升,財政運行因此而有所不同。另一方面,隨著安史
之亂後,藩鎮割據勢力的出現和最後形成,本來屬於國家徵收的相當一
部分地方稅收,被強藩巨鎮所截留和支配,政府的財政編制、預算收入
和分配格局發生了比較大的變化。

　　唐代前後期財政制度及其運行方面表現出比較大的差異,唐代中後
期財政的運行主要體現在財政職能部門三司發生了變化,以及兩稅法代
替了租庸調制等方面。唐代財政管理機構由前期的尚書戶部四司逐漸演
變為度支、鹽鐵轉運、戶部三司的新格局。同時以兩稅法為特徵,唐代
財政從中央角度看收入和支出均分為三部分,即上供、送使和留州,而
兩稅法中制定「量出制入」的制稅原則,突破了傳統的制稅原則;同時,
這一時期財政的另一個特點是,隨著藩鎮割據勢力的膨脹,政府官吏和
軍隊人數的增加,統治階級奢侈性消費的提高,政府在正常的財政收支
之外,妄徵賦稅的現象比較普遍,額外加徵成為百姓沉重的負擔。儘管
唐代後期財政改革有其發展的規律,而安史之亂及其後來形成的藩鎮割
據,削弱了中央政府集權的財政管理體制,軍事形勢和經濟形勢的變化,
使唐政府的財政重心南移的格局終於形成。實際上,早在安史之亂爆發
以前,經過一百餘年的發展變化,開元時期已經形成了南北經濟同時進
步、南北財政並重的格局。如玄宗在開元二十五年(737年)在西北地
區實行和糴,在黃河南北、江淮地區實行「折租造絹」、「迴造納布」等

政策，就反映了這一趨勢。

　　適應中唐時期均田制的瓦解和租庸調制的崩潰、安史之亂的爆發及藩鎮割據局面的形成等一系列變化，使唐政府原來正常的財政操作程序被打亂。尤其北方地區因慘遭戰爭創傷經濟蕭條、或藩鎮控制經濟不向中央上繳財賦，而中央政府的軍事開支不斷地上升，府兵制瓦解後募兵制增加了政府平時軍費支出，所有這些均使得唐政府不得不主要通過發展東南漕運，和實行兩稅法來維持日益增長的財政支出。與此相適應，財政機構各種財政使職在經濟中的地位不斷提高，度支、鹽鐵分掌財賦，財政三司機構確立，並成為中央政府調劑財賦和監督地方財政的核心。五代十國的財政機構在藩鎮割據的歷史條件下形成，既有繼承唐代的成分，也有獨自的特色，其基本趨勢是「權歸州縣」，最後向中央集權財政過渡，北周和北宋的財政制度就是繼承唐代後期的財政制度。建中元年（780年）德宗在宰相楊炎的具體規劃下，開始實行「以資產為宗」的兩稅法，使中國古代財政稅收進入一個新的階段。唐代兩稅法具有以下的特點：㈠劃一了全國的稅制；㈡財政收入和支出均實行兩稅「三分法」（分成上供、送使、留州三部分，確定了中央、藩鎮和地方財政三級分配構成）；㈢制定了全新的制稅原則──「量出制入」；㈣貨幣在稅收中的地位提高，稅收或直接上繳貨幣，或以錢幣為計量單位折算實物。自兩稅法實行後，一個值得注意的事實是，貨幣地租在整個地租型態中的地位明顯提高。

　　五代十國的財政管理機構，大多沿襲唐朝舊制，或略作改制。如以戶部、度支、鹽鐵為三司，管理國家財富；後唐併三司為一司，仍稱「三司使」。有的朝代，也有租庸之設，其職責亦如唐代。在財政體制上，後唐莊宗時有「三司上供」（桑田正稅）、「州縣上供者入外府，充經費」，可見後唐仍實行「上供、送使、留州」制度。

五、經濟重心之南移

　　在安史之亂以前，北方地區農業、牧業以及工商業都比較發達。尤其是關中一帶不僅是全國政治中心，而且水利條件較好，城市繁榮，倉儲豐實，交通便利，經濟發展水準一直居於全國的領先地位。在黃河下游，以東都洛陽為中心的關東一帶以及山東、河北地區，開發歷史較久，人口稠密，物產豐富，也一向是經濟發達之區。與北方相比，南方某些地區如四川、兩浙雖然較為富庶，但就整體水準而言，仍屬落後區域。

　　安史之亂以後，南北形勢發生了逆轉。在農業方面，南方尤其是長江流域的耕地開發取得了巨大的成就。農田水利事業的發展促進了南方的耕地開發。《新唐書‧地理志》所載這一時期全國興修的水利工程凡八十餘處，其中南方七十餘處，而江南一道即有五十處，占全國總數的60%。事實上，這一時期南方興修的水利工程絕不僅限於《新唐書》的記載。由於水利對南方農業至關重要，上述統計的意義顯然不僅僅在於南方與北方興修的水利工程在數字上的差距。長江中下游一帶河洲、湖渚、海塗地區出現的各種形式的稻田，如圍田、圩田、湖田、渠田、溪田、渚田、沙田，無一不與水利工程的興修密切相關。隨著耕地面積的擴大，農業生產技術也有顯著的進步。適用於水田耕作的曲轅犁，兼具灌溉與排澇功能的江南水車，都在這一時期出現。較為發達的地區已開始推廣稻麥複種制，丘陵山區也逐步突破以刀耕火種為特徵的墾荒，從而使土地的利用率大大提高。由於生產技術改進，水利工程興修，南方農業生產的集約程度明顯提高，過去原本較為落後的湖南和江西，也「地稱沃壤」，「出米至多」，發展成為重要的糧食生產基地，並與其他開發較早、發展程度較高的地區連成一片。

　　安史之亂以後，南方手工業與商業的發展水準也逐漸超過北方。從

各地土貢的種類、數量的比較以及其他文獻記載中可以看出，南方在冶鑄、紡織、印染、製瓷、造船、製茶、造紙、文具等許多手工業部門中都已經居於全國的領先地位。尤其是紡織業的進步，引人注目。著名的宣城紅線毯、會稽繚綾、江陵方紋綾、巴蜀錦繡、桂管（今廣西）棉布，都是全國的上選，質量好，產量高，行銷各地。吳越一帶是絲織業的中心，在產量與質量上均已取代了安史之亂以前定州的地位，形成了天下「輦越而衣」的新局面。以農業與手工業的進步為基礎，這一時期南方的商業，尤其是城市商業的發展也取得了巨大的成就。長江流域的揚州和益州取代了長安和洛陽，成為經濟發展與交流的中心，而沿海一帶的廣州、明州和泉州則在對外貿易方面占有相當突出的優勢。

經濟重心的南移是一個長期積累的過程，這一過程開始於魏晉南北朝，完成於南宋。安史之亂到五代十國是其中至為關鍵的一個階段。

第四章
宋元明清時期之文化與經濟

第一節　宋元明清時期文化的成就

　　從北宋開始，東北契丹、女真等半農半牧民族興起，農耕民族與游牧民族衝突交往點，已由長城西段轉至長城東段。在文化上，遼、金與西夏都深受漢文化的影響，尊奉儒家思想，以漢文為國際語言。因此，宋代是一個多民族政治分治的漢文化統一體。

　　自唐中葉以後，因河朔一帶藩鎮割據，長期兵爭，使黃河下游兩岸水利失修，河床經常移位，致使宋代以後水患不絕；在西元四世紀（西晉永嘉之亂）、八世紀中葉（唐安史之亂）以及十二世紀（北宋靖康之難）分別遭受胡族侵擾的嚴重戰亂。因此，漢民族的生活重心逐漸由黃河流域向南移至長江流域，再進而移至東南沿海。

　　宋元時代是東南沿海最繁盛時期，但是這個地區的土地開發與人口增長也隨之達到飽和，於是當地人口在明清兩代又開始大量外移。東南沿海漢人大量外移始於明朝中葉以後，當地漢人或往海外貿易移植，或往內陸山區流徙開發。中國大陸漢人海外拓殖最成功的典型是臺灣的開發，明末清初，中國大陸東南居民避難臺灣者尤多。西元十七世紀中葉，

入臺的鄭成功更以有組織的軍事力量排除荷蘭的勢力，在臺灣建立以漢人為主體的社會，是臺灣納入中華民族體系的開端。

　　中國南北經濟文化之轉移，以漕運、絲織業、陶業、政治區域之劃分、戶口之升降、南北方人才的消長等項的變化最為明顯。早在唐末，朝廷的財政命脈即偏倚南方。宋定都汴京，主要原因就是為了遷就漕運，國家財賦大部分偏倚南方；元政府發展海運以利江南財賦往北運；明清兩代糧食由南北運，變成國家每年一次的大工程。政治區域的劃分自唐末開始，就呈現南方分割越細，北方無分而有兼併的現象，故宋代北方戶口即遠遜於南方；據根據北宋神宗、哲宗時期，淮漢以南戶口大約占天下三分之二。元代南北戶口數之比為十比一；明代布政司，南方有九個，北方只有四個；明代西南各省的開發及南海殖民的進展，都是南方繁榮的明證。經濟重心的南移，使得南方人逐漸富裕，有機會讀書，促成北宋中期范仲淹、歐陽修、王安石南方經世致用新儒學的發展，並帶動政治改革運動，提倡興學，獎勵士人，使得中國傳統文化更加普及，深入民間。元代也有南盛北衰的現象；明代在科舉考試上，訂定南北取士名額。人才偏於南方的情況，從宰相的籍貫也可以見到，宋代中葉以後宰相大都是南方人，明代宰相有三分之二是南方人。

一、科舉制度的演進與漢民族的宗族自治

　　中國歷代的選才制度，春秋以前是「世襲制」；戰國時期，逐漸實行「客卿制」，文武官員來自「養士」與「軍功」；兩漢時期實行「徵辟」和「察舉」制度，人才由地方官吏推薦保送；魏晉南北朝實行「九品官人法」，人才選用透過逐級考核評定；隋唐至明清一千三百年間則實施「科舉」考試制度。歷代各種官吏選拔方式，以科舉制度實行時間最長，對社會與文化的影響也最深遠。

　　宋代科舉沿襲唐代，並在唐制的基礎上發展出下列六項特色：一是多科併為一科，宋初除明經、進士外，另有十多個科目，王安石變法時，併其他科目為進士一科；二是考試內容側重經義；三是考期定為三年一屆；四是進士分列等級；五是殿試成為定制；六是設鄉舉一級。此外，為了考試的公平，宋代科舉考試還定有彌封及謄錄法。宋代對科舉的建樹，主要在於奠定制度化與公平化的考試方式。元初朝廷不重視科舉，中葉以後為了籠絡漢人，才開科取士；科考時蒙古人與色目人（西域人）一榜，漢人（契丹、女真、高麗人及金曾統治過的漢人）與南人（南宋人）一榜，易難不同，授官有別。

　　明清兩代的科舉制度，更加嚴密與完備。其強化科舉的社會地位，授予通過初級與中級科舉考試者政治與社會地位，並提高通過最高級考試、獲「進士」銜者的尊貴地位。自明代開始考試固定分為院試、鄉試、會試三級；分別錄取秀才、舉人、進士。考試命題限定一律出自儒家經典四書與五經，考生答題時，立論一律要根據宋代大儒朱熹的《四書集注》，答題方式一律使用「八股文」體。文章的字數篇幅、段落的數目、各段的大意與語意等，在八股文體中都有嚴格的規範。這些規範用意在於達成思想的統一化與考試評分的公正化，其副作用則是造成考試本身與考生思想的僵化。考上進士者，再參加由天子主持的「殿試」，品定其名次，分為一、二、三甲三等，一甲取三名，分別為「狀元」、「榜眼」和「探花」，都賜「進士及第」；二甲都賜「進士出身」，三甲都賜「同進士出身」。三年一大比，明代中葉起，另外開放一條「捐款任官」的非考試途徑，自清代中葉以後，「捐官」所占職缺越來越多，科舉的選才功能日益萎縮。

　　科舉考試制度對社會產生重大影響始於宋代，科舉考試打開了平民入仕的公平管道，社會優秀知識分子源源加進政府組織。通過科舉考試

的知識分子，在法律上擁有許多特權，因而鼓勵社會大眾以中舉任官作為讀書的首要目標，社會也就衍生出「萬般皆下品，唯有讀書高」的風尚。新興的士大夫（讀書人與官員兩種身分被社會混同成為「士大夫」）階級，成為宋代以降，世代相傳的官宦「耕讀世家」。從而，科舉考試制度不僅擔負為國舉才之責，也對社會組織的改造起了決定性作用。應舉的士人們或多或少在他們所誦讀的儒家經典中，學習到了「士以天下為己任」的自我期許；另經過他們的努力，儒家的忠孝節義觀念，也透過社會、鄉約、族規、家禮等各種方式深入民間，推廣於全社會。

　　取得最基層功名的知識分子構成基層鄉紳，並成為村鎮百姓與官府的橋樑。中國所以能以極少量的行政人員統治如此龐大的帝國，主要是充分憑藉宗族自治力量的緣故。因此，歷朝的官方都極力扶植宗族自我約束管理的能力，鼓勵或認可各宗族制訂家法與族規。文字形式的家法族規內容周詳的規範首見於宋代，北宋范仲淹制訂「義莊規矩」作為管理章程，此後義莊在江南大量興起；到了南宋，朱熹提倡以「建祠堂、祭先祖、置祭田」為家禮三要素，此後即成為族規的基礎要件。明清大力提倡族權，家長或族長得依照「族規」、「家法」對家族成員實行嚴密的言行管教。清代雍正朝，紛紛制定確認族長各項權力的條例，並將其編纂入律，國家法律明確承認宗族法的效力。由於家法族規具有準法律性質，有補充國法的作用，因而在唐代以後的一千餘年間，它們成了中華法系的一個組成部分。

二、理學、實學與科學

(一)理學、實學

　　宋元明清時代的學術思想，以理學的發展及考據學的形成最為重要。理學的發展過程，全賴北宋五子（周敦頤─濂，程頤、程顥─洛，張載─

關，邵雍一閩）及朱熹、陸象山等學者之推動。陸象山的理論到了明代經過王陽明的發揚，形成心學一派，於是宋代所開展的理學至此演變成朱熹理學與陸王心學二大派。

理學所呈現的不僅是一種思想，也不僅是一種道德規範，最重要的是它帶動中國社會迫切需要的社會救助工作。理學所帶動的社會救助工作，以三種有意義的方式出現，一是講學之人自行辦理社會救助（辦書院、訂鄉約、辦理義莊、社倉、保甲），成為南宋以下七百年間中國社會安定的重要力量；二是在士人文化的影響下，帶動官方辦理社會救助（各州縣設立各種社會救助永久性機構，收養無依老人、孤兒，並收葬無主的死者）；三是透過理學薰陶，感召商人階級出資辦理社會救助（普遍組織行善團體，大力捐助老人堂、救生堂等等），在地方上的貢獻極大。然而理學的流行，對社會的規範也有負面的影響。理學提倡禁慾主義，宋文化轉入「老僧」性格，沉靜而內向；理學的流行，帶動婦女社會地位之壓抑，並進而鼓舞纏足之風。由於禮教的深植與對女性的抑制，明清二朝漢族地區的民間舞蹈、戲曲，女角也大多改由男性扮演，其影響不可謂不鉅。

自宋代以降，理學都帶有一種嚴正的淑世主義。要改良社會、改善風俗，應由禮教著手。為了普及禮教，朱熹等南宋理學家開始為一般民眾編訂簡易的《家禮》與《鄉約》，作為常人的社會生活與居家儀節，這些規範成為此後七百餘年中國人立身行事的準繩。透過圖書的宣導，宋代時有《小學》、《三字經》、《百家姓》；元代的《二十四孝》、明末清初的《朱子家訓》。除了透過圖書的宣導，朱熹以書院作為講授理學的重要場所。明代中葉以後，各地方更出現大量的「講會」，透過宣講，理學的道德教化普及於文盲階層。另透過各種娛樂活動的說書、戲曲，理學的教化更深入人心。

　　由於印刷術的普及應用，讀書人口大增，官立學校不足，書院成了當時唯一的出路；此外，世亂失學及禪林精舍的影響，都是促成宋代書院產生的原因。書院是在漢代「精舍」、「學館」的基礎上發展起來的。北宋著名的書院有江西廬山白鹿洞書院、湖南長沙嶽麓書院、河南登封嵩陽書院、河南商丘應天書院。書院最值得稱述的是講學制度，一般書院的教學都具有以下特點：1.教學與研究結合，不少書院往往是一個地區或某個學派的學術中心；2.經常有不同學派的學術交流；3.注意獎掖後進；4.既讀經也學文史，既讀古籍也讀當代著作；5.強調創新，鼓勵獨立思考。這種追求學問、道德的真誠精神，是書院最吸引人之處。

　　元代書院的制度則以「官學化」為其特色，到了明清時期，由於自由講學、議論時政風氣，及不同學派的自成體系對朝廷不利，明嘉靖、萬曆、天啟先後發生四次盡毀書院事件。清初，有的書院變成傳播反清復明思想的基地，因此清廷下令禁止。直到雍正十一年（1733 年）才下令各省省會設置書院，以考課為中心，以八股為專業，為科舉作準備。不過還有民間所辦的書院，有一類是重視義理與經世之學的書院，還有一類是以講授詞章詩文為主的書院，另有一類是注重考據訓詁之學的書院，這些民辦的書院大都不重視八股。上述第三類書院繼承了漢學傳統，後更發展成清代的樸學。

　　明中葉以後社會經濟的繁榮帶動了經世致用的實學研究風氣；清中葉社會經濟的再度繁榮也帶動了實學研究風氣，但少了「經世致用」的部分。清代的實學比明代少掉了「研究」成分，形成了「文獻學」，明代的研究精神被抽掉「思想」成分，形成了清代的「考據學」，這些大轉變的關鍵原因是，漢人失去了中國政治的統治權與發言權。考據學在清代之所以會發達，主要有幾個原因：1.由於乾嘉時期，社會安定、經濟發展，使得一些文人可以埋首故紙堆中，為考證而考證，為學術而學術；

2.清廷的高壓統治、文字獄使得讀書人明哲保身，避談政治，潛心於學術的研究； 3.出版業的發展，提供考據學者大量的書籍。

㈡科　學

中國古代科學技術的各個門類，總的講起來，是在春秋戰國時期奠下基礎，到秦漢時期形成體系，到宋元時代出現了發展的高峰。造成宋元時期科技蓬勃發展的主要原因有二：一是受社會經濟繁榮的影響，社會購買力的增加帶動科技進步，這是外在原因。二是由於理學勃興，養成人們理性探求各種知識的習慣，因而厚植科技發展的基礎，這是內在原因。這個時期，有許多科技的提升都因受到商業的需求而引起：造船與航海技術的提升源於遠洋貿易所需；棉紡織術與活字印刷術的提升與發明，源於商品需求人口的大量增加所致；製瓷技術的提升，則源於當時人的消費能力提高，要求生活用品之精益求精，不惜以重金易精瓷。

中國古代印刷術可溯源於隋朝時的雕版印刷，到北宋仁宗慶曆年間，畢昇發明了用膠泥來刻字的活字印刷，改善雕版印刷費用大、費工費時的缺點。其後元代農學家發明了木造活字模，克服膠泥易碎及上墨不勻的缺點，又發明「以字就人」的轉輪排字盤，來提高印刷效率。明孝宗弘治年間，南京一帶開始盛行銅活字印刷，清代所編的《古今圖書集成》就是用銅活字印刷而成的。由於活字印刷術的發明與演進，中國古代書籍的傳佈及文化的傳播才能更快更廣。

在天文曆算方面，北宋哲宗時，蘇頌、韓公廉設計製造水運儀象臺，是一座結合儀、象、鐘的大型儀器，既能演示天象、觀測天象，又能計時、報時。南宋時，天文學家黃裳做了世界最早一幅石刻星圖。宋元時期天文數學家郭守敬製訂了《授時曆》，是古代最精密的一部曆法，也是使用時間最長的曆法。在數學方面，宋元時期更已將傳統的「籌算數學」發展到秦九韶《數學九章》的正負開方的方法，及朱世傑《四元玉鑑》

的多元聯立方程式的解題方法。

在醫學方面，中國的基礎醫學理論也在此時期有重大發展，宋代發明的「針灸銅人」對針灸醫學教育與醫術檢測極有貢獻；此時發明的「人痘接種術」抑制了漢時自外地傳入，並持續蔓延的天花病毒，這也是世界上最早的人工免疫法。宋代由於活字印刷術的發明，醫學著作大量出版，根據《宋史‧藝文志》的記載，醫學著作有五百餘種。由於疾病的流行，政府非常重視醫療，尤其是關乎社會大眾的醫療設施，因此宋代官方設立的醫療機構，更表現出普遍化及大眾化的傾向。南宋宋慈著《洗冤錄》，把醫學原理應用到刑法的檢驗上，此書不但開創了中國的法醫學，同時也是世界上最早的一本法醫學著作。

在農學的研究與著作方面，南宋紹興年間，陳敷以親身體驗，研究江南水稻區的農業技術，寫成《農書》一部。此書是中國現存第一部專門討論南方水稻區的專書，並有系統的討論土地的利用與肥料的使用。元代王禎的《農書》，全書共分三個部分，第一〈農桑通訣〉乃農業總論，全文概述中國農業發展的歷史，並比較南北地區，旱地和水稻耕作方法與生產技術的異同。第二〈百穀譜〉主要談栽培技術，並分述各種農作物及蔬菜、水果、竹木、藥材的種植、保育及儲藏利用的方法。第三〈農器圖譜〉是全書的重心，記錄了當時通行的農業機械，甚至復原繪出古代已經失傳的農業機械。王禎《農書》另一項貢獻是把農家月令的重點，縮小在一幅小圖中名之〈授時圖〉，這種〈授時圖〉對農民來說，既明確又實用。明清時期農業著作以明末徐光啟的《農政全書》最具代表性，輯錄了歷代有關農業生產、農業政策的經史典故及諸家議論、歷代土地制度、古代農家對於田制的論述及其個人的見解。《農政全書》可說是一本集中國古代農業科學大成的著作。《農政全書》另一項成就是有系統且集中地敘述屯墾、水利工程和荒政三項，徐光啟將他對農事的

關懷，轉而注意農業的發展和農民的生活上。

　　晚明是科學技術研究成果豐碩的時期，李時珍的《本草綱目》，是對十六世紀以前的中國醫藥學進行了全面性歸納與整理，是一部集藥物學大成的鉅著。徐宏祖所著《徐霞客遊記》，是一部含地理學、地質地貌學、礦物學等方面的地理學鉅著。宋應星的《天工開物》總結性地記述了農業、手工業各個重要方面的生產技術，成為中國古代科技史上的代表作。

　　在航海技術方面，中國早已掌握先進的航海技術，像使用羅盤、計程法（計算航速和航程的方法）、探測器（一般是用長繩繫結鐵器以測深的器具）、牽星（牽北極星）板、針路的記載及海圖的繪製等。海上航行，完全依靠指南針來導航，開闢了許多新航線、縮短了航程，加速並擴大了國際經貿與文化的交流。

三、市民生活、民間信仰與通俗文藝

　　宋代以降都市的發展，包括都市數目與人口數量的增加，還有都市住民生活型態的轉變。都市生活型態的轉變主要有三個方面，一是作息時間延長。南北朝、隋唐商業活動僅限於白天，市街大門隨晨鐘暮鼓啟閉。到了晚唐，商業活動逐漸延長至夜間。宋太祖時，官方進一步取消三更以後禁夜市的規定。從此以後，各大都會隨著市民活動所需，出現了不夜城。活動空間方面，南北朝與隋唐皆明確劃分住宅區與商業區，不准沿區間道路兩旁開設商家，此項禁令也在晚唐漸有鬆動。到了宋代，只要納稅，任何地區均可設店營業，爾後在元、明、清，都不再嚴格區分住區與商業區。在休閒娛樂方面，從宋以下，最重要的娛樂與休閒場所當數「勾欄」、「瓦舍」與「茶坊」。勾欄與瓦舍是專供各式戲劇團、雜技團，與說唱團體表演的專業場所，是市民重要的娛樂地方。茶坊除提

供消渴、民間社交等場所外，還結合各色民間藝人，在茶座間推出各種小型說唱、表演節目，豐富了市民的生活。

宋代重文治，士人享有崇高的社會地位，一般庶民階層包括農民、商人和工匠，此外還有賤民階層。元代將人民分為蒙古人、色目人、漢人、南人四等。同時為了固定各種戶口的職業，元代依不同的職業而規定不同的戶口，當時全國人的職業分為官、吏、僧、道、醫、工、獵、民、儒、丐等十類。明太祖建國定制，為了尊重仕宦，規定禮法，嚴士庶之別，官員和平民，不論冠服、輿馬、僕從、婚喪、祭祀及居室、器用、生活等，均有嚴格的規定。明代沿襲元代的習慣，依職業定其身分。從社會地位看，士人階級之下就是庶民階級，有良賤之分，良民包含諸色戶籍，明代的戶籍有軍籍與民籍的分別：軍籍戶世服兵役；民籍為一般百姓，但有醫（世業醫生）、匠（造作營建）、灶（專司煮鹽）、陰陽戶（世業卜筮）等諸色戶。到了清初，不但取消特殊勞役戶之世襲，還解放了賤民。

商業發達，商人的社會地位跟著提高，社會上對商人的觀念開始改變，以往士大夫不齒與之為伍，對商人總是抱著輕蔑的態度，但是宋代之後，士大夫也開始兼營工、商業，過去重農抑商的情況有了變化，「市井子孫不得仕宦為吏」的規定也被打破。明清兩代的商人多，山西人的觀念更以經商為人生最高理想，這與過去中國人視科舉入仕為人生唯一目標有著明顯的不同，整個社會對商業及商人的態度發生更徹底的轉變。

隨著東亞政治與社會情勢的發展，庶民精神所託的宗教信仰也同受衝擊。佛教到宋朝初年，由於印度受到信奉伊斯蘭教的民族入侵，佛教在十一世紀以後在印度消失；中國地區受到工商繁興、俗世文明成果的入侵，原始的佛教風貌在十一世紀以後，也在中國徹底消失，取而代之的漢化佛教，已充滿庶民俗世生活的人間興味。

　　此一時期最受大量民眾崇奉的佛教宗派，即是最徹底調整教義、教儀，完全配合庶民需求，兼顧世俗生活的「淨土宗」。淨土宗的信奉者，只要在家吃齋念佛，不必出家住廟，可以結婚生子，生活與常人無異。這種務實的宗教發展，不論是佛教或道教，在教義上都表現出儒、釋、道融合的現象；並同時開始撰寫能闡釋三教合一精神的新經典「寶卷」。寶卷的內容包含儒家對五倫道德的提倡、佛家因果報應、勸善懲惡的教訓，以及道家平凡庶人成仙的故事；所使用的文辭則是淺顯的說唱及戲文用語。

　　融合儒釋道的庶民宗教，以明代中後期興起的「羅教」最為流行，其創教祖師為羅夢鴻，羅教的精神義理近似佛教，行為修持近似儒家，宗教儀式則近似道家。信徒可以不出家、不著僧衣、不落髮修行，可經營家業；但又遵守嚴格的戒律、食素戒葷、不賭博、不飲酒。信徒多農、工、商人，組織嚴密，並發起互幫互助的各項慈善事業。

　　明末以來世俗宗教行為當中，最具民族與時代特色的當屬「功過格」的流行。功過格的理念基礎包括佛教因果報應觀、道教行善養生觀、儒家倫理道德觀，再結合宋明以來工商業精於收支簿記的性質。這種將道德行為量化，可以累積、可以功過相抵，並結合類似商業簿記的信仰形式，由於具體可行，效果顯著，在民間長期廣為流行，並歷受王公大臣、名儒文士積極支持推廣。明末以來另由小說、戲曲等通俗文藝的流行，各種世俗宗教的核心理念，如神鬼思想、因果報應、宿命論等觀念，也經常深刻的植入其中，透過通俗文藝的流傳，將這些宗教信念深植人心，進而滲入人們的日常生活。

　　宋元以來，由於都市發展，商業貿易繁榮，市民階層崛起，因此宋明的社會文化，具有鮮明的市民性，既涵人性復甦的欣喜，亦帶濃厚的商業氣息。宋元明清在俗文學的發展上，成就輝煌。庶民文化的蓬勃興

盛，可由戲曲的大量創作，通俗小說、插畫的大量刊行看出。

　　戲曲是宋代以後新興的通俗藝術，並在元代發展成熟。元代的戲曲簡稱元曲，又包含散曲和戲曲兩種。曲與過去詩詞最大的不同在於，唐詩具有貴族氣，宋詞顯示文人氣，元曲則充滿庶民興味，是十足的庶民文學。元代的戲曲即元雜劇，又稱北曲，它運用曲（歌曲）、白（對話、獨白等）、科（表演動作、舞蹈、雜技）配合音樂演出故事，是綜合藝術。元雜劇著名劇作家首推關漢卿（代表作《竇娥冤》、「本色派」的代表）、王實甫（代表作《西廂記》，「文采派」的代表）、白樸（代表作《梧桐雨》）、馬致遠（代表作《漢宮秋》）四人。

　　南戲產生於溫州，又名「溫州雜劇」。南戲因地域不同，特腔盛行，以魏良輔和梁辰魚合創崑曲（運用宮調，以弦索、簫管伴奏，演唱要求字清、板正、腔純，風格優雅細膩），及在民間流行的弋陽腔（承襲南戲的特色，演唱自由多樣，不受格律約束，以鑼鼓伴奏，表現出民間粗獷生動的習氣）最盛。到了清代戲曲藝術的發展更加豐富多彩，其中以梆子和皮黃最重要。皮黃是晉陝的西皮腔和南方二黃腔，結合而成的新腔，傳入北京後，形成京戲，也就是今天的國劇。

　　明代中葉以後，雜劇已由以往的通俗戲曲轉變成文人的文藝作品，因而失去庶民的青睞，漸趨衰落，代之而起的是在宋元南戲基礎上發展起來的「傳奇」（唐代的文言短篇小說、宋元的諸宮調、雜劇，都曾被稱為傳奇）。明後期湯顯祖的《牡丹亭》成就尤高，清康熙中葉李漁是傑出的戲曲理論家兼喜劇作家，李漁《閒情偶寄》一書，提出中國最早的戲曲理論。另外，轟動南北的傳奇是洪昇的《長生殿》，孔尚任的《桃花扇》，有「南洪北孔」之稱。中葉以後，地方戲曲大為風行，傳奇戲劇文學逐漸衰落。

　　說唱藝術是白話小說的前身，其藝術形式則源自佛教的宣教活動。

魏晉到隋唐，寺院僧侶為了向一般人民宣傳佛理，常採用「變相」與「變文」兩種源自印度的通俗宣講方式。所謂「變相」，就是把佛經的內容或佛經裡的故事，用圖畫的方式表現，然後僧侶與信徒用「看圖說故事」的方式進行經典教學。所謂「變文」，是以通俗的文字，把佛經裡的故事加以改寫，變成講經人可據以口語化教學的「話本」。發展到了宋代，由於城市經濟繁榮，講唱所使用的話本，常以市井細民為故事的主要人物，且情節曲折、故事首尾完整、語言通俗明快而傳神，廣受庶民大眾歡迎，後經發展，形成明清的白話小說。

　　明清兩代是長篇小說盛行的時期，但主要成就方向並不相同。明代小說主要成就在於，將宋元明以來坊間流行的話本改寫成可供大眾閱讀的小說；清代小說的成就則在於，產生許多文人的獨立創新作品。明清小說朝文字發展後，還吸納唐代以來「看圖說故事」的講經傳統，大量出版文字附加插圖的「繡像小說」。由於繡像小說淺顯易讀，更廣受庶民大眾喜愛，將庶民文學的特質發揮到了極致。

　　明代長篇章回小說以四大奇書《三國演義》、《水滸傳》、《西遊記》和《金瓶梅》為代表，短篇小說彙集著名的是「三言」、「二拍」，清代以《儒林外史》、《紅樓夢》為代表。羅貫中編定的《三國演義》，特別善於描寫戰爭，描繪了三國群雄在政治上、軍事上互相鬥智鬥力的情況，成功地塑造了許多人物鮮明的形象。施耐庵著《水滸傳》，以北宋末年宋江起義為歷史背景，描述了梁山泊起義由產生、發展以至失敗的全部過程，作品成功地塑造了許多家傳戶曉的英雄人物。《西遊記》作者吳承恩，是一部浪漫主義的神怪小說。作者取材自民間流傳的唐僧取經故事，及宋代話本（《大唐三藏取經詩話》）、元代雜劇創作而成。《金瓶梅》是一部諷刺小說，作者稱「蘭陵笑笑生」，是第一部描寫世態人情和市井小民家庭日常生活的作品。

　　「三言」編輯者明末馮夢龍，是中國古代話本和擬話本的總匯。「三言」即是《喻世明言》、《警世通言》、《醒世恆言》，以追求婚姻自由和愛情幸福的故事為多，反映出宋、元以來城市生活的面貌，成就甚大。「二拍」明末凌濛初著，即《初刻拍案驚奇》、《二刻拍案驚奇》，書中強調消遣和說教的功用，具體描述商人的生活，有助後人對晚明社會的了解。

　　清代小說以源於宋明話本的公案小說，如《施公案》等廣受歡迎，數量最多。《七俠五義》等的俠義小說亦深受喜愛。此外，有社會小說《官場現形記》、諷刺性質的《儒林外史》（作者吳敬梓，書中嚴峻地抨擊了社會的不合理現象，把科舉制度和官僚制度的罪惡腐朽，形象深刻的表露出來）。言情類的《紅樓夢》（原名《石頭記》，前八十回為曹雪芹所著，後四十回由高鶚續成），則遠離社會群眾，大量日常生活細節的描寫，都十分細緻逼真，反映出作者在文學、哲學、宗教、藝術、民俗等多方面的學識與修養，稱得上是中國文化的百科全書，為文人小說的代表。文言小說在宋元以後成績並不顯著，直到清康熙年間，蒲松齡《聊齋誌異》問世，才重放異彩。

　　宋代平民往都市謀生，手工藝、工商業都市多有相當發展，而一般農民生活負擔甚重，生活相當苦。另由宋人筆記中得知，宋人在飲食方面相當講究，北宋時從占城引進大量早熟稻，飲茶和飲酒是宋人普遍的習慣，元明清持續發展。宋人在服飾上，一般士大夫喜著烏紗帽、皁羅衫，南渡後，則喜穿紫衫或白衫。婦女們上衫下裙裳，梳高髻著漆紗冠，飾以金銀珠翠。平民則裙裳較短，髻較矮。明初男女服飾簡單，中期以後，長裙闊領，寬腰細褶，以華服為趨。清代男人薙髮，拖辮腦後，頭戴瓜皮帽、身穿馬褂、長袍。

　　中國的居室建築傳統，大多南北向，結構常見的有四合院和三合院。到北宋末由李誡編纂《營造法式》一書加以匯集，是中國傳統建築技術

的經典著作。宋代推廣了五代末期來自北方游牧民族的「桌椅」形式，將唐代以前中國人席地而坐的起居方式改為垂足而坐。桌椅增進了作息的方便性，成為流行至今的桌椅形式。明式家具造型古樸簡單簡練，呈內圓外方之構圖，紋飾繁縟，變化萬端。宋代轎子已頗為習見，但一般平民仍多步行，或以驢、馬作為交通工具。

宋人婚姻尚早婚，有指腹為婚，男子可納妾、休妻等。婚禮異常繁重，喪葬亦重，三年之喪，非特殊情況不得更改。民間喪禮受佛道影響，有佛事及道場作法會、修建廟塔，並有許多地方行火葬。

第二節　兩宋時期經濟之發展

唐末五代，中原地區戰亂頻仍，南方小國割據，為五代十國分裂的局面。趙匡胤於西元 960 年接收後周的政權，建立北宋政權。與太宗先後用武力削平十國，國家又趨於統一。可是，宋王朝管轄的區域，遠不及漢唐之廣，在整個北宋、南宋統治時期，先後與遼、西夏、金、蒙古四個政權同時存在。當時兩宋處在江淮及其以南地區，而遼、西夏和金則分別處在中國的北、西北與東北地區，與兩宋發生過多次的戰爭，逼使宋王朝常處防禦地位。但宋王朝統治的三百二十年期間，社會經濟文化的發展程度，又比遼、西夏、金為高，在多次的戰爭與媾和的過程中，出現了經濟和文化的交流，促使遼、西夏和金都先後採行漢化政策。

一、土地制度

北宋建國以後，逐步建立了各地的田籍和稅籍，在一定程度上改變了五代在田籍、稅籍管理上的混亂狀況。但是，由於宋代長期未能全面整頓農業稅收，未能徹底清查土地，因而在田籍稅籍方面存在不少問題。

而且隨著時間延續，新的弊病也逐漸增多。尤其嚴重的是隱漏於田籍之外的土地越來越多。自宋真宗以後，國家在籍耕地數額竟呈現不斷減少的趨勢。與此同時，農村中有田無稅、有稅無田等賦稅不均的現象也大量出現。這不但嚴重影響了國家的正常賦稅收入，也威脅社會的安定，官民中要求清理田籍、稅籍的呼聲日漸升高。事實上，宋初以來，官府也曾多次嘗試要清查土地、整理稅籍，但均因受阻而終止。宋仁宗時，河北路洺州肥鄉縣代理知縣郭諮在轉運使楊偕的支持下清查田畝，創千步方田法。無租之地者雖遠少於無地之租者，但他們都是大地主，所以仍能收回大量流失的賦稅。朝廷試圖推廣千步方田法，又因遭到反對而暫時停止。郭諮將清查田畝的方法步驟等歸納了四十條，為此後的清查田畝提供了有益的資料。

　　宋神宗時期王安石制定新法，在郭諮千步方田法上制定了「方田均稅法」，於熙寧五年（1072 年）正式頒行。其法為：以縱橫各一千步為一方，設大小甲頭，召集本方百姓，各認本戶土地。官府按田地肥瘠分等定稅，重造帳籍，發給百姓戶帖和甲帖作為憑證。實施此法的地區計有京畿、京東、河北、河東、陝西等。清查的結果表明：當時上述地區隱漏未入官方田籍的田地數量相當多，賦稅不均的問題自然相當嚴重。然而查出隱漏的土地如此多（共清查得田地二百四十八萬餘頃，超過未清查前上述地區田地數一百一十九萬餘頃一倍有餘），可能包括了官府原先為鼓勵耕墾而故意少計的田畝數，顯示出官府急於增加稅收的意圖。宋哲宗紹聖年間（1094～1098 年）重新推行王安石新法，卻未能恢復方田均稅法。直到宋徽宗崇寧三年（1104 年），方田均稅法才被重新推行，這次方田均稅法推行過程中出現許多弊病，國家藉此增加稅收的意圖更加急切露骨，貪官污吏與豪強勾結，營私舞弊的現象更為明顯。最終使得廣大百姓由擁護清查土地轉向反對清查，反對推行方田均稅法。這次

方田均稅法的推行，在客觀上起了離散民心、促使北宋王朝加速滅亡的作用。

南宋前期，田籍、稅籍在戰爭中嚴重受損，使賦役不均的衝突尖銳化，官府田賦收入也嚴重流失。紹興十二年（1142年），宋代官府開始推行旨在核查田產、整頓稅籍的經界法。這次推行經界法，其具體方法雖與北宋方田均稅法有異，但清查田畝、整頓稅籍的宗旨卻是近似的。經界法之所以未半途而廢，主要是由於當時民族衝突，賦役不均的嚴重程度大大超過北宋。此外，宋代官府一再重申不增加田賦總額（儘管宋代官府並未認真履行這一諾言），也起了安定人心的作用。南宋時期又有三年一次的田籍、稅籍推割、推排制度。推割、推排制度的建立，對於合理均攤稅役起了一定積極作用。

唐代安史之亂以後，均田制瓦解了，以國有土地居主導地位的土地制度衰落了。到了宋代，居主導地位的是地主土地所有制。與地主土地所有制並存的，還有農民小土地所有制、國家土地所有制等，但都居於從屬地位。宋代自立國之初，就採取「不抑兼併」的政策，地主所占土地為全國總耕地面積的十分之二至四。宋代官方不抑兼併，土地兼併現象相當嚴重，但是土地集中過程卻遠比一般人想像的要慢，這是因為與土地兼併同時存在的還有地權的轉移與分散，亦就是因為在宋代官僚浮沉變化不斷，沒落貴族和失勢官僚的地產就容易轉移；又如宋代在土地繼承上實行多子繼承制，女子在某種情況下也有一定繼承權，這些使土地兼併過程為之延緩。

宋代佛教寺院和道教擁有相當數量的土地，這些土地少量由下層僧人、道徒耕種，多數出租給百姓，而高級僧侶、道士實際是土地收入的主要享受者。宋代又存在相當數量的家族所有土地，如義莊、義田、烝嘗田等，雖不是某一地主個人所有，但往往控制在地主富戶手中，並且

出租於貧苦百姓。所以，通常將寺院宮觀和家族擁有的土地，視為地主所有制的一種特殊表現型態。由於官方、皇室貴族、官員、富人不斷賜田、施田給寺院宮觀，寺院宮觀的田產便有日益增多的趨勢。據記載，義莊的創始者是北宋著名政治家范仲淹，他用自己俸祿收入購置了千畝良田，建立最早的義莊。他用義莊的收入，救濟和津貼本宗族內的貧弱人家，供給他們衣食，補助婚嫁喪葬等費用。後來，較開明、受儒家思想薰陶的文人士大夫紛紛效做，義莊、義田逐漸具有一定的普遍性。義莊、義田成為宋代族田的一種重要形式。宋代有些地區又有所謂烝嘗田，其租入主要用於祭祀祖先，也是族田的一種形式。義莊、義田、烝嘗田等總數量並不很大，在當時總耕地面積中所占比重相當小，但它反映了宗族關係，具有一定重要性。地主個人、宗族、寺院宮觀擁有的土地在數量上超過當時總耕地面積的半數。

　　私有農民小土地所有制在宋代土地制度中處於從屬地位，宋代農戶大抵可分為二類（地主除外），即有地農戶和無地農戶（即所謂佃戶）。有地農民所擁有的土地，一般在一百五十畝以下。然而，每個有地農民的經濟狀況和擁有土地的數量存在相當大的差異。從消費角度看，一戶農民需要二十五畝至一百畝的土地才能收支平衡。這就是說宋代擁有二十五畝至一百畝土地的農戶是最標準的自耕農，當然還要考慮到不同地區、不同地形、不同土質以及具體農戶不同人口等差異。土地數量多於上述的農戶是富戶農民，從記載看，富戶農民往往企圖供給子弟讀書做官、經營工商業、放高利貸等方式增加收入，增置土地以擠進地主行列。至於土地數量少於標準自耕農的主戶是貧困主戶，實際多是半自耕農。從記載看，擁有土地數額在三十畝以下的農戶數量相當多，在許多地區甚至遠遠超過完全自耕農的數量。他們往往在耕種自己土地的同時，租佃一部分官田或地主的土地，或者出外作幫工或小商販，以便維持家計。

　　宋代土地所有制方面出現了一些值得注意的新情況，隨著社會流動性的增大，宋代的地權轉移顯得異常頻繁。宋代商業和商品經濟的發展，使一些經營工商業者和種植經濟作物者有了發財致富的機會。中國歷來有「以末致富，以本守之」的傳統，致富者往往購置土地，而貧困自耕農及地主的破產又為他們提供了可購土地。由於土地頻繁買賣，土地所有權憑證受到重視。宋太宗太平興國八年（983 年）為了減少田產訴訟，官方特規定了標準地契格式，推廣各地。北宋中後期，為了保證田產交易稅的徵收，同時為了增加地方官府的財政收入，官方又規定凡田產交易必須使用官方印製的契紙（即所謂官板契紙），並加蓋官印（即所謂硃契、印契），凡沒有官印的地契稱白契，官方不予承認。地契中明確寫明買賣田產的四至、畝數、價錢，地契上有賣方、保人（中人）的簽章。

　　隨著地權的頻繁轉移，晚唐五代時期產生了典賣田產方面的特殊法權，即親鄰優先典買權。宋太祖開寶三年（970 年）規定：「凡典賣物業，先問房親。不買，次問四鄰。其鄰以東南為上，西北次之。上鄰不買，遞問次鄰，四鄰不售，及外召錢主」，這種法權對貧困戶很不利，使他們失去了自由出賣土地的權利，相應地卻給本宗族本地富戶強買土地提供了方便。這種田宅典買優先權是宗族關係的體現，對後世地權轉移產生了較大的影響。

　　在宋代土地所有權方面出現了一些較為複雜的型態，其中最突出的是所謂「田有二主」。宋代官僚地主占有大量土地，規定凡入品官員的職務全由中央政府統一安排，官員的流動性很大。由於田產不可能隨之遷移，這樣官僚地主與歸他所有的田地便經常存在分離情況；另一情況是官僚地主的田地很難連成一片、同在一個地區，也導致田主與田產分離現象的增多。在田主與田產分離的情況下，便產生了代田主管理田產、徵收田租的干人和包佃主。

　　田主中官僚、工商業者和其他一些居住在城市之內，宋代官方稱之為「遙佃戶」，後人稱之為「城居地主」。遙佃戶、城居地主無疑也是遠離自己田產的。宋代把田主戶籍不在此地的田莊稱之為「寄莊」，宋代寄莊有相當數量，也是上述田主遠離田產的一種表現形式。干人、包佃主被後人稱為「二地主」，實際上他們並沒有土地所有權。在土地所有制中出現了不完全轉移的情況，與高利貸流行有一定聯繫，較為流行的是土地的倚當（抵當）和典當。土地的倚當（抵當）是指土地所有者以田產做抵押，向授倚者（錢主）借貸錢財。典當土地在宋代十分流行，它與倚當不同的是，田主將田產出典後通常要放棄此田產的使用權。土地典當一般要在契約上寫明回贖的期限，但從記載上看，宋代土地典當的期限往往很久，有時幾十年後還可回贖。由於典得土地者（時稱典主）有使用土地的權利，可自耕，也可出租，還可轉典給第三者，因而他是田產的受益者和臨時所有者。官方也向典主徵收田賦和攤派相應的勞役。顯然在這些田產上，田主和典主共享所有權。

　　宋代國有土地數量不多，只有全部耕地的十分之一至二，但表現型態卻非常複雜，主要有：皇莊、官莊、屯田、營田、牧地、弓箭手地、職田、學田、沒官田。宋人有「屯田以兵，營田以民」的說法。在治理河道、沼澤以及圍湖造田的過程中，官方獲得了一些田地，即所謂官淤田、官圩田、官湖田、官沙田蘆場等。宋代官方在都城和各州縣設立了福田院、居養院、安濟坊、養濟院、利濟院、慈幼院等，這些機構都是旨在救濟貧苦無靠的老人、幼童、病人、殘廢人等的。另有漏澤園，是用來安葬無人斂葬的死屍。官方為這些機構配置了田地，以便用田租作為這些機構的日常費用。於是有福田莊、居養莊、安濟田、慈幼莊等，官方往往把田地委託給寺院代管。

　　唐代中後期，隨著均田制的瓦解，國有土地大量地轉化為私有土地，

在唐中後期和五代時期，官田（即國有土地）的私有化是土地所有制變化的主流，這一變化在五代時期大抵已經完成。北宋建國後，官田私有化占主流地位的情況已經改變，代替它的是官田與私田的相互轉化。官田的出賣，是宋代國有土地轉化為私有土地的主要途徑；官田轉化為私田的另一重要途徑是賞賜。再者是漸變，其中權勢者化公為私較多見，如一些有權勢者在包佃官莊、學田後調換田塊、謊報坍塌，從而將田歸為己有。另外，一些官田常年地固定地包佃、租佃給某些人戶，逐漸形成了承佃者把這些官田視為己有的情況。有些官田在包佃、租佃者之間甚至可以買賣，這就使這些官田表現出明顯的朝私有轉化的趨向。

私田被沒收，是私田轉變為官田最主要的途徑。私田被沒收，主要有如下幾種情況：一是沒收各種犯罪者的田產，二是以田產抵償債務，三是沒收隱瞞田產，四是拋荒田和戶絕田。購買也是民田變為官田的一條重要渠道，見於記載者以購買學田最為多見。許多地方官以擴大官學規模作為顯示政績、博取聲譽的手段，而要擴大官學規模，就要設法增加學田數量，增加學田的途徑之一就是籌措資金購買。由於大量土地轉為國有，國有土地的地租負擔大大重於私有土地的賦稅負擔，使得相關地區成了元、明兩代百姓負擔特別沉重的地區。困擾明代地方官府上百年時間的「蘇松重賦」問題，實際就是由此衍生出的。

二、農業之發展

這個時期在中國地區農業生產有了進一步的發展，南方的土地繼續得到開發，農業生產水準已趕上或超過中原地區；而遠處在北方邊境的契丹、女真等民族與中原文化接觸，也很快地發展了農業的生產。

宋王朝統一後，田地荒蕪現象相當嚴重，為了維護其統治，招民墾種，對開荒採取一些獎勵政策，如宋太祖乾德四年（966 年）對新墾地

免稅三年；太宗淳化元年（990 年）對新墾地免稅五年。又如孝宗乾道
九年（1173 年）在淮南地區，理宗嘉熙二年（1238 年）在四川地區，對
新墾者供給農具、種子或耕牛等。經過廣大農民辛勤開發，利用江海、
湖泊以及荒山丘陵，開墾出許多農田，出現了大量圩田、淤田、架田、
山田等新開墾的土地。宋代由於農民的辛勤勞動，開墾出大量的圩田、
淤田、架田、山田、涂田、沙田等，而使墾田面積不斷擴大，使農業生
產的發展有了穩固的基礎。

　　興修農田水利，擴大灌溉面積，防止水旱災害，是提高農業生產力
的一個標誌。宋初統一全國後，為了恢復生產，各地方政府動員廣大的
人民群眾，進行各種規模的水利工程。太祖時，瓊州度靈塘開修渠堰，
灌田三百餘頃。太宗時，戍兵一萬八千人自瀛州界引滹沱河水灌溉稻田。
真宗時，開深州新河、瀛州滹沱河、靜戎軍鮑河、鎮州鎮南河，又自嘉
山引唐河水至定州，引保州趙彬堰徐河水入雞距泉，使河北平原中部得
到灌溉之利。仁宗時，唐州修復陂渠，引水灌溉，使數萬頃磽确之地復
為肥沃良田。福州農民修通渠浦一百七十六條，可灌田三千六百餘頃。
河東路農民修浚水利田一萬八千餘頃。英宗時，泰州農民創築涵管，引
水灌田，克服了沿海缺少淡水的困難。神宗時，襄州宜城令朱紘修復木
渠，溉田六千頃，而兩浙路的水利工程規模更大。蘇北捍海堰，為范仲
淹做興化縣官時發動通、泰、楚、海四州民夫所修成，使沿海一帶的民
田免遭海潮倒灌之患，並使沿海許多的鹽漬地變為良田。錢塘江沿江堤
岸，宋代吸收五代防潮經驗，用石塊裝在竹籠內，壘砌成堤，打上木樁，
頗收成效，捍衛了沿江民田。徐奭任蘇州通判時，領導農民建築石堤九
十里，起橋樑十八座，復良田數千頃；又修築太湖石堤，疏通渠道，以
排積潦，自吳江以東至海岸，流民復業者共計二萬六千多戶。

　　神宗熙寧二年（1069 年），王安石任參知政事，指示司農寺管理農

田水利事宜，組織官員到各地考察農田水利情況，研究並制定農田水利法，於該年十一月頒佈「農田利害條約」。要求各州縣設立專管官吏，負責推行此法。根據本法的規定，各地湖港、河汊、溝洫、堤防之類，凡與當地農業生產有關，需要興修或疏浚的，均按照工料費用的大小，由當地住戶依戶等高下出資興修；私家財力不足的，可向州縣政府借款。同時對藉興修水利為名，進行敲詐勒索的豪紳和貪官污吏，要加以懲治。由是出現了「四方爭言農田水利」的大好形勢，動員千百萬勞動人民，掀起了空前未有的興修農田水利熱潮。「古陂廢堰悉各興復」，農田水利建設取得了重大的成就，西元 1070～1076 年間，除墾荒、疏濬河汊湖港、修築堤堰外，單就較大的農田水利工程而言，即有一百多處，灌溉民田三千六百一十多萬畝，官田十九萬多畝。與此同時，將原被官僚大地主霸占的河湖陂塘堰等水利資源，收為政府所有。如紹興鑒湖原有可灌水田九千餘頃，在「聽民自占」條令下被豪民侵占，而在實行農田水利法後就部分地恢復灌溉的利益。當時積極參與王安石變法的科學家沈括，也曾考察過許多地方的農田水利工程，於 1054 年建議做百渠九堰，引沭水灌田七千頃；1073 年沈括到浙江察訪水利工程時，與攻擊農田水利法的地主豪強做抗爭，促進了水利和圍田工程的興建，對發展農業起了較大的作用。

　　中國耕作農具到了宋代，基本上都已具備。現代考古學家所發現的大量宋代鐵農具中，有犁、鑺、耙、耖、鋤、鐮等。1956 年在江蘇揚州發現宋代的鐵犁鑺的刃邊是鋼邊，此外還有四齒耙和鐵鋤等。這些鐵製農具的使用，對於促進精耕細作是起了很大作用的。宋代農民在繼續改進各種農具的同時，還因地制宜地使用了一些新農具。如：

　　㈠踏犁：是用人力拉動的耕犁，一般使用於缺乏耕牛的地區。淳化五年（994 年）河南宋州和安徽亳州等地，耕牛疫病流行，半數以上的

田地不能耕作，太宗命陳堯叟等研究踏犁，以人力代牛耕。據說踏犁用四、五人耕作，雖其功效只相當於耕牛的一半，但比用钁頭耕翻，效率提高一倍。

㈡秧馬：是一種水稻田插秧用的農具，蘇軾《秧馬歌》的內容有述其形狀和結構。據說利用秧馬插秧，比彎著腰操作，既可減輕勞動強度，又可加快插秧速度。南宋陸游《春日小園雜賦》一詩中也有提到，可見秧馬是北宋、南宋江南農民普遍使用的農具，一直沿用到了元明，元代王禎的《農書》裡還保留著秧馬圖。

㈢水車：宋時廣種水稻，農民群眾用各種水車，引水灌溉。那時已普遍使用人力翻車，稱為龍骨車或踏車。

肥料是農業生產的重要保證，宋代農家除了利用人畜糞便之外，還廣泛開闢各種肥源。有河泥、草木灰、綠肥、秸稈、麻枯等等，都用做肥料，陳敷《農書》中詳細介紹了漚肥的辦法。陳敷並提出應該根據不同的土質施用不同的肥料，只要施肥得宜，即使是瘠薄的土地也能得到好收成。他引用了當時「糞藥」的農諺，說明農民在長期經驗中，認識到「用糞猶用藥」的道理。他還根據農民的經驗，有力地駁斥了「凡田土種三五年其力已乏」的地力衰退論，指出：「若能時加新沃之土壤，以糞治之，則益精熟肥美，其力當常新壯矣，抑何敝何衰之有？」指出了長期保持並提高地力的途徑。

宋代還注重稻米良種的引進、推廣和培育。現在流傳下來的近三十部宋代地方志，許多都記述了當地的各種稻種，從一個方面反映了當時水稻生產的發展水準，良種也成了當時文人吟詠的對象。這些稻種，有以形勝、以色勝、以味勝，有的還有一段傳說，其中特別重要的是占城稻的引進與改良。占城在現在越南的中南部，與福建的關係尤為密切。當地出產的一種水稻，有耐旱、耐澇、早熟、生長力強、出飯率高等優

點。大約在北宋初年或更早些時候，福建的農民就引種了不少占城稻，並深受農民歡迎，在精心栽培下，這種優良品種很快就在長江流域安家落戶，且發展成為一些新的品種。占城稻的適應性很強，可做早稻，成熟期最短的不過六十日，這就為栽種雙季稻創造了條件。南宋的舒璘曾對粳稻與占城稻作過比較，他說，粳稻又叫「大禾穀」，「非膏腴之田不可種」；占城稻又叫「小禾穀」，「不問肥瘠皆可種」，可見占城稻已成了南方人民的主要食糧。

北宋時，水稻總產量超過粟、麥，躍居全國糧食作物的首位，做出這個結論的根據是：

㈠當時以稻米為主食的人口超過了以粟、麥為主食的人口。北方人吃粟、麥，南方人吃米，這條分界線大致在秦嶺、淮河一線。「江淮民田，十分之中，八九種稻」；「江淮、荊楚之地，民⋯⋯卒（率）以水田為生」。根據北宋崇寧元年（1102 年）的統計，秦嶺、淮河以南各路的戶、口數分別占全國總戶數、口數的 71.2% 和 66.8%。這個數字表明，以米為主食的南方人比以粟、麥為主食的北方人多了一倍。

㈡不僅如此，居住在開封的皇室、官僚以及駐紮在開封及北方的大量軍隊，也大都食用南方供給的稻米。太平興國六年（981 年），北宋政府規定每年運到開封的糧食定額為五百五十萬石，其中由江南、淮南、兩浙、荊湖等東南各路通過汴河運往開封的米為三百萬石，菽（豆）為一百萬石，占總數的 72.7%，這個數字不斷增加，所以包拯說：「京師眾大之都，屯兵數十萬，財用儲廩，皆仰給於東南」。

㈢於河北、開封府等地，宋代也種植了不少稻米。以水稻生產為中心的一套精耕細作的耕作制度，到宋代已經形成，尤以兩浙路最為突出。

北宋末、南宋初陳敷所著的《農書》，就是這套耕作制度的比較集中的概括。他親身實踐，系統總結，為後人留下一份當時農業生產的寶貴

紀錄。這套耕作制度的中心點是集約化經營，盡力提高單位面積產量。「衣則成人，水則成田」，這也是當時的諺語，它反映了稻米與水利的密切關係。在宋代除了大型水利工程以外，更多的是遍佈各地的小型水力設施。塘堨堰陂，在南方相當普遍。當時有句諺語叫做「三月思種桑，六月思築塘」，從這條諺語可見當時池塘修築的普遍和它對水稻種植的作用。堨、堰就是小型的水壩和水庫。當時人們用土石築壩截斷溪流，也能起到一定的保水蓄水的作用。江南的小型水力設施比較普遍而完善。

在當時一些農業生產的先進地區，主要是太湖流域，水稻生產的全部過程已經有一套比較完善的耕作、管理程序。耕田一要及時，二要適當深耕。臨到下種，又「先看其年氣候早晚寒暖之宜」，這是為了防止寒潮造成爛秧，而原來的秧田也不能再下種了。不僅如此，對於耕牛的飼養，副業的經營等等，都有一套行之有效的辦法。如在「田壟之上，又種桑種麻」，既可以加固田壟，又可以增加副業收入，而蠶糞及麻稭又可以作為農田的肥料。

三、工商業之發展

在宋代手工業的發展中，礦冶、軍工、造船、陶瓷、製鹽、紡織、造紙、印刷、建築等行業所取得的成就最為顯著。所謂礦冶，包括採礦和冶煉兩方面，在宋代被視為一種行業。宋代礦冶的經營有官營和民營兩種情況，官營較為多見。官營中又包括民採官煉（指官方召集百姓採礦，官方收購礦石組織人力冶煉）和官採官煉（指官府役使軍兵、罪犯或直接招募工人採礦並冶煉）等情況，在礦冶集中、產量大的地區，官方設置監、場，直接管理。鐵礦冶的興盛，推動了鐵器製造業的發展。

中國是世界上較早開發和利用煤炭的國家之一，大規模地開發和利用煤炭始於宋代。宋人朱弁說煤炭（時稱石炭）「今西北處處有之」，朱

翌則講「本朝河北、山（指崤山）東、陝西」都產煤炭，說明開採煤炭的普遍。尤其值得注意的是，宋代煤炭已被應用於金屬冶煉。宋代每年官方稅收、購買的銅的十分之九、鐵錫鉛的一半左右都用以鑄造錢幣。宋代對軍器製造業是頗為重視的，在京師設南北（後改名東西）作坊、御前軍器所、弓弩院、斬馬刀局等；在京師以外的州郡設作院、都作院等製造軍器。在軍器作坊、作院中服役的工匠主要有三類：一是官方雇用的工匠，二是輪流服差役（當行）的工匠，宋代這類工匠也給少量勞動報酬，三是廂軍士卒。在宋代生產軍器中，最值得一提的是火藥和火兵器。北宋大臣曾公亮受命主持編撰的《武經總要》最早詳細記載了配置火藥的三種配方。火兵器傳入西域，西域人將內地火兵器加以改造，創制了「回回炮」，性能優於內地火兵器。南宋創制了一種名為「突火槍」的火兵器，是最早利用火藥發射的管型兵器。宋代造船有官營、民營兩類，官營造船主要滿足漕運、海運物資、戰爭及加強同海外各國政治、經濟交往的需要，設有許多常設的造船廠；民營造船主要用於貿易，或充作一般交通工具。

宋代食鹽主要有海鹽、池鹽、井鹽三類。鹽的專賣收入是宋代的重要財源，因而官方對發展食鹽生產比較重視，食鹽生產發展因而得到推動。但由於官方對食鹽專賣的經營往往失當，貪官污吏時常對鹽民敲詐勒索，阻礙食鹽生產的進一步發展。

陶瓷業的發展與科技的發展密切相關，同時又與文化藝術的發展息息相關。宋代瓷窯分佈廣、數量大，並且瓷窯結構複雜、組織嚴密。如對宋代著名瓷窯鈞窯的考古挖掘表明，鈞窯製瓷從製坯、整形到上釉、燒製已經能在有限空間內進行。宋代製瓷技術和生產能力較前代有明顯提高，當時製瓷有六大名窯，即汝窯、官窯、龍泉窯、定窯、鈞窯和景德鎮窯，每一名窯實際都是若干用同種工藝、同種原料、在同一管理者

之下進行生產的瓷窯的總稱。六大名窯中汝窯、官窯是官營，龍泉窯、
景德鎮窯為民營。在瓷器燒製上，當時有些瓷窯已能靈活地運用覆燒、
仰燒的不同方式，並且改進了匣缽等置瓷工具。此外，在爐溫調控、調
製坯泥、造型上釉等方面，宋代瓷窯也較前代有所改進。宋人思想的活
躍反映到製瓷上，突出地表現了一種崇尚自然美的風格。瓷器受文化的
影響還表現在宋代瓷器，其造型的千姿百態和圖案的豐富多彩，今存龍
泉窯青瓷船形硯滴等宋代瓷器文物，就是宋代製瓷技術與文化藝術結合
的典型。

　　宋代建築業有相當的發展，官方屢次改造京城和州縣城池，修建了
不少豪華的宮殿和官署。宋代佛教、道教流行，官方民間都建築了許多
寺廟宮觀。宋代邸店業興盛，又有租房居住的風氣，因此官方民間都有
經營房屋出租賺取利潤的情況，這種風氣也推動了建築業的發展。宋代
官方建立了不少專門從事建築業的機構，如北宋初年建立了事材廠、竹
木務，主要負責供應建築用木（竹）料。北宋時期又增設京師東西窯務，
主要生產磚瓦（包括琉璃磚瓦）等。南宋時期的修內司，屬下也有大批
建築工人。南宋時期工商業者行團組織中，有磚瓦作、泥水作、竹木作
等，說明民間也有以建築為職業的匠人，甚至可能有經營建築的店鋪。
北宋中後期李誡奉命編撰的《營造法式》，詳細記錄了各種建築用工、用
料數量、制度，明確提出了防止故意或無意的浪費問題。隨著建築業的
發展，當時人已懂得建築不僅需要注意內部結構，也應注意與外部環境
的聯繫，產生了不少著名的能工巧匠，如喻浩主持建造開寶寺塔；僧人
懷丙修建真定塔、修復趙州洨河橋；賈士發明新的燒製琉璃瓦的方法，
使生產成本大為降低，這些能工巧匠的出現，反映了整個建築業技術水
準的提高。

　　紡織業以絲紡的鼎盛和棉紡的興起為特點，北宋絲紡主要表現在南

方絲紡業快速崛起。宋代官營紡織業規模較大，於東京建立了綾錦院，與綾錦院相配，又設置了加工成衣的裁造院和染院。北宋後期又曾專設文繡院；此外，皇室又有後苑作坊，專門生產供皇族服用的絲織品。除京師外，宋代在出產絲織品的州府設置紡織坊院，其中以成都的錦院規模最大。成都錦院除為皇室、達官貴族生產高級奢侈品外，還生產大量用於向西蕃交換馬匹的絲織品。

造紙業以產地、產量的增加為主要特點。宋代文化教育事業發展迅速，京師、各州、各縣都有官學，並有相當數量的民辦書院和私學，學生要看書寫字，就造成了對紙張的大量需求，看書的人多，促進了書籍印刷出版業的發展，書籍印刷出版業的發展也造成了對紙張的需求。宋代官方在產紙州郡設置「紙局」，召集工匠造紙。不過官方用紙的大部分卻是向民間私人作坊購買，民間經營造紙的百姓稱「紙戶」，紙戶在宋代有相當的數量，在當時社會生活中起著不容忽視的作用。

在宋代印行量最大的是與科舉有關的書籍，宋代官方將儒家經典、歷代史書令人校勘後大量印刷，帶動民間也紛紛效法，使儒家經典、歷代史書達到相當的普及。為了迎合參加科舉應試者渴求功名的心情，出現了便於攜帶的袖珍本經書、史書，當時稱為「巾箱本」。宋代印行不少部帙浩大的書籍，除了成套的儒家經典、史書外，北宋太宗時編輯的《太平廣記》、《太平御覽》、《冊府元龜》、《文苑英華》以及《資治通鑑》等都被刻印發行。宋代還印行了不少大部頭的醫書、佛道教的經書等。佛教的《大藏經》、道教的《道藏》，在宋代都不只一次地雕版印刷，還刻印了不少前代和本朝人的文集。宋代除印刷書籍外，還印製和發行邸報，印製大量的鈔引和紙幣，印製類似近代的農曆、日曆的「曆日」等。有些官署印製書籍的目的是為了賺取利潤。民間經營書籍印刷的主要有三種情況：一是印書兼賣書的書舖（又稱書肆、書坊），二是寺院道觀（主

要印佛道經書），三是富豪人家，其中以書舖印刷書籍的數量最大。作為宋代印刷業大發展的產物，宋人發明了活字印刷術，北宋大科學家沈括在《夢溪筆談》中詳細記述了這一偉大的發明，這一偉大的發明對全世界文化的發展起了極其重要的推動作用。

　　宋代在中國古代商業發展史上是一個重要的時期，宋代大城市商業的發展，突出地表現在繁華的商業街的出現、定期的大規模商品貿易活動和商業輔助設施的趨於完備。在宋代，城市是政治統治中心，也是文化中心，除學校規模擴大之外，最引人注目的是數量眾多的勾欄瓦舍，是一種綜合性大型遊樂場所。城市之內有數量眾多的寺院、宮觀、祠廟，城市又是宗教活動的重要地區。由於城市各種事業的發展和人口的增加，城市規模也就相應地擴大了。

　　在宋代官設的市多被廢除，商業活動可以在城市內除禁地以外的任何地點進行。商業活動的時間限制也被取消了，於是出現了早市、夜市、鬼市等。商業活動既不再侷限於固定區域內進行，於是便較多地集中到街道上，形成了許多繁華熱鬧的商業街或商業區。商業街區有兩種類型：一種是由固定而有門面的店舖建築相連而成的，一種是由臨時、攤販性的商業設施組成的。宋代城市工商業者、服務業者（包括浴堂業、醫生、占卜人等）按行業組成行（如紗行、果子行、馬行、生藥行等）、團（如炭團、花團、柑子團等）、市（如金銀市、珍珠市、生帛市、絲綿市、肉市、米市等）、作（如碾玉作、裁縫作、漆作、磚瓦作等）等，合稱行團。宋代此類組織得到官方的承認，利用它們攤派行役或攤徵免行錢。官府需要的物品，往往要行團代為採購；官府需要鑑定物品，往往要行團擇人來鑑定；官府有修造事務，往往要行團選差工匠來充役；官府還要行團定時申報物價等經濟信息。

　　行團既負責代官府攤派行役或攤徵免役錢，就具備了要求本地區從

事此行業的人參加本行團的權利，從而有了壟斷本地區、本行業經營的權利。因此，凡外來者或非本行業人想要從事本行業經營活動，就必須先徵得相應行團組織的許可。宋代行團對行戶的生產與經營大抵不加干預，行戶之間可以自由競爭，可以實行技術保密，少數豪商富賈、大作坊主可以在一定範圍內控制行市、實行兼併等。因而，宋代的行團則沒有明顯的妨礙商品經濟發展的作用和表現。

在宋代，大城市中與商業密切相關的一些行業也得到迅速發展，較為突出的是鈔引便錢、邸店塌坊、抵當業的發展。飛錢便換產生於唐代，宋代稱之為便錢。官方設有便錢務，官方的榷貨務也兼營便錢。便錢使商人免除了長途運輸銅鐵錢的苦惱，為商業發展提供了方便條件。由於宋代實行入中制度和鹽、鐵、茶、香、礬等的專賣制度，便由此衍生出多種有價證券──錢引。京城官方的榷貨務、都茶場等是經營用鈔引兌現錢或領取實物、用現錢和實物換取鈔引的機構，因其營業時間不定、辦事效率低下，給商人造成很大不便，於是就出現了私營的鈔引舖（或稱交引舖、金銀鈔引舖等）。

鈔引舖專門經營鈔引、現錢、實物三者之間的兌換業務，讓持有鈔引的商人經商更便利。南宋時期，鈔引舖還兼營紙幣與銅鐵錢之間的兌換。宋代大城市特別是都城之內有數量眾多的邸店，主要是接待商人落腳，並為商人提供儲存商品的場所，有些大的寺觀也經營邸店牟利。宋代官私都經營房屋出租，官方有專門負責出租房屋的機構，稱樓店務或店宅務，也掌管一部分官邸店。宋代的抵當業十分興盛，經營抵當的店舖稱解庫或質庫，一些寺院也經營抵當業。北宋開封城內有解庫多處，神宗時期推行市易法，官方設置四個抵當所，經營抵當取利，後來在其他城市也設置了官營抵當庫。抵當業的發展，就其積極方面而言，有為商人通融資金的作用；就其消極方面而言，它又與高利貸資本相聯繫，

有破壞社會生產力的一面。

　　宋代鎮、市的興起，與工商業的發展有著重要聯繫。鎮、市貿易與鄉村集市貿易的發展，又是宋代市場開放的重要表現。宋代的鎮之中只有一少部分是由軍鎮轉變成的，而大部分鎮則是由前代草市、墟市、港口、手工業品產地等發展而成的，或者可以說，多數鎮的形成和發展都與工商業發展密切關聯。宋代的市則更直接是商業貿易的場所，因此，宋代鎮、市的普遍存在在某種意義上是工商業發展的表現。宋代的鎮主要有如下幾種類型：一是地處交通要道處者；二是海港與關隘處者；三是位於大城市周圍地區者；四是礦產品、鹽、礬和其他手工業產品的產地。宋代鎮工商業的發展在中國歷史上具有重要意義，鎮工商業的發展不但促進了當時整個商品經濟的發展，且對後代的社會經濟發展產生了深遠影響。宋代草市規模較大的一般都鄰近城市，即所謂「負郭草市」，邊遠地區也有草市，北宋官方下令在遠離州城、縣城的地方開設草市，以解決當地百姓購買鹽、茶、農具等生活、生產必需品的問題，這些草市後來不少都成為正式的市或升格為鎮。農村集市各地名稱不一，稱墟或墟市者較多，也有稱場、亥等的。集市貿易有的二日一次，有的三日一次，有的五日一次，因各地人口密集程度和經濟發展情況而有別。有些農村集市所在地因貿易發展而人口增加，變為市、鎮，有的甚至成為縣城。

　　宋代貨幣發行方面出現兩種重要情況：一是銅鐵鑄幣的發行量達到有史以來最高水準，二是創行了全世界最早的紙幣。這些情況與工商業的一定程度的發展相聯繫，也同官方的財政及貨幣政策有關。宋代劃分貨幣區，主要是財政和國家經濟管理上的需要。宋太祖開寶以後，四川逐漸成為只使用鐵錢、不使用銅錢的特殊貨幣區；宋仁宗時在陝西、河東地區發行以銅鐵錢兼用的貨幣區；南宋孝宗以後，逐漸在淮河以南、

長江以北的地區推行鐵錢，後來令長江中游段江北的湖北、京西地區也行使鐵錢，從而形成與四川鐵錢區相連的江北鐵錢區。宋代設置鐵錢與防止銅錢外流有一定聯繫；尤其是南宋時期，官方更公開講設置江北鐵錢區的目的就是防止銅錢流入金國。官方設法防止銅錢外流，是因為有「錢荒」問題存在。「錢荒」在宋代是一個經常困擾政府的問題，為了解決「錢荒」問題，政府不但嚴格禁止銅錢外流，還嚴格禁止熔化銅錢製作器物，並積極設法增加鑄錢量。宋代銅、鐵錢的鑄行量達到歷史最高水準，說明了宋代商業交換的發展，也同礦冶業的發展、鑄造工藝水準的提高有直接聯繫。此外，宋代政府重視銅鐵錢的鑄造和發行，也是鑄行量迅速增加的重要原因。

宋代統治者在四川強制推行鐵錢，給當地經濟生活造成很大不便。四川是宋代經濟比較發達的地區，尤以成都平原，在這一地區內，商業交換相當興盛。鐵錢在交換上不方便，加上官方強迫使用落後的交換手段，於是交子便應運而生。交子最初產生於民間，其性質類似於近代的匯票。宋仁宗時，官方在成都正式設立發行交子的機構——交子務，發行交子，規定交子在四川境內可代替鐵錢行使。這樣，全世界最早的紙幣便產生了。

北宋末、南宋初，民間出現了私營會子，與交子不同的是，它是匯兌銅錢而不是匯兌鐵錢的憑證。宋高宗末年，都城臨安府的地方政府將私營會子收歸官營，發行會子。隨後朝廷接收了官會子的發行權，並規定稅賦可按比例繳納會子。與此同時，民間逐漸用會子代銅錢作為支付手段，會子逐漸成為一種以銅錢為本位的新紙幣。紙幣的創行給商業帶來了巨大的便利，一下子使商業交換去除了攜帶或運輸沉重的鑄幣的麻煩，這對商業的促進作用是難以估量的。但是，紙幣既直接由政府發行，政府便往往通過發行過量紙幣來彌補財政的虧空。這就時時導致市場混

亂、經濟秩序混亂。南宋後期，紙幣發行量過大，造成嚴重通貨膨脹，影響了社會安定，是導致南宋滅亡的重要內因之一。

宋與遼（契丹）、夏、金（女真）、蒙（元）的貿易有合法、非法二類。合法貿易時稱互市，因其通過榷場進行，所以也稱榷場貿易。宋代的榷場主要有如下作用：㈠它是官方的邊境貿易的管理機構和檢查機構，商人攜帶貨物的品類和數額如果合乎規定，可以在此辦理暫時出境手續；㈡它是接待境外商人與境內商人進行貿易的場所，境外商人與境內商人的貿易一般不能直接進行，而必須經由作為中介的官府牙人進行；㈢它又是官方從境外購買商品和向境外推銷物品的機構；㈣它有徵收進出境商稅的職能。凡經榷場貿易的商品，官方要徵收 5% 至 20% 的商稅（含場地稅），另外還要附加牙稅和腳錢（搬運貨物費用）。由於官方對榷場貿易限制過多、過嚴，宋與遼、夏、金、蒙間還存在著相當規模的走私貿易。宋代境內產的茶葉，西蕃、回紇等西部少數民族居住區產的馬匹，是宋與西蕃、回紇等西部少數民族彼此貿易中最有代表性的商品，因而，雙方的貿易歷史上稱茶馬貿易。宋代同西部各少數民族進行茶馬貿易，促進了雙方廣泛的經濟文化交流。伴隨茶馬貿易，其他商品貿易也開展起來，茶馬貿易對於中國多民族統一國家的形成起了重要作用。

宋代稱從事海上貿易的海船為市舶，因而，宋代同海外各國的貿易稱為市舶貿易。據宋人趙汝适《諸蕃志》、周去非《嶺外代答》及《宋史・外國傳》等記載，與宋代有海上貿易往來關係的國家或地區多達六十個以上。與海上貿易規模擴大相適應，宋代的海港也增加了，除廣州仍是全國最大海港外，泉州、明州定海、杭州、密州板橋鎮、秀州華亭縣、溫州等都是著名的海港城市或市鎮。北宋時期，明州港是宋代與日本、高麗等國貿易的主要基地，地位僅次於廣州。南宋時期泉州的地位上升，它兼顧北南，取代明州成為宋代第二大港。

隨著市舶貿易的發展，官方的市舶機構和管理制度也日趨完備。官方在重要海港城市或市鎮都建立了市舶機構，大者稱市舶司，小者稱市舶務。海上貿易的發展對社會生活的各個方面都產生了深遠的影響，首先，由於市舶稅率高於一般商稅，隨著市舶貿易的擴大，政府從市舶稅收中獲取了大量錢財，有效地彌補了財政的不足。特別是市舶收入直接歸朝廷調用，皇室可從市舶渠道獲得大量奢侈品，這使宋代統治者更加認識到市舶貿易的重要。其次，海上貿易的發展刺激和促進了國內商業和商品生產的發展。來自海外的商品豐富了國內市場，某些商品的進口，推動了國內的生產和技術的發展。如硫磺的進口無疑對火藥的生產和改進起了積極作用。最後，海上貿易的發展促進中國與當時世界各國的相互了解，也促進中國人民與當時世界各國人民的文化交流。

宋代政府很重視道路和運河的修治，這一方面是為了加強對地方的政治統治，有效地防止遼、西夏、金、蒙古等的入侵，另一方面也是為了滿足大量物資運輸的需要。宋代政府重視道路的整修，同時它也重視運河的修治，這是因為宋代中央政府所依仗的物資，大部分要通過運河輸送到京師。汴河、惠民河、五丈河和金水河，是北宋時期供應都城開封所需物資的最主要通道，為此投入了相當可觀的人力物力。宋代還開闢了不少專門運鹽的運河，這與食鹽在宋代財政中占居特殊地位有密切聯繫。除人工開鑿的運河外，大多數自然河流也被用來航行。特別是南宋時期，長江成為貫通東西的最重要的交通線。宋代政府也組織了對這些自然河流河道的修治，使之更有利於航行。

水運通常比陸運費用少，宋代無論官私都重視利用水運。為了保證水運物資的順利抵達，宋代政府制定了詳密的漕運管理制度，其中最重要的有轉般制度和考課制度。轉般制度在北宋後期被破壞，對國家物資調撥造成不利影響。宋代漕運考課制度相當細密，首先每年漕運物資是

有定額的，這一定額還被分解，各級官府根據有關定額確定賞罰。其次
官方對運船運行情況有檢查制度，對運船運行週期、速度都有限定，違
期者要受處罰。為了保證其實施，官方給各運船頒發了行程簿，沿途登
記註冊。官方又立有相風旗，記錄沿途的風向、風力等，以輔助考核。
宋代海上運輸也有一定發展，北宋真宗時，曾將南方三萬石米從海路運
抵山東半島。南宋時期，福建地區食用的糧食也多從海路自廣南運輸。
顯然，元代大規模的糧食海運就是以宋代海運一定程度的發展為基礎的。

四、賦役制度

　　宋代在賦役制度方面有四個突出特點：在國家賦稅收入中田賦以外
的收入明顯增加；賦稅收入中貨幣收入所占比重明顯增加；代役稅比唐
代中後期又有發展，百姓服役的範圍和數量比唐代中後期也減少了；由
於宋朝政府始終未能對賦役制度做全面徹底的整頓，且為了適應各地的
複雜情況，賦役制度方面存在著較大的地區差異。宋代農業稅以兩稅為
主，此外有兩稅的附加稅、按地畝攤徵的雜稅以及表現為強制性派購、
實為變相稅收的科斂。

　　唐代初行兩稅法時，係以資產（有些地區實際是以田產）確定各戶
百姓夏稅錢額，實際徵收則折徵絹、麥等實物，又以田產定秋稅米數額。
此後，唐代政府曾下令改夏稅以錢立額為以物立額，但此項命令未能得
到全面貫徹。五代兩稅大抵沿用唐制，但因存在割據現象，各地有些差
異。宋代立國後，未能徹底劃一稅制工作，僅在沿襲前代舊制的基礎上
做了一些必要的調整，因此兩稅徵收方面便保留了區域間的差異。從記
載上看，宋初多數地區兩稅中的夏稅，仍是以資產或田產確定稅錢數額
的。宋代兩稅按田畝徵收時，係將土地分為田、地二等，二者之中又劃
為上中下三等（每等之中有的又劃若干等），說明兩稅是較充分地照顧到

土地的自然條件的。兩稅的附加稅有加耗、斛面、糜費、腳錢、義倉米等名目。

宋代國家財政收入中的非農業收入包括：商稅收入、市舶收入、榷場收入、鹽酒茶香礬等專賣收入、礦冶收入、官房地產收入、頭子錢收入（部分）等等，其中商稅和鹽酒茶三項專賣收入數量較多，在財政中的地位尤為重要。

隨著市場的開放，商業的發展，宋代的商稅收入成為支持財政的重要柱石。宋代商稅分過稅、住稅二部分。所謂過稅，是指官府於交通重要樞紐、通道處設關卡徵稅，稅率按規定一般為 2%。但過稅不是一次性稅，而是每過一處關卡就徵收一次，因而，就某一批特定商品而言，其過稅的實際稅率是依其所經過的稅卡的數量而確定的。為了防止商人繞過稅卡逃避過稅，宋代做出了經商必須走官道的規定，又在各稅卡設攔頭，負責在離稅卡一定距離內攔截商人徵稅。所謂住稅，是指銷售稅，在銷售地點徵稅，稅率一般為 3%。對於某些官府急需的商品，如木材、石炭等，不採取徵收過稅、住稅的辦法，而採取一次性抽取食物稅的辦法，一般稅率為十分之一。為了鼓勵農業生產，宋代政府規定農具、耕牛、糧食、水果、魚肉等免稅。但是，人們攜帶的銅錢及金銀超過一定數額，卻要徵收商稅。

宋初為了加強中央集權，把商稅徵收和收入支配權歸朝廷。州城和縣城以及較大的關隘、市鎮都設商稅務（或與鹽酒等合為一務），由朝廷委派監官管理。小的市鎮及鄉村集市則採取承包（買撲）方式募人代為徵稅，令州縣設立專門帳簿將收入數申報朝廷。各州縣及各稅務都立有定額，定額中有祖額，是原始定額，又有遞年額和實收額，分別為近年、當年的收入額。每年朝廷都要派人將祖額、遞年額與實收額做比較，以決定對有關官吏的獎懲。宋代政府為了增加商稅收入，往往採取強制性

提高州縣稅務定額（祖額、遞年額）的辦法。州縣及稅務為了完成定額，不得不多方努力，有時不免暗地提高商稅稅率，有時則不合理地增設稅卡、稅場。南宋時期，增加稅卡、稅場的現象相當普遍，徵稅十分嚴苛。有關的貪官污吏乘機興風作浪，勒索商人及過往百姓。特別是沿長江的一些稅卡，對商人、行人態度尤其惡劣，動輒長時間扣留船隻，不滿足其私慾就不放行，被當時人稱為大小法場（意為行刑宰割場所）。

　　食鹽專賣是宋代最重要、對財政影響最大的專賣項目。宋代把全國劃分為若干大的食鹽產銷區，在各大產銷區內因地制宜地推行不同的制度。宋代最大的食鹽產銷區是淮浙鹽區，淮浙鹽的生產絕大部分是由亭戶在官府嚴密監視下自己經營和操作的，產鹽按規定要全部賣給官方。在產鹽區和鄰近地區，官方實行食鹽配賣制（即狹義的禁榷制）。在遠離產鹽區的地區，有的實行配賣，有的實行鈔鹽制，即有條件地通商，一般城鎮多實行有限制的通商制。第二大食鹽產銷區是解鹽區，銷售區域包括汴京周圍和宋代西北部廣大地區。解鹽生產實行勞役制與雇募制結合的官營制。官方每年指派鹽池附近的百姓輪番服役，稱畦戶，官方支給畦戶一定報酬。四川井鹽區供應四川及西南一些地區百姓的消費。生產大抵分兩種，大井由官府直接經營，主要役使士兵，也僱用部分百姓。小井，特別是為數眾多的卓筒井，則由百姓承包稅利、自己經營。此外，宋代還有河東池鹽區、河北京東海鹽區（以上兩區南宋時陷入金朝境內）、福建海鹽區、廣南海鹽區。除特殊情況外，宋代禁止跨區經營食鹽銷售。尤其值得注意的是，北宋時期在宋夏、宋遼交界處大量駐軍，軍隊供應中相當一部分依靠入中制度，即商人或土豪在邊境地區繳納糧草實物，官方於京師或內地支給這些商人、土豪報酬。在官方所支入中者的報酬中，食鹽占有很大的比例，以價值計，每年都達數百萬貫，這對於支持宋代的軍事起了重要作用。對於食鹽等生活必需品的專賣，在一

定意義上實際是一種人口稅。

　　酒的專賣收入在宋代財政中數量僅次於兩稅、食鹽專賣而居第三位。它的年收入額據官方統計與商稅不相上下，但是官方統計中往往未將攤入田畝的酒麴錢、鄉村坊場收入中的酒坊收入及各次提價增加的收入——所謂添酒錢（它被單獨立帳）等計算在內，所以，宋代酒的專賣收入實際是多於商稅收入的。宋代酒的專賣主要有五種方式：一是城鎮官造官營。官營造酒有的僱傭民間酒匠、民工，有的役使軍兵，宋代在一些地方配置有以造酒為專業的廂軍部隊，是官酒的重要生產者。二是令百姓承包（買撲）酒坊，小市鎮及鄉村多行此法。三是官府壟斷造麴，高價賣麴，許私人用此麴造酒。四是將專賣利潤攤入田畝或資產，改由百姓繳納酒麴錢，在此基礎上有限制地允許私人造酒賣酒，此種酒法也稱萬戶法。五是南宋時期在四川推行的隔糟酒法：官方置備酒糟和造酒器具，百姓自己攜米來此釀造，每石米繳錢若干，官方稅利寓於其內。酒的專賣收入地方官府有較大支配權，從朝廷到地方，每年都要消費大量的酒，由於實行專賣，官府所需酒當中的大部分都無須購買，這無疑也節省了財政上不小的開支，相當於增加了一筆可觀的收入。

　　茶葉是宋代人民生活必需品，又是內地與西部少數民族貿易的重要商品。宋初至宋仁宗嘉祐四年（1059 年）對茶葉主要實行統一包購、統一批發的政策。官方沿長江設六榷貨務，在淮南設十三山場，經營徵購和批發。北宋後期及南宋，先次在全宋範圍內推行合同引茶法。宋代對一些香料（如乳香）和藥品（如犀角）也實行專賣，合稱香藥禁榷。礬是民間淨水、染織的重要原料，也是宋代的專賣品。礬的專賣主要也有官產官銷和民產官銷（批發）兩種。宋代也曾仿效食鹽專賣為礬劃定產銷區，主要有晉礬（銷於中原地區）、坊州礬（銷於潼關以西）、河北礬（銷於河北、四川）、淮南礬（銷於淮河以南）等。宋代在某一時期或某

一局部，還曾實行過鐵、珍珠、醋等專賣，對財政的影響遠不如鹽酒茶香礬的專賣。

市舶收入指向海外貿易徵稅所得收入，市舶收入包括抽稅和強制性低價購買二部分。抽稅率一般為十五分之一至五分之一，因時地、貨物品種不同而異。購買率一般為十分之三至十分之六，大的象牙及乳香等，因是專賣品，抽稅後全部由官府購買。市舶抽稅、低價購買，是皇室及貴族奢侈品的重要來源，在這一意義上，它使財政上減少了一大筆開支。宋代與遼、夏、金、蒙（元）的貿易主要通過榷場進行，所謂榷場，就是官方設置的特殊市場，其貿易受到官方嚴格監視，榷場徵稅稅率一般高於普通商稅。宋代較大的礦山一般由官方派員管理，招募百姓開採冶煉，官方收購礦產品。小的礦山令百姓承包，官方依定額（通常是預估年產量的十分之二）徵稅，非專賣礦產品稅外還要強制性徵購一部分（一般為年產量的十分之三至十分之四），專賣礦產品則稅外全部徵購。

宋代政府將一部分官有房屋出租，將其收入稱為樓店務錢；將一部分官地出讓，每年徵收白地錢。宋代政府有官營商業，特別是宋神宗時期推行市易法以後，官營商業、典當業、放貸都有相當規模，每年也有一定收入。但這些收入都遠不如商稅、鹽酒茶香礬專賣收入等數量多。

商稅與各項專賣收入的增加，以及在財政總收入中所占比重的提高，反映了商業和商品經濟的發展，因為無論是商稅還是專賣利潤的獲得，都要借助商業並以商業一定程度的發展為前提。商稅和各項專賣收入主要表現為貨幣，也反映了貨幣經濟一定程度的發展。商稅及各項專賣收入的增加，使宋代政府在經濟上增加了對商人的倚仗，因而宋代政府對商人的態度也就有所改變。反對盲目抑商的觀點和理論正是在這一背景下萌生和發展的。對傳統抑商理論的批評，無疑是有利於社會發展的。商稅及各項專賣收入的增加，對商業和商品經濟的進一步發展也有明顯

的消極影響。商稅的增加往往與提高商稅稅率和苛刻徵稅相關，而專賣商品種類的增加又縮小了民間商業的活動範圍。在專賣制度下，儘管商人也能從中得利，但他們的命運往往操在官府手中，他們正常的經營活動往往遭到破壞。因此，商稅及各項專賣收入的增加，在一定程度上是以商業和商品經濟的遲滯為代價的。

唐中葉實行兩稅法時規定，百姓的租庸調都合併入兩稅，百姓的徭役本應完全免除。但是，此後百姓的徭役並未完全免除。宋代同中晚唐、五代相比，百姓的徭役負擔又有減少，例如郵遞原由百姓服役者承當，宋代改用軍兵；修橋修路、土木建築、運輸物資等也多役使軍兵或雇工充役，但百姓仍要服職役和夫役，由此衍生出免役錢和免夫錢。身丁錢是前代百姓庸的負擔的變態殘餘，在宋代呈現衰落趨勢。

宋代是中國歷史上社會經濟發展的一個高峰，其總體水準最高時不僅遠邁漢唐，且為後來的元明兩代所不及，大有一枝獨秀之勢。究其原因，厥有數端：

㈠農業中的土地私有制占有壓倒性優勢，而且地權明確，轉移加快。田賦和科斂均按地畝徵收，無地戶不納田賦。田主與佃客之間多為契約租佃關係，佃客對田主的人身隸屬關係大為削弱。農民不服兵役，徭役也很少。這樣，不管是農民中的主戶與客戶，都可專力於生產，而且客戶可以購置土地，轉為主戶。

㈡政府對礦產實行租賃經營，二八分成，等於五稅其一。餘下的由政府收購，收購不完的可在市場上出售。儘管由政府包購者居多，但其為官府手工業提供原料，是不成問題的。

㈢官私手工業都比較發達，特別是民間私人手工業超過前代。其原因，一方面是由於農業中的經濟作物有所增加，為手工業提供了更多的原料；另一方面，則是政府放寬政策，有更多的手工業允許民營，不加

行政干預，為民間手工業的發展提供了較為寬鬆的環境。

　　㈣市場經濟空前活躍。城市中已無固定的商業經營區和營業時間的限制，於城內也有商業行為。儘管有些行業相當集中，但這不是由政府劃定的。農村人口進入城市謀生經商已無嚴格限制，因此，宋代出現了上百萬人口的繁華大都市。更值得注意的是：農村中的商業市鎮和集市貿易普遍發展了起來，而且一般都是自發地形成的。當然，政府對市場是要進行管理的，城市居民稱坊郭戶，有居民組織；商業按行業組成行會，通過行會進行管理；農村中的市鎮或設專職官吏，或由地方政府兼管。對外貿易和民族間的貿易亦然。所以，市場經濟活而不亂，是有秩序地進行的。市場經濟需要有貨幣，宋代不僅有金屬貨幣：銅幣和鐵幣，而且印行了紙幣：交子和會子。同時，銀子也成了輔助性的貨幣。

　　㈤宋代已經出現了人市（勞力市場），在私人手工業中也有了較為自由的僱傭關係，農業的經濟作物中出現了專業戶，因此，在商品生產中出現了一些資本主義的跡象。但宋代還沒有形成統一的國內市場，而政府的一些政策，如對礦產的分成統購、對鹽茶酒類的專賣、對城市經濟的行會控制等等，又阻礙了市場經濟的發展和資本主義的萌生。宋代的財政收入中有一半來自工商業，其中專賣收入占了絕大部分。宋代的財政支出中大部分用於養兵，其次是養官，所以財政常感拮据。後來由於濫發紙幣，引起了通貨膨脹，紙幣貶值，物價上漲。這樣，宋代就仍然缺乏商業資本積累，商業高利貸資本還是向土地和農村傾斜。宋代的社會經濟關係比較自由，因而出現了社會經濟和科學技術大發展的形勢。

第三節　元代經濟之發展

蒙古興起，先後滅了西夏與金。至忽必烈建立元代後，於西元1279年滅了南宋，統一了全國。元王朝的疆域較之漢唐盛世，更加遼闊。元王朝的大統一，在中國歷史上有深遠的意義。首先，結束了唐末以來分割幾個政權並立的局面，奠定了元、明、清六百多年國家長期統一的基礎。其次，促進了國內各族人民之間經濟文化的交流和邊疆地區的開發，進一步鞏固了多民族的團結。其三，加強了中外文化交流和中西交通的發展，並為科學技術的發展創造了條件，使天文曆算地理等科學發展達到相當程度的水準。元代統治者在發展社會生產力方面採取了一些措施，但其階級壓迫與種族歧視政策，帶來消極的後果。因此，元王朝統治不到一世紀就被朱元璋取而代之了。

一、土地制度

蒙古人原是游牧民族，生活所需和行軍作戰都靠牲畜。入主中原後，在中原和江南地區高度發展的農業經濟影響下，放棄落後的游牧生活，轉而重視農業生產，由領主經濟逐步轉化為地主經濟。元代的土地仍可分為官田和私田兩種，元代的官地主要來自宋、金的官田，兩朝皇親國戚、權貴、豪右的土地，掠奪的民田，以及經過長期戰亂所形成的無主荒地。蒙古人進入中原後，與金人一樣，收奪漢人的土地，又將土地租給漢人耕種，收取地租，因而元代政府對於王公貴族皆賜采地。所賜土地，一般是南宋的官田，內府莊田以及賈似道倡議所買的公田等。除王公貴族受賜田外，還有人獻納土地給貴族，以求蔭庇。王公貴族所以接受獻田，其目的在於獲得私租；而一般人所以獻田，希望能得庇護而免

除公賦，因而禁令不能禁止。

　　元時重佛教，許多土地為寺觀所占有。寺觀的土地，主要來自王朝的賜舍。從世祖、成宗、仁宗、泰定帝、文宗到順帝對寺觀賜田甚多。僧侶除受賜占田外，還要豪奪人民的土地，連學田也成為寺觀占有土地的對象。元代土地高度集中，農民喪失土地，被迫成為地主的佃戶或農奴，生活困苦，所以社會衝突充分表現在土地占有的關係上。王公貴族、寺觀莊園以及豪強地主的無限占田，對國計民生均屬有害，國家租稅收入減少，人民生活極為困苦。朝廷也意識到這一點，所以想對田制有所改革。元世祖時為了清查土地徵收賦稅，曾實行過土地所有者自報田地的「經理法」，但實行下來其間欺隱尚多，未能盡實。仁宗時又派大臣往江浙、江西、河南三地實施經理法，但實施結果仍然弊端極多，人民紛起反抗。以致仁宗不得不下詔免三省自實田租二年，經理之法也就不了了之。實際上，所謂經理就是徵稅，要使地主不得隱稅，這在當時是很難行得通的。

　　元代除王公貴族、寺觀莊園以及豪強地主占有大量土地外，也有一定數量的自耕農，經營少量的土地。可是這些自耕農的地位非常低下，生活十分困苦，僅有的土地還不時遭受地主階級的兼併和剝奪，加以在繁重的各種差役下，絕大多數終於喪失僅有的一點土地而淪為佃戶或流民。

　　元代的屯田範圍非常的廣泛，當時不但中原地區實行屯田，而且遍及北方、東北、西北、西南各個地區。至於屯田的方式，有的地方採用原有制度，如芍陂、洪澤、瓜州、沙州等處，依原有的屯田經營；有的地方，如吉林、陝西、四川等地根據當地土地條件，開設新的屯田。還有一些少數民族地區，雖不設有特別的屯田制度，也駐紮軍隊，從事墾殖。屯田的直接目的雖在於各地駐紮軍隊，防止各族人民的反抗，但由此而使許多荒地得到開墾，還是有利於農業生產的恢復和發展的。

二、農業之發展

　　元代建國之初，北方的農業生產遭到戰爭的嚴重破壞，加以對土地制度的處理失當，出現了田園荒蕪和生產力下降的現象。江南地區受戰爭破壞較輕，生產恢復較快。元政府為了鞏固政權，充實賦稅，採取下列一些措施，對農業生產力的恢復和發展起了積極作用。

　　元時黃河氾濫不已，次數既多，範圍又廣，對於農業生產危害很大。為此元政府進行了多次的治理，沿河農業生產獲得保障。運河的主要作用，在於漕運。元都處於北方燕京，有許多物資仰給於江南。於是至元二十六年（1289 年）疏鑿會通河（即今山東的東平到臨清一段），到至元二十九年（1292 年）又開鑿從北京到通州的通惠河。開工時，世祖令丞相以下的官吏，都前往現場「親操畚鍤為之倡」。於是從北京到杭州三千多里水路，完全接通，這對溝通南北經濟起了積極的作用。元代的農田水利，基本上在於修復舊有渠道和陂塘，民間多有自動修建溪堰水蕩等，大的可灌田數百頃，小的可灌田數十畝。如治理澱山湖，以興三吳水利，修涇渠以溉關中之田。又如在懷孟路開浚廣濟渠，在廣陵復引雷陂，在廬江重修芍陂，在浙西修築捍海塘，抗禦江潮。所有這些工程都取得一定的成績，有助於農業生產的發展。

　　當時已懂得要根據土壤氣脈、肥沃程度施肥，認為施肥多少須視土壤的性質而有所不同，當時農民稱施肥為「糞藥」。施肥的目的，在於變薄土為良田，化磽土為肥土，從而獲得較高的收成。元時所用的肥料，種類相當的多，一般較普遍使用的有：大糞、草糞、火糞、泥糞、動物雜肥等。此外，還在冷水田裡施用適量的石灰，促使土質變暖而有助於發苗。元時農民由於意識到施肥對於農業生產的重要性，積肥的積極性很高。那些腐臭的垃圾，農民認為它是衣食之源，所謂「惜糞如惜金」，

並有句話「糞田勝於買田」。

　　當時農作物的害蟲主要是蝗蟲，如不及時捕殺，就會釀成大害。因此官府和人民都十分重視注意防治工作，並初步掌握了蝗災發生的規律。農業生產季節性很強，農時一過，即不容易補救，這一點元王朝的統治者是非常重視的。早在中統三年（1262 年）就要求「管民官，勸誘百姓，開墾田土，種植桑棗，不得擅興不急之役，妨奪農時」。至元二十八年（1291 年）三月下令，農忙季節要保證農業有足夠的勞動力，後來又規定：「公吏人等，非必須差遣者，不得輒令下鄉」，以避免妨礙農事。如遇災害，要「隨時改種，勿失其時」。所以有元一代，在保證農時上是非常重視的，這對促進農業生產上起了很大的作用。

　　元王朝統治期間不到百年，對於農業生產相當重視，尤其在建國初期所採取的一些政策，顯然有助於農業生產的發展。

　　㈠設官勸農：元世祖於中統元年（1260 年）命令各路宣撫司選擇通曉農事者為勸農官。中統二年（1261 年）設立勸農司，至元七年（1270 年）設立司農司，司農司專管農桑水利，派遣勸農官巡視都邑，察舉勤惰。至元二十五年（1288 年）又於江南設立大司農司及營田司，至元二十九年（1292 年）將勸農司併入各道肅政廉訪司，兼察農事。同年八月命令提調農桑官帳冊，如有差錯，根據數目大小，處罰薪俸。故世祖一代家給人足，戶口增加。

　　㈡立社興農：元代初年，北方農民成立一種勞動組合，叫做「鋤社」，是為了及時中耕除草而成立起來的。這種鋤社，好像勞動互助組一樣，在保證農事上有一定的作用。到了至元二十三年（1286 年）元政府頒佈村社的社規十五條，令各路依例施行。元政府利用這種村社制度，監視農民，並向農民宣傳要服從蒙古人的統治，成為統治農民的農村基層組織，但它在促進農業生產方面也起了一些作用。

㈢推廣農業知識：世祖為了恢復和發展農業生產，除選派勸農官巡視各地督課農桑事業外，並命司農司組織一些農學家，參閱古今各種農書，研究和總結十三世紀以前的農作經驗，於至元十年（1273年）編成《農桑輯要》一書，並於至元二十三年（1286年）向所屬州縣頒佈實施。這部書主要介紹中國北方的農業生產技術，對南方發展起來的新作物，也加以敘述。所以這部書是密切結合當時的農業生產實際的，曾在元代多次刊印，在農業生產上起了指導的作用。

元代的救荒（賑恤）政策，基本上有下列三方面。

㈠蠲免：即免除人民所負擔的差役和賦稅。蠲免又有恩免和災免兩種。恩免是由政府下令免除農民負擔的差役和賦稅，如世祖至元元年（1264年）對逃戶復業者，免差役賦稅三年；至大二年（1309年）因上皇帝尊號，免腹裏（山東、山西、河北）江淮的差役賦稅。災免是遇有災禍時免除農民負擔的差役和賦稅，如世祖中統四年（1263年）以秋旱霜災，減大名等路稅糧；天曆元年（1328年）鹽官州海潮為害，免除秋糧夏稅。

㈡賑貸：即以米粟賑貸或平價出糶，賑貸又有鰥寡孤獨賑貸、水旱疫癘賑貸和京師賑糶三種。1.鰥寡孤獨賑貸：元世祖和成宗時，對鰥寡孤獨以及廢疾不能自活的人，給以糧食、衣服、房舍、柴薪、現鈔等，對死者給以棺木錢。至元八年（1271年）各路設濟眾院，至元十九年（1282年）各路設養濟院，收容他們。2.水旱疫癘賑貸：凡遇水旱疫癘而出現饑民，一方面由政府以糧食、錢鈔、布帛賑貸，另一方面亦勸率富戶出糧賑貸，考其出米的多寡而授以官銜。有時也令饑民就食其他較豐裕之地，如中統二年（1261年）令貧民就食河南、平陽、太原。3.京師賑糶：至元二十二年（1285年）在京城、南城設舖各三處，派官吏發海運糧食，減價賑糶。成宗元貞元年（1295年）設舖三十處，次年減為

十處，至大元年（1308 年）又增至十五處。每處年糶米多則四、五十萬石，少亦二十餘萬石。另外還有一種「紅貼糧」，就是查核兩京貧民戶口，設置簿貼，各書其姓名人數，逐月對貼給糧，成人三斗，小孩一斗半，價格比賑糶減低三分之一，每年也需撥米二十萬五千石。這樣做可以避免那些豪強嗜利之徒套取賑貸糧，使真正貧民能得到實惠。

㈢倉儲制度：也是備穀救荒的一條途徑，元時的倉儲制度，基本上仿效前代的辦法，於至元六年（1269 年）「立義倉於鄉社，又置常平於路府，使饑不損民，豐不傷農，粟值不低昂，而民無菜色」。

1.義倉：每社立一倉，名曰義倉，由社長主持，查實各戶人數，豐年每丁納粟五斗，驅丁（奴婢）納粟二升，沒有粟、米的，可納雜糧，荒歉年歲，給予農民。但此種義倉，行之不善，弊端叢生：一為掌倉之弊，即管理倉庫人員，公納賄賂，侵削小民，而官府又容其奸偽，小民更無可奈何。二為點檢之弊，司吏官員帶領僕從，各為檢點義倉糧食，實則藉此苛求勒索，強糶義倉積穀，以飽私囊。三為出貸之弊，管理倉庫人員，平時已先侵用積儲之穀，出貸時又摻雜糠秕砂土，以充好穀；豐年有米時，令民戶承貸，凶歲又說已貸出無餘，肥己而不濟人。四為回收之弊，收貸時，管倉的人三五成群，繞遍鄉村，催索米穀，按定額加倍收儲，而官吏又因緣為奸，從中侵奪，到了荒年，民不沾惠。後來因各倉多已空乏，所謂義倉，名存而實亡。仁宗皇慶二年（1313 年）、延祐四年（1317 年）及泰定帝泰定二年（1325 年）雖幾次下令設立義倉，但奉行不力，等於具文。

2.常平倉：其辦法在豐年米賤時，由官府增價收糶，荒年米貴時，由官府減價出糶。至元八年（1271 年）撥和糶糧及各路積儲的糧食，貯於常平倉。至元二十三年（1286 年）定鐵法，又以鐵稅充糶糧的本錢。武宗至大二年（1309 年）令各路府州縣，設立常平倉，以權衡物價；於

豐收時收糴米穀，至青黃不接時，以比時價較低的價格出糶，使米穀價格不至於暴跌暴漲。元代常平倉的設立，大抵在河北、山西、陝西、河南、山東、皖北各地，大江南北並不多見。即在北方，也由於連年遭荒，收貸米穀不易，加以辦理無方，遂無形停頓。元代的救荒政策，除上面所述的蠲免、賑貸、倉儲等制度外，還有禁糶出洋的規定。元代與外洋交通漸繁，海岸地方有將米輸往外洋而影響民食的情況，政府遂下令禁止，據元時刑法規定，金銀銅鐵、絲錦綾羅、米糧軍器等，不准私販下海，違者，舶商船主綱首事頭火長各杖一百，船物沒官，有首告者，以沒官物一半充賞。

三、工商業之發展

元代手工業遠不如兩宋，有顯著後退現象。其特點是元代手工業高度集中，官府手工業占絕對支配地位；其次是手工業工匠不能自由經營自己的行業，必須為官營手工業工作，人身不得自由，有嚴重的匠戶匠籍等法律束縛。在這樣前提下，手工業生產技術得不到發展，生產力受到限制。蒙古自成吉思汗起，對手工業十分重視，採取保護政策。蒙古在侵金侵宋過程中，兵馬所到之處幾乎全部囊括了所有的工匠，集中在官府工場中，從事各種手工業勞動。元代官府手工業，從兵器生產到日常用器生產，無所不有。據《元史‧百官志》載，管理手工業的官府，分屬於朝廷和皇帝、皇后、太子及各貴族府第，分佈於京內外及各重要都城，設局管理。有出鑞局（金屬冶煉鑄造）、鐵瀉局（鑄銅錢）、永利局（印寶鈔）、鑌鐵局（打鐵、鍍鐵）、金銀局（製造金銀器皿）、杭州織染局、建康織染局、……等等，名目繁多。又有諸色人匠總管府，諸司局人匠總管府，領兩都金銀器皿及符牌等十四局。諸王貴族、各官府機關也有所屬匠戶經營手工業。自皇帝以至各級貴族及官吏，幾乎所有需

要，都從官府手工業中製造供應，不從市場購買，所以元代的市場商品
經濟極不發達。

《馬可波羅遊記》曾記有中國元代東南城市發達和手工業商業狀況，
較當時歐洲為發達。《馬可波羅遊記》中所記述中國狀況，均是元代初期
忽必烈時代的事情，他所說中國南方城市工商業發達狀況，都是南宋時
期留下來的社會生產力的發展面貌。

元代商業在中國歷史上有其特點，一則是從游牧經濟物物交換的落
後狀態，一躍而使全國普遍使用紙幣，一切交易皆以紙幣為支付手段。
二則受西域人和漢人傳統影響，各種經濟型態同時並存，既有奴隸買賣，
又經營高利貸，更利用富商大賈參與政治經濟生活，重視國際交通和貿
易，構成元代特殊狀態，和漢、唐、兩宋頗不相同。據《馬可波羅遊記》
所載，當時大都居民殷繁，城內多居王公貴族及各部貴官，附郭多居外
國商客，有邸店貨棧，貨物雲集。大概元代對商業徵稅，除稅多稅重外，
商業經營是自由的。至於手工業則不如商業自由，製造品不多。出口只
有金銀銅鐵和人口，可見工不如商，農業衰落，奴婢和流亡人口增加，
從元代開始，中國有華僑在南洋群島勞動。元代優待和利用國際商人，
對元朝廷十分有利。元代大商人，不論是色目人、西域人，只需納稅，
都受到蒙古政府的保護。而且大商人憑藉遠地商貨和資財，賄賂蒙古貴
族，往往得到經營商業的便利。西域方面，軍事過後，陸路交通恢復，
駱駝商人就往來絡繹不絕。在海路方面，忽必烈於至元十四年（1277
年）首先設立泉州市舶司，又在泉州大量造船，泉州在元代海上貿易較
其他地方為發達。

元代大帝國版圖廣大，依賴交通維持統一。發展交通，對商賈亦極
有利。元時交通有極大貢獻，首為通西域的道路暢通，歐洲人、阿拉伯
人與東亞各族人之接觸，有新進步；驛站郵遞的普遍發達，對軍事、政

治、經濟、文化，及蒙古帝國之立國均有幫助。驛郵傳遞文書，首先供軍用，其次供行政民事之用，傳遞極速。成吉思汗時為了軍事便利，在蒙古本土及新征服地區設立了驛站。至窩闊台時，又建立自蒙古本土經中亞直至俄羅斯（金帳汗國）的驛站組織，名站赤。站赤設有館舍，供膳宿。此種急遞制度，因其效率高，至明清仍相仿用。

　　元代交通不僅在陸路上講究，四通八達。在水路方面，河運及海運亦有新發展。在元以前，貫穿南北的大運河，久廢淤塞，元滅南宋後，全國統一，為把江南糧食北運大都，就需要重整河運，貫穿南北。《新元史‧河渠志》及《新元史‧食貨志》載：元之運河，自通州至京師為通惠河，自通州至直沽為白河，自臨清至直沽為御河，自東昌須城縣至臨清為會通河。自三汊口達會通河為揚州運河，自鎮江至常州呂城堰為鎮江運河，南逾江淮，北至京師，為振古所無。至元二十年（1283年）……置京畿江淮督漕運司，漕江南糧。仍各置分司，催督綱運，以運糧多寡為運官殿最。但是由運河漕運，量少時久，費力甚多。至元十九年（1282年）伯顏奏請海道運糧可行，於是從海道運糧至京師。雖然海濤不利，糧船漂溺者，無歲無之。間亦有船壞而棄其米者，雖有損耗，但是與內河漕運相比，仍是海運有利。海運一船載千石，可當河運三船，河運費雖止陸運十之三，但海運比陸運省費十之七，比河運省費十之五，故雖有損耗，但較河運為便。以後明清兩代，漕運多走海道。在元代，「絲綢之路」也曾暢行無阻。駱駝隊商人，自阿拉伯、波斯、中亞經新疆到中國，又自中國敦煌遠至地中海，往來不絕。

四、賦稅制度

　　元代徵收賦稅，比較混亂，在未進入中原前，沒有賦稅制度，國家一切所需，隨時直接取諸於民。迨太宗立（1229年），略有定制。在耶

律楚材的建議下，設立十路課稅所，每年可得銀五十萬兩、絹八十萬匹、粟四十萬石。這時的稅制，一般對河北漢人以戶計出賦調，對西域人以丁計出賦調，對蒙古人以牲畜計出賦調。幾經演變，逐漸形成戶、丁、地三種課稅對象同時並用的制度。太宗時，每戶課稅二石，後因兵糧不足，增至四石。至丙申年（1236 年）定科徵法：令諸路驗民戶成丁數，以丁計徵，每丁課粟一石，驅丁（即奴婢）五升。這實際上增加了納稅者的負擔，即按丁計徵比按戶計徵，稅額較重，而國家收入也較多。其間如以耕種為業，則按牛具多寡及土地好壞而定徵收方法，丁稅少而地稅多者納地稅，地稅少而丁稅多者納丁稅，即地稅與丁稅參雜徵收。由是可知元代初期未必人人以耕種為業。至世祖至元十七年（1280 年）重定賦稅制度。規定：「全科戶」丁稅每丁納粟三石，驅丁每丁納粟一石，地稅每畝粟三升；「減半科戶」丁稅每丁納粟一石，不納地稅；「新交參戶」所納丁稅，第一年五斗，至第六年升入正式戶，所繳丁稅與全科戶同，也不納地稅；「協濟戶」（貧弱老稚戶）丁稅每丁納粟一石，地稅每畝粟三升。近倉輸粟，遠倉折鈔；富戶輸遠倉，下戶輸近倉。另外，在繳納時還要帶徵「鼠耗」及「分例」（手續費）四升，這些丁稅和地稅在元代統稱為稅糧。世祖平定江南後，至元十九年（1282 年）定「田履畝收稅」；至元二十二年（1285 年）命令每地一頃，輸稅三石，改變丁稅戶稅為畝稅。按畝收稅，仿效宋代舊制，有秋稅、夏稅之別。秋稅只徵粟米，夏稅則徵木棉、布、絹、絲棉等物，也可折合鈔票徵收。在官之田，許民佃種交納租糧，而不科夏稅。

　　元代賦稅除糧稅外，尚有「科差」，也叫「差科」，也叫「差稅」，相當於唐代的「庸」，原是一種代役稅，後來純做一般賦稅徵收。中原地區的科差有三種，即絲科、包銀和俸鈔，都是以戶為課稅徵收。元代的賦稅，制度既紊亂，徵收又繁雜，戶有戶稅，丁有丁稅，田有畝稅，還有

各種科差雜稅。國家財政，任憑貪官污吏盡量搜刮。「元中葉以後，課稅所入，視世祖時增二十餘倍」，也可見賦稅之繁重了。元代稱工商各項課稅為課程，分為商稅、契稅、海關稅、酒醋稅課、鹽課、茶課、礦課、竹木課。

中國大規模由國家發行紙幣即產生於元代，元代太宗時曾少量發行，到世祖中統元年（1260 年）始造交鈔，是年十月，又造中統元寶鈔。元紙鈔以國家權力通令發行，無論民間還是官府收支強制執行。元代紙幣的發行是社會發展的必然趨勢，促進了商品經濟的發展，也促使實物經濟向貨幣經濟轉變。到元代後期，鈔法即遭到破壞。究其原因，如王惲所說：其一，初發紙幣，有金銀、絲作準備金，後失去準備金無法相權。其二，初民間爛鈔可以換新鈔，國家各項收支可以用鈔，紙鈔發行量有限，國家用度節制，鈔只是易貨的工具。而後來紙鈔發行無本無度，國家各項支出無度，造成物價上漲，貨幣貶值。其三，物產未及收穫，即預先定買，惟恐別人先取走，物重鈔輕，國家也利用紙鈔掠奪財貨。其四，民間爛鈔不得換新鈔後，反覆使用，致爛鈔需「搭價然後肯接」，紙鈔貶值在所難免。

雖然元代也曾整頓幣制，但收效甚微，原因在於未從根本上解決紙幣貶值的原因——國家利用紙幣解決財政困難。史載元代從至元十三年（1276 年）起，「置宣慰司於濟寧路，掌印造交鈔，供給江南軍儲」，這也就註定了紙鈔必然貶值的命運。從至元十二年（1275 年）前的十六年所發行的紙鈔（一百七十五萬餘錠）是從至元十三年（1276 年）始的後十六年間（至元二十八年）所發行的紙鈔（一千四百五十二萬餘錠）是前十六年的八倍多，可見濫發紙幣是元代幣制破產的主要原因。

元代皇帝以下設大司農、樞密院、中書省、御史臺、宣政院、通政院。元大司農負責籍田署、供膳司、永平屯田總管府。主要財政機構隸

屬中書省之下，由左右司掌管。左司掌禮部、戶部、吏部；右司掌兵部、刑部、工部。六部都負責一部分財政職責，其中以戶部作為國家主管財政的機構，職「掌天下戶口、錢糧、土地之政令。凡貢賦出納之經，金帛轉運之法，府庫委積之實，物價賤貴之直，斂散准駮之宜，悉以任之」。其屬官包括：都提舉萬億寶源庫，都提舉萬億廣源庫，都提舉萬億綺源庫，都提舉萬億賦源庫，四庫照磨兼架閣庫，提舉富寧庫，諸路寶鈔都提舉司，寶鈔總庫，印鈔寶鈔庫，燒鈔東西二庫，行用六庫，大都宣課提舉司（掌馬市、豬羊市、牛驢市、果木市、魚蟹市、煤木所）。大都酒課提舉司，抄紙坊，印造鹽茶等引局，京畿都漕運使司（掌新運糧提舉司、京師倉、通惠河運糧千戶所），都漕運使司（掌河西務十四倉、河倉十七倉、直沽戶通倉、滎陽等綱），檀景等處采金鐵冶都提舉司，大都河間等路都轉運鹽使司，山東東路轉運鹽使司，河東陝西等處轉運鹽鐵使司（掌河東等處解鹽管民提領所、安邑等處解鹽管民提領所）。至於皇室收支，由內宰司、儲政院（掌管太子收支等）、中政院（掌管中宮收支等）、太禧宗禋院（掌管皇家寺院收支等）、宣徽院（掌管帝室收支等）等機構負責，各機構有各自收支，名目異常繁多，互相並不統轄。

　　地方財政管理機構包括兩個方面，其一，上都留守司兼本路都總管府（掌管平盈庫，萬盈庫，廣積庫，萬億庫，行用庫，稅課提舉司，餼廩司）和大都路都總管府（掌左右巡二院）直接隸屬皇帝。其二，行樞密院，行中書省，行御史臺又隸屬中央各機構。行中書省不僅掌管兩浙都轉運鹽使司、兩淮都轉運鹽使司、福建等處都轉運鹽使司、廣東鹽課提舉司、四川茶鹽轉運司、廣海鹽課提舉司、市舶提舉司（隸廣東）、海道運糧萬戶府，還統轄諸路總管府（掌管稅務、府倉、平準行用庫等）。因此說，元朝的財政管理機構，大體上分中央和地方兩級，但有些機構並不是從上到下有隸屬關係，有些並列，有些甚至互有牽制。但地方行政機

構一般都負有財政職責，督徵稅賦是對行政官員政績考察的一個方面。

　　對財政的有效管理，一方面著重制度機構的建立和健全，更重要的是對財政官員的管理，使之盡忠職守，為國理財。元代有一整套對官吏的獎懲管理制度。如對一般守令，在至元九年（1272年）凡戶口增，田野闢，詞訟簡，盜賊息，賦役均五事俱備者為「上選，升一等。四事備者，添一資。三事有成者為中選，依常例遷轉。四事不備者，減一資。五事俱不舉者，黜降一等」，這是對一般行政官員的獎懲，所列項目包括「賦役備」。凡稅務官員升轉，「至元二十九年，省判所辦諸課增虧分數，升降人員。增六分升二等，增三分升一等。其增不及數，比全無增者，到選量與從優。虧兌一分，降一等」，可見除一般升遷外，業績如何亦是重要因素。對成績不好的給予降級，對枉法者則給予懲處；對於官吏勾結權勢，欺壓百姓者也要懲處；如果貪贓枉法，就更要懲處，這種獎懲制度對廉潔官吏團隊有一定的作用。元代規定由御史臺負責監察百官，其中包括對財政官員及事務的監督。如：諸官司刑名違錯，賦役不均擅自科差及造作不如法者；官為和買諸物如不依時價，冒支官錢，或其中克減，給散不實者；諸院務監當辦到課程，除正額外，若有增餘，不盡實到官者；阻壞鈔法澀滯者；戶口流散，籍帳隱沒，農桑不勤，倉廩減耗為私等等，都要受御史監察、糾察，並報中央處分。

　　元代要求各級進行會計記帳，年初有定額，年終必須進行決算。無論諸路、行省，還是諸王、漕運或皇室，只要有錢糧收支，必須設帳簿。各行省歲支錢糧，由正官按季核查，年終匯總，上報行省，按程序進行考核，由御史臺審核。皇室的收支亦進行預決算，但由宣徽院進行匯總，由廉訪司進行考核。元代國庫有萬億四庫：名寶源、賦源、綺源、廣源。寶源庫貯藏寶鈔、玉器；廣源庫貯藏香料、紙札諸物；綺源庫貯藏諸色緞匹；賦源庫貯藏絲綿、布帛等。到至元二十七年（1290年）又增設富

寧庫，將原寶源庫的金銀由其貯藏。元在發行紙幣後，國庫又增加了印造紙幣的府庫。如寶鈔總庫，印鈔寶鈔庫，燒鈔東西二庫，行用六庫：即光熙、文明、順承、健德、和義、崇仁。皇室庫藏，分三庫：御用寶玉、遠方珍異隸內藏；金銀、只孫衣段隸右藏；常課衣段、綺羅、縑布隸左藏。元代國庫管理制度較完善，而地方府庫就難於管理，尤其是貯糧倉，由於管理不當而致腐爛浪費的現象極為普遍。

第四節　明清經濟之發展

　　明自朱元璋洪武元年（1368 年）建國起至崇禎十七年（1644 年）滅亡止，凡二百七十六年。就政治經濟發展情勢說，可大體分為三個階段或三個時期。前期自洪武元年（1368 年）起至宣宗宣德十年（1435 年）止，為明代社會經濟尤其是農業生產恢復和高度發展時期；中期自英宗正統元年（1436 年）起至孝宗弘治十八年（1505 年）止的六十九年間，是明代由上升走向下坡的時期，地主與農民、手工業工人、市民間的衝突對立不斷擴大，農業生產在日漸衰退中；後期自武宗正德元年（1506 年）起至思宗崇禎末為止，為明代統治江河日下的時期，黨爭激烈，邊境衝突有增無已，賦役苛斂日甚一日，農業生產以及整個社會經濟陷於日益衰頹敗落境地，終於導致明代的滅亡。西元 1644 年李自成所領導的農民起義軍攻克北京，推翻了明王朝。這時長期已成為明代邊患的清兵大舉入關，李自成迎戰失利，退出北京，後被殺，清順治帝從瀋陽遷來北京，定為首都。

一、土地制度

　　由於元末連年戰爭，於是形成了經濟凋敝、人口銳減的景象，所以

明初全國耕地很多。各省的耕地大量拋荒，而尤以河南、河北、山東、陝西、山西等省為最多。明初，統治者只是注意清查田畝、核定賦稅和鼓勵人民墾荒。而這些方面，又都是從發展經濟、增加稅收、鞏固明政府統治出發的。明代的土地制度與問題仍然是和前代一樣，土地分為官田與民田兩種，即國有土地與民有土地兩者並存，而以私人所有土地占重要地位。土地問題也仍然是私人大土地所有制的集中與兼併。官田即國有土地，種類繁多，數量頗大。官田的來源，大都承襲元所有的官田，元皇室、王公貴族、臣僚等沒入田地，元末喪亂二十年間造成的大量無主荒地收為國有，其他如山林、川澤、草原、荒野則一向為官府所有，此外如罪人沒入地，絕戶地以及其他無主地等自都歸於官田範圍。

至於官田的利用，則有：㈠賞賜給王公貴族、勳戚功臣等的賜田，此項賜田一經賞賜給私人，即成為私人所有的民田；㈡分配給百官的職田與邊臣養廉田，為補給官員俸祿之用，此種田地官員不能私有，仍屬官田性質；㈢屯田，明也和歷代一樣實行軍民屯田，並另外實行商屯；㈣皇室和官府直接經營的官田，即皇莊、官莊；㈤用來飼牧軍馬官馬的牧地、草場、牧場，以及園林、池沼、圍場、苑囿、陵地等；㈥學田及其他。明代的官田數量相當大，有些地區官田竟大大超過民田。全國南北一些膏腴的良田，皆被占為官田，這種情況，始自洪武初年，其後經一百三十多年仍無變化。自然，終明之世官田也不會減少的，官府不斷沒入犯人田地，並且還可以變相掠奪或購買。

至於民田和歷代私有土地相同，得依占有情況區分為：

㈠地主土地所有制：即大中小地主所有的土地，即王公貴族、勳戚達官顯宦、地主豪強、富商大賈、寺觀僧道等等占有大量的肥沃良田。地主取得土地的途徑，不外是官府賞賜或乞請而准給的土地；倚仗政治權勢採取非法手段的巧取豪奪；中小農民為避免賦役投靠勢家大族所獻

給的田產；奸人為獲賞而妄投獻的他人田產；以及利用擁有的金錢從事購買等等。儘管這樣，一般取得土地的正常手段還是購買。土地是一切有錢人追逐致富的首要目標，但土地數量有限，不能任意增加，土地求過於供，導致地價高漲。土地輾轉買賣，有時還很難買到。土地買賣的盛行不僅限於民間，即官府有時亦參與土地交易，只是明官府從事土地交易不會像民間那樣頻繁罷了。

㈡農民土地所有制：即自耕、半自耕農民所擁有的小塊土地，亦即直接生產者所有的小額土地。這塊小土地多半是前代沿襲下來的祖產，或者是農民自己墾荒占有的。從全國範圍看他們是人數眾多，所擁有的土地也相當可觀，在古代社會經濟結構中處於舉足輕重的地位。明自建國後，重視扶持小土地所有者自耕農，常徙狹鄉無地農民於寬鄉，分給他們一定土地，使之安居樂業。太祖、成祖時多實行此種移民給田政策。當然，這種小土地所有者經濟地位是很不穩固的，他們時常為賦役、債務、地租等繳納以及天災的侵襲而破產，出賣土地，失去生活依據。再加上勢家大族豪強等乘機巧取豪奪，致使廣大的良田沃土日益兼併集中在大地主的手中，失掉土地的無地農民也就越來越多，造成嚴重的土地分配不均問題。總之，明代土地分配極為不均，大土地所有者兼併和集中土地十分厲害。明統治二百數十年間，士族權門很多，他們大都是上則貪緣朝廷權門，互相結托，下則稱霸地方，橫行鄉里，這些人與富商巨賈以及寺觀僧道勾結串通，都是大土地的兼併與集中者，廣大失掉土地的農民多半淪為他們的佃戶。

明代初年，為了迅速恢復和發展農業生產，安定社會，在開國不久便開始整頓地政，通過編制賦役黃冊和魚鱗冊，對全國的戶口和土地進行嚴格的控制和管理。

㈠賦役黃冊：在明代，戶分三等，「曰民、曰軍、曰匠。民有儒，有

醫，有陰陽。軍有校衛、有力士，弓、鋪兵；匠有廚役、裁縫、馬船之類。瀕海有鹽灶；寺有僧，觀有道士，畢以其業著籍。人戶以籍為斷，禁數姓合戶附籍。漏口、脫戶許自實」。軍戶歸兵部管理，世代相襲，不充徭役；匠戶由工部管轄，輪流調充皇家工匠，不服一般徭役；而民戶則是負擔國家賦役的基本單位。民以十六歲為中，二十一歲為丁，六十歲為老。凡十六歲以上，六十歲以下均須輪充差役，六十歲以上免役。不及中男的不服役。為了掌握和控制這些民戶，洪武三年（1370 年）十一月，詔令戶部制定戶籍、戶貼，對全國的戶口登記和核實。洪武十四年（1381 年），命天下郡縣編製賦役黃冊。這是明代為徵派賦役而編造的戶口登記簿冊，用來登記每戶居民的丁口和土地產業情況，是國家徵派賦役的依據。

　　黃冊的編製，以戶口為主，詳具舊管、新收、開除、實在，為四柱清冊。以一百一十戶為里，作為一個基層行政單位。一里之中，推丁糧多者十戶為里長，管理有關事務。餘百戶為十甲，每甲十戶。一里之中有鰥寡孤獨不能服役的，排在一百一十戶之後，稱為「畸零戶」。每里編為一冊，每隔十年，地方官按各戶丁糧增減情況重新排定服役次序，重新編造一次。黃冊一式四份，一份報送戶部，其餘三份送布政司、府、縣各一份。因上報戶部的戶口簿冊，按例以黃紙做面，所以稱為黃冊。除民戶外，軍戶有軍戶圖籍，匠戶有匠戶圖籍，管理都是十分嚴格的。明代編造黃冊，把過去蒙古貴族統治下的驅口和工奴釋放出來，成為農民，同時使農民附著土地，有利於增加政府的財政收入。

　　㈡魚鱗冊：與黃冊相適應，必須確定土地的數量和品質，以掌握納稅的基礎，防止和減少逃稅、漏稅及土地紛爭的現象。明王朝建立不久，即開始整頓田賦，首先就是對土地的登記。洪武二十年（1387 年），下令丈量全國土地，核定天下土田。朱元璋命國子生武淳等，「分行州縣，

隨糧定區，區設糧長，量度田畝方圓，次以字號，悉以主名，及田之丈尺，編類為冊，狀如魚鱗，號曰魚鱗圖冊」。魚鱗圖冊是中國古代社會中比較完整的土地記錄，也是古代國家為徵派賦稅和保護土地所有制而編造的土地登記簿冊。

　　魚鱗圖冊與黃冊不同，黃冊以戶為主，詳列原有人數，新增加人數，死亡減少數，以及年終實有人數的人口變動情況。魚鱗圖冊以田土為主，田地地勢的高低、乾溼、肥瘠；土質是黏性、沙性、山地、平地等都詳細登載於上。黃冊以人為經，以田地為緯，田歸業主，有田必有丁，有丁必有田。所以，一切屬於戶口的新舊變遷、分居析灶等情況，都記載在冊，是國家徵收賦、役的基礎；魚鱗圖冊以地域為經，居民為緯，業主歸其本區，區內田土形狀、面積、方位、戶主，按鄰界造成圖冊。這樣，土地方面的爭訟就減少了。黃冊是清查戶口的結果，魚鱗圖冊是丈量土地的結果。有了戶籍與地籍，隱匿的人口與土地，自然會被揭露出來，國家財源和丁役，自然不會無故減少，力役也就不能逃避了，它有利於中央集權國家的鞏固。

　　清代的土地仍可分為官田和民田兩大類，談到清代的土地問題，清初的「圈地」和「更名田」是一大特色。清統治者入關以後，為了搶占土地，於順治元年（1644 年）頒佈了一項圈占土地的命令。從順治元年開始，清統治者在順治元年至二年、順治四年（1647 年）和康熙八年（1669 年），進行了三次大規模的圈地，共達十七萬頃，約占當時全國耕地五百餘萬頃的三十分之一。所圈地區，以近京四百里或五百里以內為主，也波及全國，但以北京附近的順天、保定、永平、河間四府最為突出。圈地斷斷續續進行了約四十年，大致一直到康熙二十四年（1685 年）在廣大漢族人民的強烈反抗下才停止。所圈占的土地歸皇室、諸王、官員、八旗兵丁所有，統稱「官莊」。皇室首先占取了一大部分最肥沃的

土地，稱「皇莊」；王公貴族分得的土地稱「王莊」；官員分得圍地和壯丁地，兵丁則只分得少量的壯丁地。滿洲貴族和官兵所占的土地，都不自己耕作，他們再役使漢人耕種，收取地租。

　　清代一部分民田的形式，與所謂「更名田」有一定關係。清代初年，在直隸、山西、河南、陝西、甘肅、湖廣等地的明代王公勳戚莊田，其中除直隸的一部分被清政府圈占外，其餘的或已荒廢，或仍由原來的農民耕種。清政府下令把這些土地稱為「更名田」，屬耕種的農民所有，據統計，這種土地的總數不下二十多萬頃。但事實上這些所謂的「更名田」固然有一部分成了自耕農的土地，同時也有不少由原來的莊頭所霸占，在田上耕作的農民仍然繼續充當佃農，並沒有真正得到土地。不過，這一規定總的來說有助於荒廢土地的開闢，在一定程度上有利於農業生產的恢復和發展。

　　明清時代地主經濟形式有一些新的變化，主要是土地永佃權的出現和僱傭關係的發展。在歷代王朝地主階級占有了大量土地以後，都是把土地出佃給少地或無地的農民，收取高額地租。明清時期在租佃關係上有一個新的情況，即永佃權已比較常見。永佃權在宋代已經出現，這一時期又有所發展。實行永佃權的農民只具有對土地的長期耕作權，並不具有對土地的所有權，所有權仍是屬於地主的。在永佃制出現以後，有的農民為了避免隨時撤佃之苦，也可以出錢購得使用權。還有的自耕農，在官府賦役壓迫下，迫於生活不得不出賣僅有的一點土地，但為了爭取租種土地的權利，只出賣了所有權，耕作權則保留了下來。永佃權的產生，土地使用權和所有權的分離，有助於改善佃農的經濟生活。佃農有了永佃權，對生活較有保障，他們改良土壤，提高土地肥沃程度的利益，可以歸自己所有。不能把佃農的永佃權，和地主強迫束縛農民於土地上進行勞動的情形等同看待。

　　明清的地租額和歷代差不多，一般也是占生產量的 50% 左右。不過這只是正租，農民還常被迫付押租、預租、附加地租和承受種種超經濟壓榨。地主還常用大斗進小斗出的辦法來加重壓榨，明崇禎年間江西建昌地主專置大斗收租，小斗賣米。此外，佃農要不同程度地為地主服各種勞役，如挑水、抬轎、修屋、送糧、曬倉等。假如把這些負擔都加在一起，那麼地租率就絕不止 50% 了。

二、農業發展

　　水利是農業的命脈，明代初期頗注意農田水利的興修。早在元至正十八年（1358 年）朱元璋就派水利元帥康茂才為占領區的都水營田使，專管水利，修築堤防。在明代，人民進行了大規模的農田水利建設，據洪武二十八年（1395 年）統計，全國共開塘堰四萬零九百八十七處，疏浚河流四千一百六十二處，修建陂渠堤岸五千餘處。神宗時，首推張居正曾經任用治河專家潘季馴治理黃河和淮河。當時黃、淮經常決口，破壞漕運，淹沒農田。潘季馴採取了「塞決口以挽正河」，「築堤防以杜潰決」，「復閘壩以防外河」，「創滾水壩以固堤岸」，「止浚海工程以省靡費」，「寢開老黃河之議以仍利涉」六項措施，改變了兩河經常氾濫、漕運不通的情形，使數十年來的棄地變為耕田。由於鼓勵農民墾荒、廣泛興屯和興修農田水利，所以耕地面積不斷擴大。不過雖然全國耕地面積不斷擴大，人口數從統計上看，不但沒有增加，反而有所減少，但這多半不是人口的真正減少，而是與隱匿有關。

　　明、清之農具，大體為繼承前人遺產，間或有自己的創造。《農政全書》引王禎《農書》所列〈農器圖譜〉，舉凡從墾荒、耕耙、播種、中耕、除草、施肥到收穫之整個生產過程所需農具，已構成一個完備的體系，此直到清前期亦少有改變，水具亦多如此。因此在明代，犁、鋤、

耰、鐮、水車等主要農具已很齊備。生產技術無論在耕耘、選種、灌溉、施肥等各方面都積累了豐富的經驗。這時的耕作方法已經推廣了稻、麥參種、麥田條播和一套精耕細作的種植法，這就是「土欲細，溝欲深，耙欲輕」。耕作方法的改進，既使同一數量的土地得到了充分利用，又使單位面積的產量有可能提高。

這時的農業生產很講究肥料的功效，明代已經總結出了人糞與牛糞、豬糞、羊糞等廄肥的功效孰優孰劣的看法。「種田地肥壅最為要緊，人糞力旺，牛糞力長，不可偏廢。租窖乃根本之事，但近來糞價貴，人工貴；載取費力，偷竊弊多，不能全靠租窖，則養豬羊尤為簡便。古人云：『租田不養豬，秀才不讀書』。必無成功，則養豬羊乃作家第一著」，文字的總結是實踐的結果。關於人糞和廄肥的比較，以及對種田和養豬羊之間關係的認識，都是農民種田實際經驗的反映，也說明了當時已經普遍使用廄肥的事實。在明代水稻的產量一般是畝產二至三石，個別地區可達五、六石，明代的單產已比前代提高了。由於耕地面積擴大和單產提高，糧食的總產量也不斷增加，府縣倉廩蓄積甚豐，這麼多的倉儲糧食，自然是在農業生產發展的基礎上從農民處徵收來的。

清初生產凋弊，土地荒蕪。當時，清統治者從其利益出發，也推行令民墾荒的政策。順治初年（1644年），令山西新墾田免租稅一歲；允巡撫羅繡錦言俾兵課墾河南北荒地；二年（1645年），順天行計兵授田法，每守兵予可耕田十畝，牛具、種籽官資之。又直隸、山東、江北、山西，凡駐滿兵，給無主地令種。除此之外，秦、豫、廬、鳳等地先後著令准墾。內地以外的一些邊疆，如新疆、青海、海南島、臺灣等省都實行了鼓勵開荒的政策，邊疆地區得到了進一步開發，墾地面積也有了擴大。清初，在水利興修方面也取得了一定的成績，這些水利工程較多是在康熙朝進行的。明末清初，黃河下游堵塞，多處決口，黃、淮合流，

兩岸農田受到嚴重災害，運河交通也受阻塞。康熙時大力修治黃河，採用疏導和築堤的辦法，組織廣大民工用了十年的時間，終將黃、淮故道逐漸修復，使這一地帶的農業生產減少了水患的威脅。康熙時，廣大的人民還完成了對永定河的修浚工作。永定河原名渾河，在北京附近，含沙量多，極易氾濫。康熙五十二年（1713 年）對它進行修浚，主要工程是開掘了一道二百餘里長的新河道，使舊河兩岸的「斥鹵」變為膏腴良田。另外，雍正時修築江浙海塘也是保護農田的一項重大水利工程。其他各地，人民也都興修了不少水利事業。

入清以後，隨著社會經濟的恢復和發展，耕地面積也逐漸擴大，清初的耕地面積比明末降低很多。從清初到鴉片戰爭前的這兩百年間，耕地增加了約一倍，而人口卻增加了七、八倍，人口的增長速度遠高於耕地的增長速度。清初以來，雖耕地面積有所擴大，但若以每人平均畝數計算，則不但沒有增加，相反地還在不斷減少之中。江南土地肥沃，中原地區的畝產當較此為低，大致在江南、湖廣、四川的好田，產量一般可達二、三石。但也有產量更高的，如湖廣的黃梅、荊州，江浙、福建的某些地區，上田可畝收五、六石至六、七石，湖廣從明末以來就有「湖廣熟，天下足」之諺。宋元以後農業南方超過北方，大抵明清以降，北方破落的景象逐漸得到改變，使南北方農業生產的發展有趨於平衡的傾向。明清時南方農業雖仍占優勢，卻遠不如宋元時顯著，改變了元以前北方糧產量不如南方的歷史形勢。准此，明清的糧食產量超過前代是很顯著的。

明、清時，植棉業取代了蠶桑葉，製糖業興起，植蔗也相併發展。茶在唐代已有專以植茶為生的，明清時植茶業更加發達，大江南北茶的商品化有很大的發展。木棉的種植，始見於宋代的福建、廣東。曹魏時曹丕已提到白疊布，故植木棉的時間可能比文字記載更早，彭乘《墨客

揮犀》載「閩嶺以南多木棉」不能說是濫觴。元代南、北方植木棉已較
普遍。到了明代，當時的南方大片植棉，以松江為最。清乾隆間，河南、
河北、山東之植棉面積已可與江南相匹。絲織業因棉織業之興盛而走向
專業區域發展，因而植桑僅集中在江南少數地區，浙江湖州、四川閬中，
只有此二郡植桑。入清，惟江、浙、皖而已。

植蔗業是伴新興的製糖業而發展的，宋代福建、四川皆產糖，出現
了「治良田，種佳蔗」的蔗農。元代已甘蔗、茗芽並提，謂之「皆為中
國珍用」，蔗同茶一樣，成了商品並加入市場。植蔗，福建始於宋；廣東
則始於明末清初；四川仍保持傳統。臺灣為清代崛起的產糖區，植蔗盛
於中國大陸。因棉、絲、茶、糖等重要手工業的發展，經濟作物也以種
棉、茶、蔗、桑為大宗相應地發展，大盛於前代，出現專以某一經濟作
物為業的地區，如浙江湖州民多以桑為田，安徽六安霍山近縣百里皆種
茶，民惟賴茶以生。由此，產生了前所未有過的經濟作物排擠糧食作物
的現象，如福建泉州農田植蔗，已侵稻田矣，直隸民有易麥田而種棉花
者，由於手工業對原料的需要日增，商品性的農業便起而排擠自然農業，
種植業由單一的糧食種植一改而為多元化種植。

這一時期從國外引進了玉蜀黍和番薯，從而對中國的糧食生產和農
村經濟產生了較大的影響。玉蜀黍是這一時期傳入中國的糧食品種，玉
黍蜀原產地是美洲。十六世紀時玉蜀黍傳入中國，中國史書中最早記述
玉蜀黍的是明代的正德年間修撰的《穎州志》。根據各省地方志的記載，
明代的河北、山東、河南、陝西、甘肅、江蘇、安徽、廣東、廣西、雲
南等省已經種植了玉蜀黍。入清以後，種植玉蜀黍的地區又擴大到今遼
寧、山西、江西、湖南、湖北、四川等省。由於玉蜀黍的引進，使得中
國的許多旱地和山區獲得了充分的使用，而其產量則遠比麥類為高。

比玉蜀黍的引進更為重要的糧食作物是番薯，番薯俗稱地瓜、山芋。

番薯的原產地也是美洲，西班牙人把它傳入菲律賓，明萬曆年間從菲律賓引入中國。明清時期，番薯逐漸在中國福建、雲南、廣東、浙江、江蘇、臺灣、四川、廣西、江西、河北、湖北、山東、河南、湖南、陝西、貴州、山西、安徽等省普遍種植。番薯和玉蜀黍的引進和廣泛種植，使得許多無法種植稻麥的旱地和山地得到了利用，種植糧食的耕地面積有了擴大。而且這兩種糧食作物的單產比稻麥高得多，從而增加了全國的糧食產量。玉蜀黍和番薯的廣泛種植，使得山區居民可以克服糧食的困難，促進了農村副業的發展。煙草的原產地是美洲，明中葉以後開始傳入中國，明末清初種植和吸食才逐漸普遍。最早的種植地區是福建，清初種植煙草面積已占地十之六、七。入清以後，陝南漢中、城固，山東兗州，湖南衡陽等地都有大面積的種植。種植煙草獲利很高，以致在四川郫縣種煙多少幾乎成了居民貧富的標誌，乾隆時陸燿著有《煙譜》，是中國關於煙草最早的專著。在清代農業生產中有一項不可忽視的事實是經濟作物種植面積的擴大，經濟作物種植的擴大，是明清時期商品經濟發展的反映，但同時反過來又促進了商品經濟的進一步活躍。

隨著經濟作物種植排擠糧食作物種植，糧食本身也變成了商品。明以後，糧食買賣的記錄更多，南方仰給外地糧食的有：杭州、福建、越州、徽州、衢州、豫章、吳會、蘇南、浙江、安徽、池州。而北方將糧食外銷的有：河北、河南。非常明顯，南方有些地區之所以需仰給外來糧食，乃為棉、茶、桑、蔗等經濟作物已侵稻田所致；而北方有些地區之所以有糧外銷，是因為糧食本身也變成了商品性作物之故。適應商品性農業排擠自然農業的新形勢，耕作方法與種植方法亦發生了新變化。在種植經濟作物的經驗中，人們早就創造了經濟作物與糧食作物的輪作法，此時，糧食作物的耕作法也在改變，從而擴大了耕地的輪種率。原來，北方種麥行撒播法和點種法，明人創條播法，使耕作集約化。明人

這種稻、麥、棉、蔗的換種法，南、北方均行之，連斥鹵之地也能因之而獲豐收，這與經濟作物需要充分提高土地使用率是緊密聯繫的。因此，農田輪作率的提高不僅體現在稻、麥等主要糧食作物的種植上，而且體現在棉、蔗等主要經濟作物與稻、麥等主要糧食作物之間的換種之上，以此提高農業生產力，獲致不因廣種經濟作物而影響糧食作物的效益。

三、工商業發展

明清兩代一些手工業品的製作技術又有了新的提高。瓷器業，尤其是景德鎮瓷器業的生產技術，在唐宋已經達到的技術基礎上，又有了新的提高。其一是製瓷時不僅有拉坯車，而且使用了旋坯車。其二是施釉的方法有了進步，元代時瓷器施釉採用刷釉方法。入明以後，逐漸採用了吹釉法，使施釉更加均勻光澤。其三是彩色瓷器已經發展，瓷器製作技術的改進，並不只是瓷器製作本身的進步，同時也是其他手工業部門的進步，並互相配合的結果。

絲織技巧也有了新的提高，從漢代發明了提花織機以後，至明代時提花織機的用途已日漸推廣。明末宋應星所著《天工開物》中，記載著花機、腰機、結花等各種技術，衣服上的各色花形，是經過各個機房巧妙地配合而成，分工非常的細密。清初，蘇州手工業絲織提花的技巧更為提高，出產的重要提花品種有妝花紗、妝花緞、妝花絹等，其中有用十多種顏色織製的，色彩繁富。

絲織業以外，其他紡織品的織造技術也有進步。廣東的「女兒葛」就是其中之一，「女兒葛」是廣東增城的少女用一種葛藤的絲織成的。除此以外，還能把苧麻、芭蕉絲、竹絲、木芙蓉皮等紡織成布。棉紡織業技術的發展，尤其表明了這一時期手工業技術的提高。據元人記載，棉紡織業在江浙一帶的興起，是元初的事情。到了明代以後，江浙等地的

棉紡織技術有了很大提高。這時的棉紡織業也進一步普及，並且在普及的基礎上逐漸形成了地區之間的專業性分工。從全國範圍來看，當時的棉織業以松江最為發達，技術最好，而染色、踹布業則以蕪湖、蘇州為最進步。

冶鐵技術也有了明顯的提高，明代以前中國的冶鐵技術已經相當先進，明代以後又有進步。第一，煉製熟鐵時，把煉鐵爐裡流出的鐵水直接流進炒鐵爐炒成熟鐵，節省了鐵水凝成生鐵、再把生鐵熔化成熟鐵的過程。在歐洲，這種冶煉熟鐵的方法，直到十七世紀才開始使用。第二，煉鐵爐連續冶煉，辦法是在鐵水流出後，用泥土堵塞出鐵口，鼓風繼續冶鐵，這就使煉鐵的時間大為縮短。第三，由灌鋼冶煉法發展到蘇鋼冶煉法。後者即古代灌鋼法的繼續和發展，因創始於蘇州而得名。蘇鋼法曾流傳到許多地區，是一種效率較高的煉鋼方法。

明清時期，某些官營手工業的產量雖有增長，但從整體來看，這時的官營手工業則是處於衰落的狀態。衰落的原因首先是由於官府手工業不適合生產力發展的結果。明代的官府手工業，就其統屬而言：一是屬於工部的，專對中央衙門服務的；二是屬於皇宮內的內宮監，基本上是為皇帝和皇室的豪華生活服務的；三是屬於戶部的，以製鹽業為主。前兩個系統中的勞動者，是具有各種專業技術的工匠；後一個系統的勞動者，稱為灶戶或灶丁。

明代官府手工業的機構相當龐大，機構有工部及工部所屬各分支機構，有內府監，二十四個衙門及其所屬各機構，又有屬於戶部、屬於軍事都司衛所的手工業機構。此外，還有屬於地方衙門的手工業機構。從手工業部門來說，土木營造方面的有內府造作、王府造作、儀仗造作、城垣造作、壇場造作、廟宇造作及公廨、倉庫、營房、牢獄、陵墓造作等。軍器軍裝方面範圍甚廣，皆由官府手工業製作供應。織造方面，有

中央機構，有地方機構，屬於中央的有司禮監、內府監、尚衣監、巾帽局、針工局所管各手工業工廠，有專門織造御用及宮內緞匹、錦帛之類的內織造局（兩京之外皆置局，內局以應上供，外局以備公用），集中了很多有高級技藝的住坐匠工。江南地方有南京內織染局、蘇州織染局（明代以內監兼理蘇、杭兩局）。窯製方面，瓷器、陶器、銅鐵冶鑄，全國著名產地皆有分佈。皇帝大婚、祭祀用器皿、宮內日用物品，無不由官府手工業製造供用。明代官府造船工業頗具規模，最大的造船工業設在南京的龍江提舉司所屬造船工廠（以造戰船、巡船、海船為主）、設在淮安的清江提舉司所屬造船工廠（以造漕糧船為主），這兩個機構是明代官船修造主要場所。

明代官府手工業專門領導機關是工部，其下有四個屬部，洪武初稱為總部、屯部、虞部及水部。洪武二十六年（1393 年）改稱營繕清吏司、虞衡清吏司、都水清吏司、屯田清吏司。遇有事務繁重及有臨時重要營建、營造，還另設有專門機構，派專官蒞任監管。明代官府手工業主管機構除六部之一的工部外，還有宮廷內監各機構。內監掌握實權，工部所屬的倉庫及貴重物料，還由內監兼管。內監權力還管到戶部，戶部原掌全國財政、戶籍、錢穀、課程（工商）、賦役等事，分民部、度支、金部、倉部四大機關，管理從全國所收錢穀金帛等儲藏各類倉庫，其中管藏各類物資者有內庫十二庫，各庫的監管、物料出納，全由內府太監主持。各手工業所需物料如金、銀、銅、鐵、水銀、礬、皮張、翎毛、絲帛等，亦由內監直接從戶部支取。

明代官府手工業機構及範圍是龐大的，不僅有以上工部、內監所屬分支機構，還有軍事系統、都司衛所的各種手工業，地方行政系統、布政司所屬府州縣各種手工業，有些是中央在地方的分支機構，如南京、蘇州、杭州織造，各省鑄錢機構，各省金、銀、銅、鐵、水銀等礦冶，

在景德鎮的御窯廠等。總之，整個統治機構，上自皇室、內庭，下至軍事衛所及地方機關的各種物資需要，幾乎全部由官府手工業製造及向民間用賦役方式徵調而來的，並非通過市場以商品買賣方式獲得滿足。

清代手工業，雖經明末清初的破壞，至康熙時已恢復到萬曆時的水準，無論在生產技術、生產規模、商品產量上，均超過明代。在官府手工業與民間手工業商品生產的比例上，且前者已略有縮小，後者逐漸擴大，故商品經濟發展的程度亦較明代為高。即以官府手工業而言，清代不如明代多而繁雜，只剩下幾種主要手工業，如軍需工業、宮殿陵園等建築業、織造工業、鑄錢工廠及一部分官營瓷場等，種類雖縮小，但官府手工業的工藝技術卻比明代大有進步。

清代工部設有營繕、虞衡、都水、屯田四清吏司，前二者屬手工業範疇，後者亦工亦農，半屬農田水利範圍。虞衡雖與山林農礦有關，但主要管理與供應手工業所需的原材料。屯田掌修陵寢大工及王公墳塋，亦與手工業有關。工部有寶源局、戶部有寶泉局，任銅錢鼓鑄。製造庫設有五工：銀工、鍍工、皮工、繡工、甲工，凡皇室所用車輅儀仗、金鑾儀衛器物，皆其所造。都水司除管理水利工程外，還掌管十二月中伐冰納窖，至仲夏供應任務。此外手工業規模較大的如水師造船廠，隨需要而設。官府手工業，因時代的進展，不能不受時代環境的影響，其總趨勢是向商品化道路前進，清廷宮中需要大多放棄自行製備和經營，所需物品，比明代自辦者減少，向市場購買的更多。自辦官府工業，滿足自己需要的部分，即自行經營，用「供給制」辦法滿足需要，如古代領地制或莊園制自給經濟部分已縮小了；依靠市場、通過商品交換的渠道獲得需要的部分則擴大了。

清代民間手工業，依據其商品性程度、生產規模與分工狀況，可分為：一是不脫離農業的家庭手工業生產，二是農業的副業木匠、石匠、

泥水匠、裁縫、鐵匠等等手工業，其中有走鄉穿巷以出賣勞務為主的手工業（製造和修理），三是城鄉專業手工業，四是工廠手工業。這四類手工業，生產的目的略有不同，前面二種「為買而賣」，不脫離農業，進行小商品生產，目的在補助自身或家庭收入，後二者商品性較大，生產目的不僅在生計，主要在利潤，「為賣而買」，產品全部是商品，而且有商人資本和資產者參加，如條件具備，進一步發展便可成為資本主義大生產。

中國傳統的經濟是小農業與家庭手工業相結合的自然經濟，絕大部分消費滿足來自自己家庭的手工業生產，很少向市場購買，商品生產極不發達。家庭手工業一般都是為了滿足自己需要而生產，但是到了清代，商品經濟比明代有進一步發展，家庭手工業商品化程度較高，因此家庭副業不完全是自己生產自己消費的家庭手工業，而是小商品生產，衝破了「男耕女織」自給自足的範圍。在廣大的農村及居民住宅區，還有介乎家庭手工業與城鎮作坊手工業之間的極廣泛手工業，種類甚多，勞動對象多半是居民生活用具的修補、製作、或房屋、農具的修理等，材料由雇主供給，手工業者只提供勞動，收取報酬。

在明清時期的農業和手工業進一步發展的基礎上，商業也很發達，商品貨幣經濟空前活躍。這一時期商業的發達首先是由於農業中商品性生產擴大，農產品越來越多地變為商品，出現了許多專門化的經濟作物地區，為手工業生產提供原料，或者直接供應消費者。明清時期棉花的種植已很普遍，當時普遍種植棉花，顯然並不是為了自給的需要，而是為了供應市場。絲、麻在中國歷代社會的人民生活中，向來占有重要的地位。在清代，有些養蠶專業地區逐漸形成了為調劑桑葉的供需，以通有無的「青桑行」和「葉市」，桑葉完全以商品的姿態出現了。明清時，甘蔗的種植遍及今閩、粵、江、浙、川、贛和臺灣等地區，蔗糖行銷國內外。茶樹在中國種植的歷史較早，茶葉早已作為商品出現於市場。十

八世紀茶葉輸出激增，更加刺激了種植面積的擴大，產茶地區已遍及川、陝、浙、閩、皖、贛以及廣東、直隸等地。染料作物種植也日益擴展，明代藍靛的種植頗廣，其中以福建的產量最多，質量最好，藍靛產於山谷，種植獲利甚大。其他如商業性的種菜業和園藝業以及糧食作物的商品化程度都有增長或提高。

糧食作物除大量供給城市居民食用外，還有不小的部分用於釀酒、榨油和豆製品加工等。明清時釀酒業比起前代有顯著的發展，如明代浙江的會稽，釀酒作場林立，每年消耗的糧食約占全境糧食產量的十分之四，入清以後，釀酒業更加發達，這些產品自然都是為了供應市場而生產的。其次，農村手工業的發達，尤其是一些地區的農民更多地從事手工業以後，也進一步促進了國內商業的活躍。在中國歷史上，農業與手工業相結合乃是古代經濟的特點。明中葉以後，廣大農民雖仍在農暇時製作一些手工業品，但在一些植棉事業比較發達的地區，已有一部分農民比較多地從事於棉紡織業了。其結果是，農民出售棉布換回糧食，商人收購棉布轉運他處銷售。

商品性生產的發展，商品流通範圍擴大，促使一些新的工商業市鎮的興起和發展。佛山鎮、朱仙鎮、景德鎮等都是由工商業發達而興起的重要城鎮。廣東的佛山鎮完全是以手工業冶鐵而興盛起來的。原有的許多城市如北京、南京等地也更趨發達。北京自明中葉以後情況逐漸變化，弘治時的北京已是人口日增，貨物充盈。到了嘉靖以後，北京的城外之民，成倍集中，不得不修建外城，北京的外城成了商業區。整個北京城的居民已不下百萬，一切生活所需，都從商業渠道取得，不能一日無貿易。北京的這些情況，說明了明清時期的國內商業已經發展到了歷史上一個新的階段。

和商業繁榮聯繫在一起的是貨幣也有了變化，明初曾發行紙幣「大

明寶鈔」，禁止民間用金銀交易。不久又加變通，允許錢鈔兼用，以鈔為主。後來政府大量發行紙幣，鈔價大跌。到英宗以後，紙幣實際上已不通行了。明代鑄錢比元時多，但比其他統一王朝少。明時稱本朝錢為制錢，而流通中的制錢只占一小部分。值得指出的是，由於商品流通的需要，白銀的使用比前代更加普遍。但當時使用的白銀並沒有鑄成錢形，形狀多是大大小小的銀錠元寶。此外，還有各種小錠。明時西班牙銀元開始流入中國，在一些地區成了通用的貨幣。

清代的貨幣大體上是銀、錢並行，大數用銀，小數用錢，但銀的地位更見重要。清時外國銀元流入更多，康、乾年間流通的外國銀元除了西班牙銀元外，還有葡萄牙銀元、威尼斯銀元、荷蘭銀元、法國銀元等。鴉片戰爭前後，流通最多的仍為西班牙銀元。銀元的廣泛使用，反映了商品經濟更趨繁榮，需要固定形式的銀幣出現。據說嘉慶年間，民間銀業曾仿造新式銀元，道光年間仿鑄更多，中國正式使用機器鑄造銀幣則是鴉片戰爭以後的事了。清順治八年（1651年）曾發行紙幣，但前後只用了十年，以後直到道光年間未再發行。

明代商品經濟發展狀況，顧炎武《天下郡國利病書‧歙縣風土論》有過概括的說明，雖對民風變化不滿，有嗟嘆之情，但間接反映明代自正德末、嘉靖初以後，徽州商人的活躍，引起貧富分化，致民風大變，是明代商品經濟發展的一個實證。明代商品經濟的發展，不僅有可能出現徽商、晉商等特別著名商人，而且是大量的從其他行業分離獨立出來的專業商人和商人階級，積累了大量的商業資本，如鹽商、茶商、米商、布商等等。明代商品經濟的發展，已把一國範圍內經濟聯成一整體，把南北東西各地經濟都串聯起來，是經濟發展的一大進步。

明代建立之初，為了維護其統治，防止「倭寇」的騷擾，對於私人出海貿易，控制十分嚴格。由政府自身與海外一些國家或地區建立一種

所謂「朝貢貿易」，嚴禁一般商民私自與外國通商往來。為貫徹執行這一
「海禁」，還規定金、銀、銅、鐵、緞匹、兵器等違禁品，赴外的使臣也
不得攜帶這些物品出國，至於私人私自出海而又攜帶這類違禁貨物的，
則要罪上加罪。

　　永樂初年，在國內農業和手工業生產有所發展，商品經濟日益發達，
私人對外貿易的要求日益強烈的情況下，統治者為了擴大它的活動範圍
和發展對外關係，曾放寬對私人海外貿易的限制，先後派出大批使節出
使亞非各地。永樂三年（1405 年）三寶太監鄭和率領強大的海上遠航艦
隊，攜帶大量金錢和各種貨物，從劉家港啟航，經過兩年多的時間才返
國。從這開始，一直到宣德八年（1433 年）的二十九年間，鄭和先後七
次出使「西洋」，歷經南洋、印度洋、阿拉伯海岸和非洲東岸等處，訪問
了三十多個國家。

　　正德、嘉靖年間，國內商品經濟進一步發展，沿海各地的官僚地主、
富商大賈對開放海外貿易的要求也就更加強烈；另一方面，由於歐洲殖
民國家先後進入南洋地區，使南洋各國對中國的「朝貢貿易」不能繼續
保持，明統治者為了增加財政收入，也日益感到有開放「海禁」的必要。
特別是東南沿海一帶的「倭寇」已被戚繼光等所擊敗，消除了使明王朝
採取閉關政策厲行海禁的主要因素，因而在隆慶年間（1567～1572 年）
逐漸開放「海禁」，准許私人進行海外貿易活動，「海禁」一開，使得明
代後期的對外貿易有較多的發展。

　　清初為了鎮壓東南沿海地區漢族人民的反清情緒，實行嚴格的「海
禁」，不許出海貿易。違禁者不論官民，一律處斬，貨物入官。順治十八
年（1661 年）頒佈〈遷海令〉，強迫東南沿海各省的居民分別內遷三十
至五十里，「片板不准下海」。這不僅造成了沿海人民的許多慘劇，也使
得明末開放「海禁」以來發展了的海外貿易關係一度中斷。

　　康熙二十二年（1683 年）清統治者「海禁」放寬，康熙二十四年（1685 年）在廣州、漳州、寧波、雲臺山四處設立海關，作為通商口岸，並規定只准載重五百石以下的小船出海，對於載重較多或能遠航的大船仍在嚴禁之列。康熙五十六年（1717 年）因發現民間造船很多，並懷疑商民盜賣鐵犁等情事，又頒禁令限制通商的國家，除日本以外，餘皆不准前往。直到雍正五年（1727 年）由於國內經濟恢復，迫切需要發展海外貿易，才再度開放南洋的貿易。清初由於政治上的原因，對於民間海外貿易屬行「海禁」政策；對於外國來華貿易，仍沿襲明代的「朝貢貿易」制度加以控制。對於西方國家來華商船的限制就更嚴，只許他們停泊澳門，與澳門商人進行貿易。乾隆二十二年（1757 年）由於外商頻年不斷地掠奪和違法行為，清政府取消了原本在西元 1685 年才允許外商到漳州、寧波、雲臺山三個通商口岸，只許廣州一地繼續通商。直到鴉片戰爭前夕，清代對外通商口岸就只限於廣州一地。

　　清政府放寬「海禁」，准許外商在指定口岸通商後，逐步建立了一套管理外商來華貿易的制度，這些制度主要有「公行制度」和「商館制度」。「公行」制度由來已久，早在明代廢除「市舶司」制度後就逐步形成了。在明代以前，中國的對外貿易設有專門機構，即「市舶司」來管理和經營。後來對外貿易發展了，這種由中國官吏直接與外商交易的「市舶司」制度就不適用了，於是廢止這種制度，改由政府指定幾個商人，設立牙行來進行進出口貿易。這種機構被稱為「牙行」或「洋行」（這與鴉片戰爭後外國商人在中國開設的洋行是不同的）。到十八世紀初，各洋行商人為了避免彼此間的競爭，就聯合組成一種行會性質的「公行」，一切進出口貿易都由公行統一經營，公行統稱十三行（最多時達二十六家，最少時只四家，並非固定十三家），它在清政府對外關係上起著一種特殊的作用。這種作用大致有三個方面：

㈠凡外商來廣州貿易，必須經由參加公行的行商代為買賣，外商不得直接與市場交易，其市價也由行商規定。

㈡外商應繳的出入口船鈔貨稅由行商支付，行商可以從進出口貨物及船隻中徵收稅款若干。

㈢官府的命令和外商的呈文，都需經過行商轉遞，外商是否遵從通商規定，也由行商負責檢查，這實際上包括了商務和外交的雙重任務。

但公行並不就是政府設立的官牙，只不過是政府特許專利的所謂「商館制度」，就是在廣州十三行附近設立「商館」（也稱「夷館」），作為外商在廣州進行交易和居住的集中場所。當時規定外商來華貿易必須住在商館，並受清政府所派官吏的管理與監督。在商館四周還築有圍牆使與外界隔離；此外，並制定了限制外商活動的章程。如禁止外商僱用漢人役使，禁止僱人傳遞信息，禁止外商坐轎，禁止外國婦女進城等。這些規定說明清政府對外商的限制是很嚴格的，對西方商人是加強防範的。

四、賦稅制度

明初的田賦制度沿用唐、宋以來的兩稅法。即田有租、丁有役，稅率十取一，按畝計徵，官為徵收。分夏秋兩次交納，夏納米、麥、錢鈔和絹，納稅時間不得超過八月；秋徵米、錢鈔和絹，納稅時間不超過次年二月。夏、秋兩稅的徵收均以米麥為納稅標準，稱為「本色」，按值折納其他物品，稱為「折色」。隨著國家需要的增加，明代田賦的折徵範圍不斷擴大，最初僅折徵錢鈔和絹，後擴大為折納銀、苧麻、麻布及絲棉等物品。明初規定的田賦稅率，民田稅輕，官田稅重，沒官田更重。明代民田，土地多為官僚地主所有，民田稅輕，實際上對大地主有利。官田稅重，由無地少地、租種官田的農民所負擔，所以明初田賦徵收是不利於農民的。田賦課稅的標準，是按畝計算的，但實際上各地負擔懸殊

很大，如江南的蘇、松、嘉、湖、常地區徵收重稅，其中以蘇州田賦最重；浙西土地肥沃，增其賦，畝加兩倍；鳳陽為朱元璋的故鄉，田賦特輕。這種以個人愛憎好惡來制定稅額的作法，使明代各地人民的田賦負擔極為不均。

明初田賦的課徵，由縣官負責，為防止人民逃稅和官吏額外掠索，還改進了田賦徵收辦法，實行糧長制。在洪武二十年（1387 年）制定魚鱗圖冊後，明代田賦課徵標準就上了軌道。明英宗正統元年（1436 年），開始實行金花銀折徵辦法，即以米麥一石，定為銀二錢五分。折徵金花銀之後，推行於全國永為定制，遂以銀完納田賦。糧長制度，是明代田賦制度中一個重要而突出的制度，是明王朝組織徵解，完納田賦的有效措施。其基本內容是，於洪武四年（1371 年）由朱元璋首先在江浙一帶建立，規定凡每納糧一萬石或數千石的地方劃為一區，每區設糧長一名，由官府指派區內田地最多的大戶充當，糧長的主要任務是主持區內田糧的徵收和解運事宜。後來，糧長的職權又有擴大，如擬訂田賦科則，編制魚鱗冊，申報災荒蠲免成數，檢舉逃避賦役人戶和勸導農民努力耕種，按期納糧當差等。後來，在某些地區糧長往往包攬地方事務，掌握鄉村裁判權。明初，設立糧長徵收田賦，屬於民收民解的一種委託代辦的性質，以後轉變為官收官解，糧長制度被廢止。

明代的徭役是以黃冊為基礎進行課徵的，分為三種形式，即里甲、均徭、雜泛。里甲的職責是催徵賦役，辦理公事，傳達官府命令以及編排各種差徭；均徭是指民戶為官府衙門的經常性差役，因為根據丁力、資產的高低來安排差役的輕重，故謂均徭。均徭的負擔，根據黃冊所載人戶丁糧、資產等，戶等高的役重，戶等低的役輕。實際上，官吏士紳皆有免役特權，故徭役多為中小戶所承擔。雜泛是均徭以外的各種非經常性的雜役，是官府臨時性的徵派，其內容主要有三類：㈠興修水利、

道路需要的民工；㈡中央政府徵調去修陵墓、造宮室、運糧、修邊防工事等所需的民工；㈢地方官府臨時調發的力役如皂隸、馬夫、門子等。除上述三大徭役之外，還有工匠、工役，明代三大徭役由戶部管理，工匠役則屬工部管理。

　　明代的專賣主要是指鹽、茶、礬等物品的專賣，至於礦課屬於官督民辦的性質。

　　㈠鹽專賣：在朱元璋統一全國之前，為了籌措所需之軍餉，開始頒佈鹽法，置局設官，對商人所賣之鹽，課徵鹽稅。統一後，社會逐漸穩定，遂改行專賣制度，其形式為民產、官收、商運、商銷的制度。就是說鹽政機關把灶戶（煮鹽之人）生產的鹽收購過來，這些鹽叫做官鹽。官鹽的銷售形式主要有引法、開中法、計口配鹽法、綱法和票法。所謂引法，實際上是一種特許制度，引法規定了引商和引界，引商是經官府批准搬運和販賣食鹽的商人；引界是指允許引商銷售食鹽的地區。開中法是仿照宋代的折中法設立的，當邊境發生糧餉不足或某地區發生水旱饑饉時，招募商人運送糧食等必需品到邊境或指定地區，再由官府發給他們鹽引，商人憑引到產地領鹽，運到指定地區銷售；明代開中法在不同的時間、不同的地區有不同的形式，如納米中鹽、納馬中鹽、納布中鹽、納鈔中鹽、納鐵中鹽等，實行中鹽法，邊儲軍需缺什麼，就用鹽來中納，這本有利於充實邊境和鞏固國防，但後來用之太濫，產鹽越少，中鹽越多，而又無鹽可支，鹽政遂壞。計口配鹽法：是由有司開出所轄州、縣的戶口人數，派人赴鹽使司，領鹽回縣，然後配鹽於各戶，令其輸納米糧或錢鈔，以充軍餉；此法最早實行於洪武年間，但這時計口配鹽法，只是實行於個別地區，到永樂二年（1404 年）為疏通鈔法才在全國廣泛實行。明代在鹽商不願意去的偏僻山區，以及鹽場附近私鹽盛行的州縣，實行票法；票法規定，每百斤納銀八分，由土著商人交銀領票，

運銷販賣，因為票鹽比引鹽便宜，所以很容易銷售，嚴格來說，票鹽不能視同官鹽，所以明代曾規定，在官鹽流行的地區，禁止票鹽販運。明代食鹽專賣，在制定初期有一套較為完整的食鹽產銷制度，鹽務秩序也較好，明官府從食鹽專賣中獲利頗豐。

㈡茶專賣：明代茶分為官茶、商茶兩種。洪武初年，制定茶法，發佈茶引由條例，實行茶專賣。凡商人買茶，須到官府提出申請，交納錢鈔買引，然後才能領茶運銷，販私茶與販私鹽同罪。明代的茶引制度，在各時期有不同的形式，有「以茶易馬」、「以米易茶」、「以茶易鹽」、「運茶分成」等，明代的茶稅，以川、陝最重。明代的茶專賣與鹽專賣一樣，實行之初，有一套行之有效的措施，法制較嚴，但是隨著明王朝的衰落，這些制度也逐漸被破壞。

㈢礦稅：礦冶之課，是對金、銀、銅、鐵、鉛、汞、硃砂、青綠等產品課稅。明代的礦稅以銀礦為主，銀的課稅為定稅額。宣德年間的銀增長為洪武年間的二十七倍，其增長原因是銀的產量有所增加，但更主要的還是隨著商品貨幣經濟的發展，統治者對於金銀財貨的追求日益熱烈，使銀課的徵收一增再增。

明初商稅的課徵，只規定兩個原則：即商稅稅率為三十稅一和不在市場上出售的物品不徵稅。洪武十三年（1380 年）又規定：凡軍民嫁娶喪祭之物，車船絲帛之類皆勿稅。到成祖永樂年間，為避免官吏勒索，特別將徵稅貨物榜示於官署門口。至景泰時，更就貨物時價規定稅額，造具稅冊，依冊所列稅額徵收。明代的工商雜稅稅目劃分，主要有以下幾項：塌房稅、門攤稅、鈔關稅、漁稅、工關稅及海關稅。

明中葉以後，發生導致賦役制度改革的社會變化，主要有以下幾點：

首先，是土地兼併劇烈，欺隱嚴重。明初由於推行發展社會經濟的政策，不少農民獲得了耕地，農村裡小土地所有者的數量很多。但為時

不久，大地主的土地兼併很快且劇烈地進行起來，皇莊、王莊都迅速擴展，一般官僚地主也在兼併土地。與土地兼併同時出現的一個情況是土地欺隱的情況非常嚴重，特權地主占有的土地，官府根本無法控制，一般地主所有的土地，也常以「花分」、「詭寄」、「飛灑」等方法，將土地寄於他人名下。這樣，政府賦稅的徵收自然大受影響。

其次，官府控制的人戶不斷減少。古代社會的農民是束縛在土地之上的，在土地兼併劇烈的情況之下，他們也必然隨著土地的欺隱而欺隱，隨著土地的集中而流亡遷徙。自西元 1381 年至 1626 年的兩百多年當中，官府控制的人口數不但沒有增加，甚至還有減少，其重要原因之一正是由於土地兼併和欺隱所造成的。一方面貴族、官僚兼併了土地，同時也隱占了農民；另一方面，農民破產失業以後也可能流亡他鄉。在這種情況下，官府控制的人戶自然有所減少，徭役的徵調也不能不受影響了。

第三，商品貨幣關係有了較大的發展，可以反映在以下幾個方面：㈠商業活動的規模更加擴大，商品當中固然仍有不少統治階級使用的奢侈品，但其中日用品已占了很大比重；㈡商業都市增多，宣德年間全國已有三十三個大都市；㈢這一時期的商品糧食比過去有所增加，不少地主莊園生產的產品已經不是單純為了自身的消費，而是將大部分產品通過交換取得貨幣或其他物品；㈣貨幣流通範圍擴大，白銀漸成主要的流通手段。所有這些社會變化，對原來的賦役制度產生了重大影響，明初所制定的賦役制度已經非加以改革不可了。賦役制度改革的第一步是清丈土地，萬曆六年（1578 年）張居正下令清丈全國土地，大量的隱田被清查出來，在丈量土地的基礎上，於萬曆九年（1581 年）通令全國實行一條鞭法。為了緩解嚴重的政治經濟危機，鞏固明王朝的統治，同年，內閣首輔張居正提出改革綱領：對內清理土地，制止豪強兼併，均平賦役，改革賦役制度，澄清吏治；對外清查邊軍私弊，儲備國防費用，鞏

固國防。

　　「一條鞭法」，原名一條編，因為它是將地稅、徭役合而為一，按田畝繳納，即將繁雜的賦役項目編為一條，所以稱為「一條編」，後稱為「一條鞭」。在全國推行一條鞭法以前，各地先後作過許多改革的嘗試，世宗嘉靖年間，為均定官、民田賦，歐陽鐸創「徵一法」；此外還有「綱銀法」、「一串鈴法」、「提編法」、「十段錦法」等等，這些改革大多在「化繁為簡」上下功夫。一條鞭法的內容，歸納起來有以下幾點：

　　㈠把明初以來分別徵收的田賦和徭役，包括甲役、力役、雜役、力差、銀差等項目，合併為一，總編為一條，併入田賦的夏、秋二稅中一起徵收。

　　㈡每一州縣每年需要的力役，由官府從所收的稅款中拿出錢來僱募，不再無償調發平民。

　　㈢把以前向地方索取的土貢方物，以及上繳京庫備作歲需和留在地方備作供應的費用，都併在一條鞭中課徵。

　　㈣課徵對象為田畝，納稅型態是以銀折辦，即所謂「計畝徵銀」。

　　㈤賦、役、土貢等合併後，國家的課稅總額不得改變，國家財政收入得到了保證。

　　㈥鹽稅、酒稅、茶課、商課、礦課等稅收，仍然繼續分別課徵。可見一條鞭法的特點是賦役合一，按畝計稅，以銀繳納，手續簡化。

　　一條鞭法的出現，是中國古代社會賦稅史上的一件大事，具有深遠的影響：

　　首先在一定程度上起到了均平賦役的作用，推行一條鞭法前，對土地實行了清丈，清出了大量隱田。而一條鞭法又規定量地計丁，計畝徵銀，原先有田不納稅不服役的豪強地主必須納稅和服徭役，相對來說平民負擔有所減輕。這樣既保證了國家財政收入，又利於緩和日益尖銳的

階級衝突。

其次，改變了歷代賦役平行徵收的形式，賦役合一後，勞役制因此逐漸消失。農民納錢於官，官府代為僱募，使農民有了更多的人身自由，農民對國家的人身依附關係又有了進一步的鬆弛。

第三，一條鞭法整頓和簡化了稅制，一條鞭法中既包括了田賦，又包括了各色各樣的力役，以前的土貢、方物、額辦、派辦、京庫歲需、存留供應併入一條，人民不僅省去了不少麻煩，而且合併徵收後，徵收項目和數量都很清楚，在一定程度上，也限制了官吏的營私舞弊。

第四，有利於促進社會分工和商品經濟的發展。明代以來，商業規模不斷擴大，貨幣流通範圍也不斷擴大，白銀逐漸成了主要流通手段，這為賦役改革創造了條件。而實行一條鞭法，農民取得了人身自由，比較容易轉移到其他生產部門；根據計畝徵銀原則，商人無地者，可免納賦役，客觀上又起了促進工商業發展的作用。

第五，計畝徵銀，由歷代對人徵稅轉為對物徵稅；由交納實物到以貨幣交納，這是一個歷史性的轉折，它逐漸向近代稅制型態轉化。

不過，一條鞭法也有很多不足，主要表現在以下方面：

㈠一條鞭法並沒有觸動明代的政治社會秩序和生產關係，大土地所有者仍然可以憑藉政治和經濟上的特權，用種種方法把自己的負擔轉嫁給農民。

㈡一條鞭法從制度上並未保證國家不繼續加重人民的負擔，賦役合併後，雜役仍有徵調，農民的負擔又加重了。應該肯定萬曆時期的財政，經過張居正的大力整頓和改革，以及興修水利，整飭吏治的結果，情況有了很大的改變，到萬曆十五年（1587 年）國家的倉庫裝滿了糧食和錢幣，足可供九年之用，太倉積粟可支五、六年之久，國庫積銀也有六、七百萬兩之多，明嘉靖以來的財政困境，已基本上克服。

　　明代末年，戰爭連續發生，軍費開支增大，迫於邊防需要，又開始對田賦進行加派。官府的加派其中對人民危害最大的是加徵的三餉——遼餉（是因籌措遼東駐軍軍餉而加派的田賦）、剿餉〔是崇禎十年（1637年）為籌措鎮壓農民叛亂的軍餉而加派的田賦〕和練餉〔是崇禎十二年（1639年）以籌措練兵軍餉為名而加派的田賦〕，三餉共加派了近兩千萬兩白銀，形成明末人民的沉重負擔。此外，還有「助餉」、「均輸」，以及名目繁多的私派。除田賦加派之外，又有丁銀和差徭，不法官吏又從中貪污中飽私囊，不少人因此破產或凍餓而死。明代後期，由於政治腐敗，商人賄賂官府，販賣私鹽，獲取暴利，官府在鹽課上巧立名目，大肆搜括，致使鹽政弊壞。此外，後期繼續徵收茶課、門攤、契稅、商稅、鈔關、工關、果品、魚課、棗株等稅。隨著商品貨幣經濟的發展，統治階級對金銀財貨的追求日益熱烈，設稅監、鹽監等，並派宦官為監官，到處勘查勒索錢財，人民怨聲載道，終於激起民變。

　　清入關初，由於明代的賦役徵收簿冊多毀於戰火，一時難以編造新的賦役簿籍，只能以尚存的明萬曆的賦役舊冊作為徵收田賦的依據。田賦徵收物品，糧、錢、銀都有，以銀為主，分夏（二至五月）秋（八至十月）兩季徵收。順治三年（1646年）戶部開始彙編《賦役全書》，詳列土地、丁額原數，亡失人丁數，新開墾荒地數，賦稅、徭役實徵、實派數及留存數。康熙二十四年（1685年）又將田賦尾數刪除，擇必要項目編成《簡明賦役全書》，以備百姓核查。賦役簿籍的編成，使國家賦役徵派上有依據，也使百姓納稅有章可循。為保證國家賦役準確，及時入庫，康熙時在總結明代賦役徵收經驗的基礎上，推行「田賦催科四法」，即分限法、輪催法、印票法和親輸法。

　　清初田賦制度雖作了如上補充、改進，但由於各地經濟環境和自然條件影響，及歷史遺留原因，各地徵收辦法和稅率多有不同，由於負擔

輕重不均，致使有的地方發生民戶逃亡情況。對清王朝來說，進入康熙後期，統一已久，經濟得到恢復，國家財政狀況好轉，為了緩和新出現的衝突，在耕地增長速度不及人口增長速度的情況下，下決心改革賦役制度，即推行「攤丁入地」制。康熙五十一年（1712 年）針對人口迅速增加而土地增闢有限的情況，為防止出現丁役加重，民戶逃亡，社會動盪的悲劇重演，把全國現在錢糧冊中的成丁數固定下來，以康熙五十年（1711 年）的丁數 (24,621,324) 和應徵丁、銀（三百五十三餘萬兩）作為定額，以後增加的丁口不再加賦。丁額、丁銀的固定不變，既緩解了農民的恐慌心理，也為日後的田賦制度改革創造了條件。攤丁入地的基本作法是將康熙五十年（1711 年）各省應徵丁銀數與各省應徵田賦數相除，得出每田賦銀一兩應攤丁銀若干（或糧食若干），各省也以此計算各州負擔地丁銀數。這同各地的經濟條件、歷史條件有關，由於原先徵收的丁銀和田賦有多少之別，所以分攤數額也有高低之差。

攤丁入地是明代一條鞭法的繼續與發展，也是中國賦稅史上的一次重大改革，它的進步意義在於：

第一，基本上結束了中國賦役史上賦、役分徵的局面；無地農民（包括工商業者）不再負擔丁銀。

第二，丁銀併入田畝後，使稅賦與負擔能力掛鉤：田多者田賦多，田少者田賦少，賦役負擔較以前均平。

第三，納地丁銀的人名義上不再服徭役，國家對農民的人身束縛削弱了。

第四，將丁銀固定攤入地畝，有利於財政收入的穩定，也簡化了徵收手續。但也應看到，攤丁入地制度具有其侷限性和不足。首先，攤丁入地是出於保證田賦收入的目的。時人認為「天下有貧丁無貧地」，以田畝作為課徵對象，有利於田賦收入的穩定和提高；其次，「永不加賦」是

對人口而言，隨著耕地的擴大，所攤丁銀也隨著增長，農民增加負擔而不知覺；最後，由於「滋生人丁，永不加賦」，隨著社會的穩定，生產的發展，人口增加很快。

清在田賦之外，還有附加（加派），重要的有三項：㈠耗羨（火耗）；㈡平餘；㈢漕糧附加。清代對鹽利十分重視，由於鹽課收入對國家經費的重要作用，在產銷制度上，主要有官督商銷制（引岸制）、官運商銷制、官運官銷制和包課制（偏遠產鹽，許民自製自用，國家收稅）等制度。清代茶法沿襲明制，官茶儲邊易馬，商茶給引徵課，貢茶供皇室用陵寢內廷用（黃茶）。清到雍正時，群臣多言礦利。乾隆定礦稅徵收辦法，其銅、鉛、鐵礦以二八抽收為主，個別地方也有三七抽收和一九抽收的；至於黃金、白銀，康熙十九年（1680年）定四分解部，六分抵還工本。清前期關稅，包括內地關稅和海關稅（國境關稅）二類。內地關稅是指在國內水陸交通要道或商品集散地所設的稅關。清代海關徵稅，開始於康熙二十三年（1684年）。清早期的海關稅，包括貨稅、船鈔和漁稅三類。契稅又稱田房契稅，主要是對買賣房屋、土地等不動產的契約所徵的稅。清初牙稅有兩種，一是具有營業牌照稅性質的貼費，一是按年代分季交納的、有營業稅性質的牙稅。

財政收入主要來源於「地丁」、「鹽課」、「關稅」、「雜賦」等項稅收，清代財政恪守「量入為出」、財權集中的原則。清代實行的是嚴格的四級財政管理體制，即中央財政、省區財政、道府財政和州縣財政，自下而上，逐級負責。

第五章
臺灣史前到戰後之文化與經濟

　　臺灣歷史與文化是指在臺灣島嶼自有人類生存活動以來，自發性所創造出屬於臺灣的文化系統；亦因各族群的移民與融合、多次的政經社會變動所產生的種種變遷，從而在長久時間的淬鍊下所體現出的時空特性和價值。知名研究臺灣文化學者李喬在其《文化、臺灣文化、新國家》一書中，對臺灣文化做了清楚且周延的界定：「臺灣人——大量的臺灣居民，在長期久遠生活於臺灣島嶼，由於人與自然、與他人、與團體，還有與自己相處、調適的過程中，接受一些物理原則的限制，形成臺灣人或臺灣社會特有的習慣、風俗，各種規範、法律觀、道德觀等。綜合性來說，也形成臺灣人特有的感覺方式，語言文字、思考思想方式、生活方式、行為模式；也形成臺灣人特有的宗教行為、宗教態度；臺灣人共有的價值觀，甚至愛情觀、人生觀、生命觀等，終而凝聚提升為臺灣人特有的哲學思考（存在觀、價值觀）。另一方面，在臺灣人特有的價值觀、生命觀、人生觀、愛情觀，以及行為模式、生活方式之下，創造了臺灣獨特的藝術、文學、科學，各種學術等等。以上綜合的整體表現就是臺灣文化，或指臺灣文化的內涵。」

第一節　史前、原住民文化與經濟

一、史前文化

　　就地質學上來說，距離現今三百萬至一萬年的更新世冰河期期間，臺灣曾數次與中國大陸本土相連，當兩地相連時，中國大陸的生物及古代人類可能來到臺灣定居。目前臺灣已知最早的人類，是在臺南左鎮一帶挖掘出的原始人類骨骸，被稱作左鎮人。然而在左鎮地區並沒有相對應的文化存在。

　　而根據考古遺址的發掘，臺灣在舊石器時代晚期（五萬年前～一萬年前），就已經開始有人類居住。以現有的證據而言，目前臺灣最早的文化為長濱文化（以臺東縣長濱鄉的八仙洞遺址最具代表性），挖出了大量的粗製石器及骨角器。目前所知的「長濱文化」經濟類型主要特色是人口不多，居住在海邊的洞穴等處，生產方式以漁獵和採集為主，尚無發現畜牧與農耕，生產工具則以打製的石器為主，尚未有製造陶器的技術。雖然長濱文化與中國南方的文化有某種程度的相似性，然而以目前的考古學證據而言，尚不能確定臺灣的舊石器時代文化是那一種族群的人類所留下的。

　　距今約七千年至三千年間人類進入新石器時代，新石器時代人類的社會與經濟活動有了重大的改變，此時的人類對自然依賴程度逐漸減少，磨製石器、家畜的飼養、陶器的使用、農業的出現、已知釀酒與用漆，為這個時期的重要特徵。臺灣地區新石器時代、金屬器時代的文化與舊石器時代文化關聯性不高，較著名者有新北市八里區的大坌坑文化及十三行文化、臺北盆地的圓山文化及龍山文化、臺東縣的卑南文化等遺址，

其中部分遺址曾出土來自中國的錢幣等物品，說明部分文化可能與臺灣以外地區有所接觸。目前我們已能夠確定，新石器時代（始於西元前5000 年）以來的史前文化，是臺灣南島語系民族的遺留。也就是說，在原住民定居於臺灣以前，可能還有別的族群曾經在此定居過。

今日在臺灣被視為原住民的諸民族之間，不乏證明存在更早期先住民族的口頭傳承。自史前時代起，在本島即有近二十種的先住民族。此外，也有部分文化可能是今日原住民的祖先，例如十三行文化人可能是凱達格蘭族的祖先，不過目前的考古證據還不能完全確定臺灣原住民與新石器時代文化間的對應關係。

二、原住民文化

在漢人大量移民來臺之前，原住民是臺灣歷史的主體，「原住民」這個稱呼是在 1994 年由憲法明文定名。十七、八世紀荷蘭人移民臺灣，對臺灣原住民一概稱之為「番」，並分為生番和熟番（從清官府言，接受教化、歸附與納餉稱之熟番，反之則為生番）。日治時期，從分佈空間言，將原住民分為平埔族、高山（砂）族兩種。目前平埔族大致分為九族，分別為凱達格蘭族 (Ketagalan)、噶瑪蘭族 (Kavalan)、道卡斯族 (Taokas)、巴則海族 (Pazeh)、巴布拉族 (Papora)、巴布薩族（Babuza，又稱貓霧捒族）、邵族（Thao，又稱水沙連族）、洪雅族 (Hoanya)、西拉雅族 (Siraya) 以及猴猴族 (Qauqaut) 等族。由於漢人不斷的移入，將平埔族人融入到漢人的族群中，如今已很難尋出完整的平埔族的歷史，只能透過族譜、土地契約、祭祀儀式等方式，來拼湊平埔族的歷史軌跡。臺灣原住民並沒有文字，因此我們只能由古籍記載及考古證據來推斷原住民的早期歷史，其中重要的歷史文獻包括《東番記》、《蕭壠城記》等。

平埔族居住在臺灣西部沿海迄宜蘭平原及臺地地帶，因地緣關係與

漢人接觸較早，在十九世紀末已經失去原有語言，文化則逐漸與漢文化相融合。造成平埔族沒落最主要原因有三：㈠經濟生活改變——土地所有權的喪失（大人爬起，囡子占椅，指的是平埔族採取游耕或輪耕方式進行農業生產，漢人因深諳引水灌溉和施肥技術，占有其棄地）；㈡血統的混合——牽手制度（有唐山公，無唐山媽，指的就是在早期移民社會，許多漢人男子娶平埔族女子為妻的現象）；㈢強勢漢文化的入侵——祀壺傳統成為平埔族重新尋找自我族群認同的一項重要指標，因而有「拜壺民族」之稱。

今日所謂原住民，基本上是指高山族。臺灣原住民的文化是屬於馬來玻里尼西亞 (Malayo-Polynesian) 系統，共同的特徵有：文身、缺齒、拔毛、腰機紡織、父子連名、親族外婚、老人政治、年齡分級、獵首、鳥占、靈魂崇拜、室內葬等。目前臺灣原住民的族群有其豐富的文化內涵，如阿美族的能歌善舞，泰雅族的善於紡織，排灣族的華麗服飾，布農族的八部合音，卑南族的驍勇善戰，魯凱族的藝術雕刻等。原本被界定為高山族的有九個族群，其族群分佈由北至南分別是泰雅族 (Atayal)、賽夏族 (Saisiyat)、布農族 (Bunun)、鄒族 (Tsou)、魯凱族 (Rukai)、排灣族 (Paiwan)、阿美族 (Ami)、卑南族 (Puyuma)、達悟族（Tao，雅美族）。二十一世紀後，又新認定邵族 (Ita Thao)、噶瑪蘭族 (Kavalan)、太魯閣族 (Taroko)、撒奇萊雅族 (Sakizaya) 四族，連同之前的九族成為官方認定的原住民，其他平埔族族群亦努力在爭取，期盼恢復原住民的身分。臺灣原住民今則多居住在山地與東海岸縱谷，其文化特色至今大抵尚清晰可辨。（編按：2008 年，賽德克族、拉阿魯哇族、卡那卡那富族也成為官方認定的原住民。）

阿美族是臺灣原住民中人口最多的族群，是母系社會，與漢人接觸最早，也是最早接受水稻耕作的族群。

　　泰雅族以紋面及精湛的織布技術聞名，喜以紡織的巧拙來評論婦女的社會地位，男子則以獵得人頭多寡作為標準。1930 年「霧社事件」就是由具有泰雅族身分的莫那‧魯道領導，由於當時死傷慘重，因此泰雅族為原住民保有傳統文化最少的一個族群。（編按：過去將賽德克族列為泰雅族分支，經正名運動後，2008 年才被官方認定為臺灣原住民族群之一，而莫那‧魯道此後也更為賽德克族人。）

　　排灣族頗為重視五年一次祭祀祖先的「五年祭」，通常住石板屋，有三寶——青銅刀、古陶壺（財富以擁有多少陶壺來衡量）、琉璃珠（宗教信仰涵義，有賜福、降禍、護身及懲誡的功能）。

　　排灣與魯凱二族，皆自認為蛇的傳人，二族的祖先都是百步蛇，因此將百步蛇圖案視為祖靈的象徵。二族都崇拜太陽，魯凱族以百合花的佩戴（就女子言，代表貞潔；男子則代表善於狩獵的勇士）最為特殊。

　　布農族有舉世聞名的小米豐收歌 (Pasibutbut)，有非常獨特的八部合音，布農族對臺灣最大的影響是紅葉少棒隊，「打耳祭」是布農族的成人禮。

　　卑南族曾協助清廷討平朱一貴餘黨有功，傳統卑南族屬母系社會，每年年底舉行少年成年禮的「猴祭」。

　　鄒族（過去稱曹族），是父系社會，文化中重男輕女的現象非常明顯。祭儀以「戰祭」最為重要。

　　達悟族（亦稱雅美族），是唯一海洋民族，丁字褲為他們文化的一部分。物質文化以造船的技術最突出。宗教儀式皆配合捕撈飛魚活動的「飛魚祭」，將達悟族喻為「飛魚的民族」。最重要的組織是與經濟生活關係最為密切的漁團組織。

　　賽夏族以父系氏族組織為主，祭儀以兩年一小祭，十年一大祭的「矮靈祭」為主。

　　邵族的拜公媽籃（即祖靈籃）是主要的宗教及巫術呈現方式。在清

代被列為化番，係介於生番與熟番之間的一族。

　　原住民的祭祀活動中，以達悟族的飛魚祭、賽夏族的矮靈祭、阿美族的豐年祭、排灣族的五年祭、鄒族的戰祭較為著名。成人禮以布農族的打耳祭，卑南族的猴祭最為有名。

第二節　荷鄭時期的臺灣經營

一、中外對臺灣的稱呼

　　有些學者認為自古以來漢人曾以島夷、瀛洲、東鯷、夷州、流求、瑠球泛指臺灣，但大多仍有爭議。直至元帝國在澎湖設官治理（元至元年間於澎湖設立「巡檢司」，負責課稅及行政管理事宜，把澎湖納入元帝國的版圖），透過澎湖，對於臺灣之地理位置才有進一步的掌握與了解。澎湖，一稱平湖，十六世紀初首次航抵東方的葡萄牙人稱澎湖為Pescadores（漁夫之島）。

　　明以後，漢人以大琉球專指今之琉球，以小琉球、雞籠、東番、笨港、臺員、大灣和臺灣等名稱來稱臺灣。十六世紀中葉，一艘葡萄牙船出現在中國東南海上，駛經臺灣海峽時，船員望見臺灣島風景秀麗，呼為「Ilha Formosa, Ilha Formosa！」葡語「Ilha」為「島」意，「Formosa」意為「美麗的」，「Ilha Formosa」即「美麗之島」，至此，臺灣便被歐洲人稱為「福爾摩沙」，並於 1554 年首次標入羅伯‧歐蒙 (Lopo Homem) 繪製的世界地圖上。

　　荷蘭占領臺灣前，臺灣本島除原住民外，主要外來活動者，便是來自中國大陸的漢人與日人。宋以來，就有漢人居於澎湖，到明實施海禁，澎湖與臺灣等島嶼就成為貿易走私與海盜活動的場所。其中，最具實力

且見諸文獻的有林道乾、林鳳、李旦、顏思齊和鄭芝龍等。顏、鄭到達臺灣以後，以諸羅山（今嘉義）地區為中心從事開發，除鎮撫當地原住民，並引進福建漳、泉之無業百姓來臺從事墾耕，此舉為以後漢人在臺灣的農耕事業，奠定了初步的基礎。1624 年是臺灣歷史的重要轉捩點；臺灣由遺世獨立步入了世界舞臺，臺灣史家黃富三指出，臺灣一進入歷史時期即躍入以貿易為導向的海洋文明體系。

二、荷西時期

　　1602 年荷屬聯合東印度公司在遠東的總部設於爪哇的巴達維亞（今雅加達），積極向東拓展貿易。1622 年於澎湖建立據點，請求通商；1624 年為明將沈有容逼退，事後明朝在澎湖建「沈有容諭退紅毛番韋麻郎碑」，以記其事。1624 年荷人東來臺灣，臺灣第一次被近代國家納入版圖。荷蘭人在臺灣的殖民統治，是從大員（Tayouan，臺南安平）開始的。先在大員建立熱蘭遮城（Zeelandia，有四個稜堡，城堡外的棋盤式市街顯示受義大利文藝復興的影響），之後又在其對岸建立普羅民遮城 (Provintia)，進行以臺南地區為中心的殖民活動。臺灣是巴達維亞統轄下的一個據點，在臺殖民地的最高負責人稱為「長官」(gouverneur)，經歷首任長官宋克 (Martinus Sonck) 至末代長官揆一 (Fredrick Coijet) 共十二任長官。

　　荷人在臺的對外貿易對象，主要是中國大陸，其次是日本及南洋。由中國大陸進口絲綢、生絲、瓷器、藥材，轉輸南洋或荷蘭；由日本及歐洲運來的銀，南洋運來的香料、錫、鉛等出口中國大陸。臺灣土產品中，鹿角、鹿脯、藤等輸往中國大陸，鹿皮輸往日本。臺灣農業逐漸發展後，將蔗糖輸往日本，稻米輸往中國大陸。值得注意的是荷人運大量鴉片到臺灣，銷售至福建、廣東。從貿易中，荷蘭殖民者獲得鉅大利潤。

據統計，荷蘭在臺灣的商館所獲得的利潤，在亞洲各地荷蘭商館中，僅次於日本，而日本的荷蘭商館的利潤主要來自從臺灣運去的商品。可見，臺灣在荷蘭東方貿易中所占的重要地位。

荷蘭人對原住民的行政控制，主要是從 1636 年開始，1644 年荷蘭當局要求被征服的原住民各社選出長老，每年集會，一方面聽取荷蘭當局的施政措施，一方面要求他們對荷蘭政府效忠，這種集會稱為地方會議 (Landdag)。隨著勢力的擴張，地方會議劃分為北部、南部、東部和淡水四區，在各地設有傳教士，以及由商人擔任的政教員，各社長老必須向他們報告相關事宜，這也是荷蘭人控制原住民最重要的行政工具。荷蘭人在其控制的領域推廣傳教事業，為了便於推廣傳教事業，荷蘭人除了在各地建教堂，設立學校，並以羅馬拼音為原住民創造文字。因盛行於新港社，故稱新港文，新港文是臺灣原住民有文字的開始。

荷蘭人占領臺灣之後，為了推動其在臺灣的生產以增加獲利，廣招漢人來臺。當時漢人來臺從事耕種開墾，是由荷蘭聯合東印度公司提供土地、牛隻、農具、種子和水利設施，漢人則提供勞力及技術。荷人只給漢人生產工具，不給土地所有權，將苛捐雜稅加諸漢人，嚴禁漢人與原住民私相交易，嚴禁漢人私藏武器和自由集會，強迫娶原住民為妻的漢人改信基督教，否則強制離異，並管制漢人的言論行動。特別是自 1642 年將西班牙驅逐之後，對漢人的鎮壓有變本加厲的趨勢，因而引起漢人的反抗，其中以 1652 年郭懷一事件當屬最為慘烈。

荷蘭人占據大員，扼住西班牙與葡萄牙的貿易通道，西班牙人則於 1626 年由三貂角登陸，進入雞籠，分別在社寮島（今基隆和平島）開始築聖薩爾瓦多 (San Salvador) 與滬尾（今淡水）建造聖多明哥城 (San Domingo) 作為統治中心。西班牙人占據北臺灣的目的：主要是為了阻截荷蘭人的商業通道，吸引中國人和日本人前去貿易；其次是想獲得一個

軍事據點，對南部的荷蘭人形成威脅；並想藉此向中國和日本傳播天主
教。就整體而言，西班牙人在北部的發展狀況並不理想，一是中國大陸
由於戰亂，到雞籠貿易的商船不多；另一則是日本於 1633 年宣佈鎖國，
並屬行禁教，致使西班牙當局所設想北臺灣能向日本傳教以及吸引商人
到雞籠貿易，成為國際貿易要地不能實現。對西班牙而言，北臺灣的價值
與地位大不如前，1638 年改採消極政策，北臺灣的統治日趨衰落，戮力
經營菲律賓。與此相反，荷蘭人在南部的統治逐漸穩定，並得到在日本
貿易的特權，1642 年荷蘭以優勢兵力進攻雞籠，結束西班牙的統治。西
班牙北部的殖民地，遂落入荷蘭人手中，荷蘭人成為臺灣唯一的統治者。

三、鄭氏時期

　　荷蘭當局雖在臺灣取得龐大的貿易利益，但當時臺灣海峽的控制權，
操在以鄭芝龍為首的海上勢力之手，於是荷蘭與鄭芝龍為首的海盜集團
達成協議。之後鄭芝龍降清，其海上勢力為鄭成功取得主導權，控有臺
灣海峽。後因鄭成功北伐失敗，又遭清軍猛攻，鄭成功遂採原在臺灣擔
任通事的何斌（何廷斌）之議，於 1661 年 4 月出兵進取臺灣，次年荷蘭
人面對鄭成功之優勢兵力，又等不到援兵，堅守九個多月才投降退出臺
灣，結束了荷蘭人占據臺灣三十八年的歷史。

　　鄭成功占領臺灣以後，即著手臺灣的全盤規劃，改臺灣為東都，並
將熱蘭遮城改為安平鎮，普羅民遮城改稱承天府，又將臺灣已開發的地
區，分別在北部設天興縣，南部設為萬年縣，澎湖則設安撫司，這是臺
灣設置郡縣的開始。鄭成功驅逐荷蘭那年就去世了，一切治臺皆屬草創。
鄭經取得政權，在陳永華輔佐下，繼續經營臺灣，故有「鄭成功開之，
陳永華經營之」。1664 年鄭經改東都為東寧；升天興、萬年二縣為州，
除澎湖安撫司外，增南北路兩個安撫司，以治番民，並理軍事。鄉鄙劃

為四坊（東安、西定、寧南、鎮北）二十四里，坊制內行民間自治性的保甲制度。臺灣在陳永華的擘劃下，已有一套很完善的保甲制度與戶籍制度。

鄭成功入臺後，為解決軍民糧食匱乏問題，及開墾新占有的臺灣，採寓兵於農的政策，透過各部隊赴各地屯田、耕作，進行勢力的擴張。屯田政策的實施有三大功能：首先隨著開墾的逐步完成，不但可補兵糧之不足，亦可增加賦稅上的收入；其次，以武力控制各屯墾地區，兵屯的部隊除可監視鄰近的原住民，加強對其控制之外，也可保護漢人於此拓墾的安全；第三，兵屯部隊投入農業耕作，隨著屯墾政策的推廣，亦可將臺灣的農業面積擴大，促進農業發展。鄭氏政權將荷蘭占據時的「王田」收為官田；其軍隊分派在各地已開墾的土地，稱為營盤田。鄭氏所屯墾的營盤田，大部分屯於彰化、嘉義以南，當時皆冠以屯墾鎮營之名稱。這些名稱後成為該地之庄名，如臺南的左鎮、新營、下營、後營、柳營、林鳳營，高雄的左營、前鎮、後勁之地名沿襲至今，成為臺灣地名的一大特色。另外，設文武官私田，募民開墾。私田的出現，確立了土地私有化和占有權，提高了移民勞動的意願，生產力逐漸發達起來。鄭氏屯墾政策採軍屯、民墾、官墾並行，頗具成效，合計官田、私田、營盤田共有三萬甲，約為荷據時期的三倍。中國大陸先進的生產經驗廣泛傳播到臺灣，提高了臺灣的生產力：稻米、蔗糖生產迅速增加，冶鐵方法傳入臺灣，促進了各種手工業的發展；天日曬鹽法使臺灣能生產優質食鹽，樟腦製煉事業也有所發展。

鄭成功開臺後，致力於開墾與征戰，又不幸早逝，無暇顧及文教。1665 年陳永華以軍屯有成，向鄭經建議建聖廟，以培育人才鞏固邦本。1666 年臺灣第一座孔廟在承天府（今臺南市南門路）落成，旁設明倫學堂作為學校，被稱為「全臺首學」，是臺人知學的開始。當時設立學校的

目的在於培育為官的人才，因此入學是進入宦途的途徑。鄭氏政權按照明代的文化教育制度，在臺灣各村社設立社學，訂立科考制度。在縣每三年舉行兩次科考，經縣試送府試、院試，升入太學，從太學選用官吏。鄭氏治臺時期，由於官府積極推展文教事業，又有南明文人在民間呼應，讀書風氣大開，中華文化逐漸在臺生根成長。

　　鄭氏政權之所以能與滿清政府進行長期對抗，突破清廷的經濟封鎖（1656 年實施海禁以及 1661 年的遷界政策），除與他擁有龐大的海上力量有關外，並透過賄賂清守口官兵，以取得貨品；鄭氏更有一嚴密的商業組織──「五商」，透過此一組織，突破了種種貿易障礙。

　　五商組織設立於 1651 年 ，為鄭成功掌握貿易活動與解決兵餉的利器。五商分山五商與海五商，由鄭氏提供資金，供商人借貸營商，再按期繳返本息。山五商為金木水火土五行，設於杭州及附近各地，負責收購各地特產輸往廈門；海五商為仁義禮智信五行，設於廈門及附近諸地，負責將中國大陸物資運銷外洋，並購回外國貨物轉售內地。其程序大致為山五商將中國大陸產品交與海五商，海五商再交船運往外地，外國貨進中國大陸則手續相反，其程序簡示如下圖。

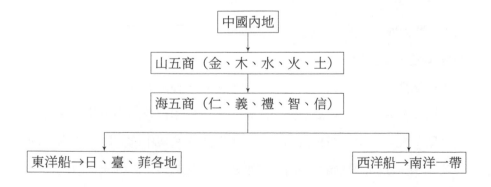

1664 年鄭經因金廈戰敗，退守臺灣，五商在東亞大陸的基地全失，清廷的海禁和〈遷界令〉又沒解除，臺灣與清廷間的走私貿易，一時有斷絕之勢，國際貿易也隨之衰頹。1666 年，鄭經採納陳永華的建議，派人到廈門恢復與中國大陸走私貿易，改善臺灣物資不足的現象，廈門也就逐漸成為臺灣與中國大陸間走私貿易的橋樑。陳永華甚至廣招各國來臺貿易，繼續利用海上貿易擴大生存空間，如英國東印度公司即於 1670 年來臺設館貿易。

鄭氏政權開發臺灣，奠定了臺灣社會經濟的基礎，推動了文化教育事業，社會面貌為之煥然一新，鄭氏時期可說是從荷據時期的外來商品交易經濟型態，轉為實質的生產型經濟模式，不但促成臺灣經濟發展的土著化，更為清領時期的臺灣經濟發展奠下了基礎。

第三節　清領時期臺灣之經營

1674 年發生三藩之亂，趁三藩之亂企圖在中國大陸大展鴻圖的鄭經作戰失利，退守臺灣後，軍力已大損。鄭經不久過世，鄭氏政權又生內閧，百姓賦稅沉重，民力困乏，清攻臺時機已然成熟。1683 年施琅攻克澎湖，鄭克塽降清，從此臺灣納入清朝的版圖。鄭氏政權自鄭成功以降，歷經鄭經、鄭克塽三代，直至 1683 年才被施琅攻滅。自鄭成功入臺以後，臺灣與澎湖在政治上已成為一體，清領臺亦延續此一現狀。

清平臺後，認為臺灣為海上亂藪，曾發生棄留臺灣的爭議，施琅力爭必留，在其〈陳臺灣棄留利害疏〉中闡述臺灣與中國大陸東南海防的重要關係，並強調臺灣有經濟發展前途，不宜輕棄，說明統治臺灣的重要性。此論述打動了康熙皇帝，1684 年終於決定將臺灣納入版圖，〈陳臺灣棄留利害疏〉更成為清廷治臺的藍本，所以清初治臺政策的設計，

是一種被動防制的消極政策，將臺灣特殊化，亦即「非為理臺而治臺，乃為防臺而治臺也」。因此對臺灣的開發並不積極，甚有以政策阻礙臺灣的開發。除頒佈《臺灣編查流寓六部處分則例》外，另頒佈三條〈渡臺禁令〉：嚴格限制移民資格，不准移民攜眷，規定來臺居住者不得返鄉招來家眷，且禁粵地人民渡臺。

　　清廷這一保守的措施，留下許多的後遺症：㈠偷渡現象嚴重：臺灣有一句俗諺說：「唐山過臺灣，心肝結歸丸」，即形容渡海的驚險與危機四伏的心情；㈡男多女少，引起社會的不安：臺灣俗諺中有「一個某卡好三個天公祖」的說法，即是移墾初期男女人口懸殊的寫照；㈢禁止粵人（客家人）來臺，造成族群裂痕：施琅禁止客家人來臺，為閩、粵械鬥埋下導火線，清廷利用閩、粵糾紛來分化臺民，以達其統治方便，這是臺灣社會無法較早形成命運共同體的原因之一。

　　清廷在臺灣開發過程中的消極、被動心態，充分地表現在其設官治理上，清代行政區域每一次增設調整，代表著一次重大的內外變亂，及初民墾殖範圍的再一次躍進。在清統治臺灣的二百一十二年中，共有五次的調整（請見下頁表）。

　　清廷治臺二百一十二年中，有一百九十年對臺灣大抵採取消極的隔離政策，臺灣的開發主要來自民間的力量，最後的二十年受到一連串外國武力的衝擊，迫使清廷治臺政策由消極轉趨積極，尤以 1874 年因牡丹社事件，日本出兵臺灣，清廷才意識到臺灣地位的重要，由「防內亂而治臺」，調整為「防外患而治臺」。來臺負責防務的沈葆楨奏准解除對臺灣所有的禁令，1875 年臺灣才真正開放移民。

　　清代臺灣是一個移墾社會，來自中國大陸的漳、泉、粵的移民，過的是拓墾的生活，為因應外在環境的挑戰，創造出的移民文化特色，亦就是後來臺灣文化的基礎，其特色為：

　　一、神多廟多──三步一廟，五步一寺：臺灣所見的廟宇，大都是在下列因素下建立的。

　　1.航海渡臺需要神明。媽祖、玄天上帝都是最靈驗的航海保護神，移民渡臺，隨身神像、香火便隨著移民在各地虔誠奉祀。

　　2.驅邪治病祈求神明。移民在惡劣的環境中開墾，面對瘟疫流行，原鄉的瘟神（王爺）崇拜和醫神（保生大帝）崇拜廣泛流佈到臺灣。

　　3.防番自衛仰仗神明。移民面臨原住民的阻撓和攻擊，把原鄉信奉的武神和地方守護神如關公、開漳聖王、三山國王等移請到臺灣，建廟

清代臺灣行政區變遷一覽表

臺灣府		1684～1722（一府三縣）
臺灣縣　鳳山縣　諸羅縣		
臺灣府		1723～1786（一府四縣二廳）
臺灣縣　鳳山縣　嘉義縣 彰化縣　淡水廳　噶瑪蘭廳		
臺灣府		1787～1874（一府四縣三廳）
臺灣縣　鳳山縣　嘉義縣　彰化縣 澎湖廳　淡水廳　噶瑪蘭廳		
臺灣府（一府五縣三廳）	臺北府（一府三縣）	1875～1886（二府八縣四廳）
臺灣縣　嘉義縣　鳳山縣 恆春縣　彰化縣　澎湖廳 埔里社廳　卑南廳	新竹縣　淡水縣 宜蘭縣　基隆廳	
臺南府（一府四縣一廳）	臺灣府（一府四縣一廳）｜臺北府（一府三縣二廳）	1887～1894（一省三府十一縣四廳臺東直隸州）
安平縣　嘉義縣 恆春縣　鳳山縣 澎湖廳	臺灣縣　彰化縣 雲林縣　苗栗縣 埔里社廳｜新竹縣　淡水縣 宜蘭縣　基隆廳 南雅廳	

供奉，以抵禦番害，將其視為自衛保身的精神支柱。

　　4.分類械鬥利用神明。漳州移民膜拜開漳聖王，泉州人崇信大道公（保生大帝），客籍移民敬奉三山國王，不過在林爽文事件後，義民廟逐漸成為客家人共同的地方信仰。寺廟在臺灣成了移民自治自衛組織的所在，是臺灣移墾社會的一大特色。

　　5.結社拜盟崇信神明。為抵禦各種天災人禍的侵襲，民間往往以同鄉、同族或同業為基礎，以共同信仰的神明為中心進行結合，成立各種結社拜盟組織，並以寺廟為自治活動的場所，如商人行業組織郊行活動主要依附媽祖廟、關帝廟。

　　6.官府治臺借助神明。官方建較多的是城隍廟、文廟和媽祖廟，主要想借助宗教勸善懲惡，強化社會道德、秩序、規章，同時也祈求任內平安無事，期滿升調內地。

　　值得注意的是，隨著移墾的發展，原從中國大陸引進的信仰，往往有神格的改變，由地方守護神的角色轉變為全民信仰的現象。其中神格改變最明顯的是，臺灣人民普遍崇拜的媽祖信仰。隨著移墾社會的發達，媽祖也增加了農業神明的神格。移民來臺日久後，民間信仰也逐漸跨越了原鄉的隔閡，共同信奉某一神明的祭祀圈（是指對某一神明有義務性共同參與祭祀的居民所居住的地域）也逐漸出現。臺灣大規模祭祀圈的出現，大約在清代中期以後，以北部艋舺的清水祖師廟、中部彰化南瑤宮的媽祖會組織最著名。

　　二、以祖籍地緣關係形成聚落：臺諺有「千金買厝，萬金買厝邊」的說法，主要是移墾者因生活方式、語言、風俗差異，尋找同縣同鄉相聚而居，以便互相照顧，這是臺灣開發的一個顯著特點。這種分籍聚居現象，隨各地開發早晚而不同，南部在康熙末年就形成，中部則於乾隆中葉以前形成，北部淡水廳開發在嘉慶、道光年間已存在。在臺灣的地

名中，寮、厝、埔、廓、坑、頂、腳、墘、溪等以祖籍地名字樣，比比皆是，可見臺灣開發初期的地名，具有極為濃厚的歷史和地理意義。從開臺始祖遷臺創業，家族的繁衍，同宗同族或同姓的血緣聚落，到嘉慶、道光年間才陸續確立，它是臺灣移民從移民社會轉變為定居社會的主要標誌。

　　三、好勇鬥狠的男性社會：清廷禁渡和禁止搬眷，男女與老幼成年的比例懸殊，致使臺灣形成好勇鬥狠的男性社會，其特殊現象如下：

　　1.羅漢腳。臺灣一種無田宅、無妻子、不士、不農、不工、不賈、不負載道路，嫖賭、摸竊、械鬥、樹旗、無所不為的單身游民，是清代臺灣社會一個不安定的因素，還常與反亂有關。姚瑩認為臺灣有三患：盜賊、械鬥、謀逆，為亂之人皆無業游民（羅漢腳）。羅漢腳是一群「有路無厝」、「病無藥，死無蓆」、「死無人哭」的可憐人。死後遺骨暴露，幸民間善士為之收殮，立廟祭祀，這便是「有應公」的由來。臺灣俗諺說：「少年若無一次憨，路邊那有有應公」，因而演變農曆七月祭厲的風俗。羅漢腳是清代臺灣社會的一種特殊角色；而有應公則是清代臺灣民間信仰中的一種特殊神明，演變到後來，臺灣有「搶孤」的風俗。

　　2.結會拜盟風氣。臺灣的結會拜盟之風，兼有正負兩種作用，除互助之外，具社會保安力量，入會者亦可得到保障；但是日久之後，其負面功能即逐漸顯現，而發生會眾同惡相濟，到處滋事，官不能制的狀況。

　　3.財婚與養女之風。清代臺灣男多女少，加以移墾社會，婚姻論財遂成為清代臺灣漢人婚姻的特色，其中買賣式的童養媳最能反映出清代臺灣移民社會窮困和黑暗的一面。

　　「三年一小反，五年一大反」，這是形容清代統治時期，臺灣社會多變亂的俗諺。在清廷治臺政策偏差下，加上吏治敗壞，貪污腐化，導致「官逼民反」的現象發生。臺灣吏治敗壞的原因，是官吏三年一調的制

度，所以有臺諺「三年官，兩年滿」。由於清廷採取消極治臺政策，移民為求自保，遂組成各種地緣組織與血緣組織團體，尋求多一份生存空間，會黨勢力因之大盛。在官方無法仲裁民間衝突時，不僅分類械鬥始終不斷，會黨與械鬥者在面臨官府取締與偵察壓力時，甚至以武力抗拒，形成民變。清領臺期間，有三次規模較大的民變，分別是 1721 年的朱一貴事件，1786 年的林爽文事件以及 1862 年的戴潮春事件。

械鬥發生的原因，不外乎習性說、地緣說、種族意識說、政治因素、社會因素、經濟因素等六種致亂的原因。綜合各家說法，分類械鬥是邊陲移墾社會在無政府的狀況下，移民為維護集體利益所採取的自衛方式。所以「無政府狀態」與「集體利益的維護」是分類械鬥發生的基本原因。清代分類械鬥最早以 1721 年朱一貴事件時閩、粵械鬥開始，可分為：㈠省對省的閩、粵分類械鬥；㈡府對府漳、泉械鬥之戴潮春事件；㈢縣對縣的艋舺「頂下郊拼」；㈣姓對姓的西螺廖、李、鍾三姓的械鬥；㈤職業對職業的挑夫械鬥；㈥樂派對樂派的宜蘭西皮、福祿械鬥；㈦村落對村落。在清代臺灣歷史上，分類械鬥最頻繁的地區，首推噶瑪蘭廳（今宜蘭縣）。在宜蘭的分類械鬥中，西皮、福祿分類械鬥最為特殊，當時的俗諺有「西皮依官，福祿逃入山」。因分類械鬥而強化的地域觀念，也反映在清代臺灣聚落的地名上，如福興、福隆、廣興、廣福等象徵族群興旺的地名。這些地名，不少沿用至今。

閩粵移民對臺灣的拓墾，有民墾和官墾兩大類型。臺灣絕大部分土地的開發屬民墾，民墾是移民以地緣、血緣關係為基礎所建立的拓墾組織。臺灣的拓墾組織主要形式有：

㈠墾首制，實際上是業佃合夥經營開墾的形式，大多具有「同鄉拓墾」的性質，這是由於移民社會早期是以血緣關係為基礎進行組合的緣故。

㈡股份制，臺灣土地開墾、水利興修乃至經商、航海等經濟活動，

都採合股經營的形式。此一時期主要的開墾區域是以丘陵地為主，臺灣地名中，有以「股」（新北市五股區）、「份（分）」（新北市新店區十六分）等字眼命名；此外，還有以「圍」（高雄市阿蓮區九圍）、「甲」（六甲）、「張犁」（三張犁）為名的地名。

　　㈢結首制，清代宜蘭地區在 1810 年收入版圖以前，係採武裝合墾的結首制；墾民在面對噶瑪蘭族，組織自衛力量，建築土圍或竹圍以防患番害，此即頭圍、二圍名稱之由來。在圍之下，復設置結，結是武裝開墾的組織單位。在拓墾之初，移民攻番占地，墾殖完成後，負責結內之治安與公共事務。

　　清代臺灣地租分為大租和小租，大租始出現於康熙、雍正年間。小租是在大租的基礎上出現的，由大租到小租，標誌臺灣土地由「一田二主」向「一田三主」發展，在農民與官府之間產生了新興的小地主階層。在租稅關係上，由原先的官府──墾首──佃戶三級制轉變為官府──大租戶──小租戶──現耕佃戶四級制；現耕佃戶須向小租戶繳交小租，小租戶再向大租戶繳交大租，官府則向大租戶收取賦稅。而向原住民取得土地耕作權者，交給原住民地主的租穀或財貨則稱「番大租」。在這種土地制度下，佃戶受到多重剝削，臺灣有句俗諺說「一隻牛剝二層皮」，正是其生活之寫照。複雜的地租關係，亦是臺灣社會秩序難以穩定的一個重大原因。

　　清朝治理臺灣之後，以「土牛紅線」（是清代臺灣自南而北陸續劃定的人文界線）為番界，禁止漢人入墾，但官方的禁令擋不住土地的誘惑，清廷被迫一再重新釐定番界。平埔族的土地大量流失，除因漢人透過承租、請墾，或利用向平埔族買賣、交換、入贅為婿，甚至用欺騙的手段外，原住民經濟的困窘，加上清政府過重的賦稅亦是。為了防止平埔族土地的繼續喪失，影響其生活，部分官府採行保護區的措施，稱之「加

留餘埔」（土地所有權屬於番社，由原住民自行耕作，或由官府管理，召漢人贌耕，以保護原住民的土地和生活）。

　　清代臺灣的水利設施，主要為灌溉用的埤圳，堵水灌溉謂之埤；引水灌溉謂之圳；埤通常為圳水之源頭。臺灣埤圳的發達，主要導因於氣候和地形的殊異性。由於臺灣雨量的不平均和河川的落差大，以河川直接灌溉形式的水利非常有限，因此必須從事埤圳等引水灌溉的水利設施。清代臺灣埤圳的發展，可分為四期：㈠康熙時期，此一時期開發的重點已北移至諸羅縣，以 1719 年竣工的「施厝圳」最為重要。此圳對臺灣中部的開拓貢獻很大，因灌溉當時彰化縣十三個堡中的八個堡的田地，故稱「八堡圳」。㈡雍乾時期，乾隆末期，不僅開拓平原，同時也進入丘陵地帶，如竹塹（今新竹）王世傑築隆恩圳；由郭錫瑠獨資興築臺北瑠公圳，歷兩代（郭錫瑠及郭元汾父子）完成，灌田一千二百甲。瑠公圳的完成，加速了臺北平原的開墾，艋舺（今萬華）逐漸成為臺灣北部最大的城市。㈢嘉道咸時期，值得注意的是鳳山縣「曹公圳」（少有官營的埤圳，鳳山知縣曹謹所興築，引下淡水河（今高屏溪）灌溉五里區域，故又稱五里圳或五鳳圳）的興築與噶瑪蘭的開發（埤圳灌溉系統在嘉慶年間已大致完成，較重要者有金結安圳、金大成圳、萬長春圳）。㈣同光時期，因牡丹社事件，鑒於臺灣海防的重要，依沈葆楨之奏，開山撫番，大規模由內地移民臺灣，埤圳水利之興築更為積極。花東由此開發，恆春之拓殖更為擴大，移民由丘陵地區進入山岳地帶，臺灣漢人人口不斷地增長。

　　臺灣灌溉埤圳自康熙至同光時期大量興築後，大規模的內地人民移民臺灣，土地的移墾更加迅速，隨之增加許多的聚落。在人口增長、商品的需求量大增的情況下，帶動臺灣與中國大陸貿易地的發展，遂產生一種稱為「郊」的聯合組織（主要功能是為了避免同業的競爭，以利控

制貨品的價格及交易上的秩序，並隨著貿易的發展，也出現從事特定商品的同業商人)。郊行主要以臺灣生產的米、糖等農產品為主要的輸出大宗；臺灣因缺乏日常用品，輸入則以一般的生活用品為主。郊行的主要職責就是仲裁郊商與行舖間，或郊中各店號間的商務和債務等糾紛。郊行還負責神佛祭祀，捐資參與辦學，辦冬防、保甲、救災等公共事務。在二十世紀縱貫鐵路開通以前，臺灣南北的交通往來主要靠各港海運，因此「頂港人」、「下港人」成為地緣身分的代名詞。

　　清領臺後，限制臺灣與中國大陸的貿易，規定臺南的鹿耳門是臺灣與中國貿易唯一合法的正式口岸。隨著漢人聚落的發展，基於貿易需要，笨港、鹿港、艋舺等著名的口岸，也相當繁榮。「一府二鹿三艋舺」諺語的形成，除呈現府城、鹿港、艋舺為臺灣開港前的三大聚落之外，也說明臺灣的開發是由南而北的過程，即臺灣的發展有顯著的海洋文化的性格。

　　在荷蘭和鄭氏時期，對外貿易一直是臺灣經濟的主軸。1858年與1860年兩次英法聯軍，《天津條約》、《北京條約》陸續簽訂，臺灣在西方船堅砲利下被迫開港，臺灣府城（臺南安平）、淡水、雞籠（基隆）、打狗（高雄）開放對外貿易。外國人在通商口岸設立海關、領事、洋行，為口岸市鎮帶來異國風格的建築景觀，臺灣歷史又進入另一階段，對外的國際貿易再一次成為臺灣經濟的重心。開港通商以後，外國人在臺設立商館，外國資本隨之流進臺灣，影響所及，郊行逐漸走向沒落的命運。

　　開港通商不僅促成臺灣社會轉型，有內地化（內地化派著重臺灣同化於中國內地）與土著化（強調臺灣漢人移民對臺灣這塊土地的認同）之爭論，且對臺灣政治、經濟、文化各方面也造成深遠的影響：

　　㈠緩和人口壓力：開港前人口已增為二百萬，開港後茶、糖與樟腦的出口，需大批從業人員，提供就業機會，如挑夫、牛車夫與船夫；為保障樟腦業與茶葉的隘勇；包種茶種植者；男女比例、游民的減少，使

人口結構趨於正常，臺灣由移民社會轉變為定居社會。

㈡市鎮的興起：隨著北部茶業、樟腦業的發展，在其生產與集散區，興起了許多新市鎮，其中以大稻埕（今臺北市大同區）最為顯著。隨著市鎮的興起，居民祖籍地緣觀念漸趨淡薄，對現居地認同加深，由原來「唐山人」、「泉州人」等概念轉變成「臺灣人」、「下港人」與「宜蘭人」等。

㈢客家人社會地位的提高：清代客家人主要分佈在北部丘陵臺地及南部屏東平原進山處。開港前臺灣經濟以米、糖生產和貿易為主，山區經濟價值低；開港後，山區聚落因茶、樟腦的生產而興起的城鎮，其中有不少是客家人分佈區。客家人由於在茶、樟腦的生產中扮演重要的角色，財富的累積，拉近了與閩南人的貧富差距，有助社會地位的提升。

㈣政經重心的北移：臺灣開港前，出口的大宗米、糖主要以平原較多的中南部為主；開港後，由於市場對茶、樟腦大量需求，使北部山區得以大舉開發，經濟發展快速，至1881年北部貿易額已超過南部，經濟重心由南部轉至北部。清末臺灣建省，修鐵路、架設電報、購買輪船、開礦等近代化的建設基金，都取決於茶、糖、樟腦出口所帶來的財賦，也為臺灣近代化的建設多集中北部，建省後巡撫衙門設在臺北，政治中心隨之北移。

㈤豪紳與買辦的崛起：臺灣開港前，有社會地位的是地主與以從事對中國大陸貿易的行郊；開港後，在外國資本進入臺灣後，於外國商館與當地商人中間，產生了具有仲介機能的買辦，買辦獨立經營事業成功後，成為社會新貴（如高雄陳福謙掌控砂糖貿易；板橋林維源經營茶葉和霧峰的林朝棟經營樟腦業），並取得政治上的特權和力量（與劉銘傳合作）。

㈥西方宗教文化的傳播：隨著臺灣的開港，基督教長老教會傳教士來臺，分為兩支，由英國傳入的主要在臺灣南部，由加拿大傳入的則主要在臺灣北部進行傳教事業。除傳教外，也著手推動近代教育（1882年

馬偕在淡水創建「理學堂大書院」(Oxford College)；馬偕另於 1884 年設立淡水女學堂，是近代臺灣教育史上女子教育之先河。1880 年南部教會在臺南設立神學校，今臺南神學院的前身，另於臺南設立中學和女學，今長榮中學及長榮女中；1891 年甘為霖牧師設立盲人學校，是臺灣特殊教育的開始）及醫療（馬偕以其醫術為民服務，為病人拔牙的技術更廣為流傳；彰化基督教醫院創始人蘭大衛最為著名）。長老教會不僅在漢人也在原住民社會進行傳教、教育與醫療的工作，以羅馬拼音創造的「白話字」，成為臺灣近代文化的異彩，臺灣本土語言文字化時，羅馬字是可提供選擇的標音方式。

1874 年牡丹社事件後，清廷了解臺灣是中國沿海門戶及其重要性，一反二百多年來封山禁海之消極政策，轉而積極建設臺灣，推行洋務運動。

劉銘傳在臺主政六年，臺灣出現第一條鐵路、第一臺電話、第一枚郵票、第一盞電燈、第一所新式學校，出現自己經營並敢於與外人競爭的輪船，出現數以千計現代工人的礦區，使臺灣朝向富強的目標前進，奠定臺灣近代化的基礎。

劉銘傳離臺後，邵友濂接任，為達平衡收支及以臺地之財供臺地之用，故縮減新政，此乃清治臺政策之一種轉變，代表劉銘傳時代積極進取的洋務運動，已不再被清廷所支持。1894 年邵友濂離臺，唐景崧接任，翌年臺灣割讓予日本，成為末代巡撫，後為臺灣民主國總統，隨即離臺。1895 年臺灣完全歸日本統治，臺灣的政經、社會、文化的劇變，也隨著日本的殖民地體制而展開。

沈葆楨、丁日昌、劉銘傳建設臺灣之比較

		沈葆楨	丁日昌	劉銘傳
均撫番		完成開山撫番兩大目標，開北（蘇花公路前身）、中（八通關古道）、南（南迴公路的濫觴）等五條通路，打開了臺灣東西交通孔道	撫綏生番，錄取淡水廳所屬原住民陳寶華一名，開原住民透過考試進入仕途首例	1886 年設撫墾總局*，交林維源和林朝棟辦理，採官紳合治，軍務與墾務合而為一的武裝殖民方式。恩威並濟，對原住民採綏撫政策，撫番地區偏重北路
發展交通	輪船	航行閩、臺之間，改善海運交通		航行遠至南洋
	電線		架設府城到打狗的「電線」，清治下最早出現的電線	完成臺北基隆、滬尾臺南線、滬尾福州線，並連接中國大陸，臺北設郵政總局、電報總局
	鐵路		建議修築臺灣縱貫鐵路	開始興建西部縱貫鐵路，完成基隆到新竹的工程〔1889 年大稻埕與松山之間已有蒸汽火車（騰雲號）往來〕
礦務	開採煤礦	以機器開採基隆煤礦，使臺灣礦業發展更進一步	鼓勵煤鐵開採，設官煤局統其事	
	開採石油	1877 年顧美工程師探勘苗栗油礦	籌劃開採石油	1887 年設煤油總局，命林朝棟主持，產量不大
增郡縣		增為二府八縣四廳		一省三府十一縣四廳臺東直隸州

重防務	建造鵝鑾鼻燈塔，修建沿海各口砲臺；並請法國工匠建造「億載金城」砲臺，防衛府城	建議南洋軍區基地以臺灣為基地；建議購置鐵甲艦，訓練水雷軍	
	1874 年日軍犯臺，奉命以欽差大臣身分來臺查辦		1884 年法軍侵襲澎湖與臺灣北部，奉命以巡撫來臺督辦軍務
建臺意義	建設臺灣為沿海七省之門戶	建議以臺灣為南洋軍區基地	以臺灣一隅之設施，為全國之範
	使臺灣開始步入近代化的途程		奠下臺灣近代化的基礎
鼓勵屯墾	廢渡臺禁令，設局招徠，免費乘船，並供給口糧、耕牛、農具、種籽	繼續鼓勵內地人民來臺屯墾，推廣經濟作物，如茶、咖啡	提倡種茶、栽桑、植棉、養蠶，並加強水利灌溉
推行新政	洋務運動（自強運動）	洋務運動（自強運動）	洋務運動　（自強運動）
整頓財政		撤任貪財違法的官吏	推動以清賦為中心的土地改革工作
來臺身分	欽差大臣	福建巡撫	福建巡撫→臺灣巡撫
留臺時間	年餘	五個多月	六年（最久）
設學堂	番學堂	番學堂	臺北建新考棚，改革科場弊端；創中西學堂，請外人教外語，引進歐洲文明；設電報學堂，培養電報技術人員

＊撫墾局曾頒發五教和五禁。五教是教正朔、教恆業、教體制、教法度、教善行；五禁是禁作饗（因病而殺人）、禁仇殺、禁爭產、禁佩帶（刀、槍、箭）、禁遷避（游耕）。旨在馴化、漢化番人，使其服膺漢人的禮教及生活習慣。

第四節　日治時期臺灣文化與經濟之發展

　　1895 年 6 月 17 日，首任臺灣總督樺山資紀在臺北舉行「始政式」，宣示日本開始統治臺灣，臺灣從此成為日本最初殖民地。日本治臺五十年又四個月，依照統治政策及總督出身，分為：初期武官總督時期（1895～1919 年）、文官總督時期（1919～1936 年）及後期武官總督時期（1936～1945 年）。

　　日本治臺初期，由於乙未抗日風潮，其統治方式採取武力鎮壓，故總督皆為軍人出身。臺灣總督是日本統治臺灣的中樞主腦，其下設總督府，中央主管機關係內務省。臺灣總督在臺灣擁有非常大的權限，1896 年日本帝國會議通過「六三法」，使臺灣總督擁有在臺灣的立法權（律令制定權）；其後，歷經 1906 年通過第三十一號法令 （「三一法」），及 1921 年制定法律第三號（「法三號」）。「六三法」與「三一法」基本上獨立法域的味道較濃，「法三號」則有朝向內地延長主義，有將臺灣法律與日本法律齊一之意，亦就是逐步從殖民地特殊主義轉向內地延長主義移行的方向發展。

　　在第三任乃木希典總督時期，於 1897 年實施「三段警備制」，視臺灣住民抵抗程度，區分為「危險界」（由軍隊及憲兵負責）、「不穩界」（憲兵及警察負責）及「安全界」（警察負責），意圖調和軍、憲、警的衝突，但成效並不彰。1898 年 2 月第四任總督兒玉源太郎及後藤新平就任，由後藤新平負責推動臺灣的主要的政務，是日本治臺五十年影響臺灣最大的人物。後藤新平治臺策略採取「生物學原則」，即尊重臺灣的風俗習慣。1898 年開始土地調查；1901 年後藤新平成立臨時臺灣舊慣調查會，對臺灣的風俗習慣、私法、行政法進行全面清查；1903 年進行戶口

調查，建立統治基礎。後藤新平建設了貫穿臺灣南北的縱貫鐵路、建築基隆港、修築和拓寬道路；獎勵製糖業，將製糖提升為近代化的工業生產；振興水力發電事業，1905 年建設了第一座發電所。1905 年臺灣的財政已能自力更生，毋需日本中央政府的補助。後藤新平在對付抗日義軍採取鎮壓和招降並行的對策；對臺灣的衛生環境特別關注，設立醫院，開辦醫學校，培養醫師，改正市區，開通下水道，矯正吸食鴉片及纏足舊習，改變了臺灣的衛生環境。除鴉片外，鹽、酒、樟腦等專賣，也在後藤新平手上一併完成。

　　1917 年俄國十月革命成功；1918 年美國總統威爾遜 (T. W. Wilson) 倡導「民族自決」。兩項國際思潮，帶給全球殖民很大的激勵，臺灣也受到影響；日本國內在 1918 年成立的政黨內閣，與過去的藩閣、官僚內閣完全不同，由原敬所組閣就主張總督應由文官擔任，於 1919 年將「臺灣總督以大將或中將任之」改成「臺灣總督為親任」，田健治郎為第一任的文官總督，共九任，計十七年。由武官總督轉為文官總督，日本治臺政策由武裝鎮壓轉為安撫同化，文官總督推行同化政策，特別注重教化工作，可從教育的擴充、提升、內臺共學、內臺婚姻合法化及法域一元化的試行上看出。在鼓勵臺人與日人的融合和參與政治方面，文官總督修正地方制度，施行地方自治。1935 年 11 月，全島舉行選舉，是臺灣史上最初之政治參與的選舉。

　　1931 年九一八事變，日本侵占東北；1932 年一二八事變，日本企圖占領上海；中日之間戰爭已不可避免，日本軍國主義體制逐漸形成，臺灣總督的任命對象又從文官轉為武官，從小林躋造開始的後期武官總督到日本戰敗投降為止，共歷三任，另二人為長谷川清、安藤利吉，共九年。1936 年 9 月，小林躋造任臺灣總督，喊出「皇民化、工業化、南進基地化」的口號，作為統治臺灣的三原則。皇民化運動推動的主要內容

為：㈠國語運動；㈡改姓氏運動；㈢志願兵運動；㈣宗教社會風俗改良運動。日本為了實現其擴張領土的野心，把臺灣視為前進東南亞的基地，臺灣扮演了日本帝國對華南的經營及東南亞擴展的前哨角色。

一、政治社會運動

　　1895 年 10 月日本擊敗劉永福在臺南的抵抗後，11 月宣佈全島悉予平定，但是各地武裝抗日風起雲湧仍未平息，直到 1915 年余清芳抗日革命被敉平後，才告結束。余清芳革命，亦稱西來庵事件，或稱噍吧哖（臺南玉井）事件，是抗日革命的一個歷史轉捩點，具有四項意義：㈠最後一次有組織、有計畫的武裝抗日革命；㈡臺灣武裝抗日革命中規模最大、犧牲最壯烈者；㈢顯示日本殖民統治的完成；㈣對日本二十年統治臺灣的施政絕大諷刺。西來庵事件以後，漢人的武裝抗日正式結束。但由於臺灣總督對原住民採取高壓統治與強制義務勞動的政策，造成原住民的不滿，1930 年 10 月 27 日爆發由莫那魯道領導的霧社事件，便是最具代表性的原住民武裝抗日事件。臺灣總督府採強力的鎮壓軍事行動（陸軍與警察、飛機空襲與毒氣彈），最後莫那魯道自殺；然而次年，更唆使敵對勢力的原住民對其展開突擊，史稱「第二霧社事件」，此一事件迫使總督府重新檢討理蕃政策。

　　由於漢人武裝抗日已走不通，士紳和知識分子轉而透過和平的政治抗爭運動，爭取殖民地人民的權益。1914 年「臺灣同化會」的成立，可以視為臺灣人民政治抗爭的開端，亦稱之為改良主義運動。1914 年林獻堂藉著同情臺灣本地人處境的板垣退助來臺機會，組成「臺灣同化會」。林獻堂選擇接近板垣退助等日本政要，採取同化會的方式，多少受到梁啟超的影響。臺灣在政治抗爭的路線上，就以所謂「愛爾蘭模式」，來作為臺灣歷史上非常重要的政治訴求。以林獻堂為主的臺灣士紳推動同化

背後目的，明白提出撤廢「六三法」的主張。在美國總統威爾遜提出十四點原則催化民族自決風潮下，林呈祿提出設置臺灣議會的主張，取代了撤廢「六三法」的訴求，成為臺灣本地人對統治者抗爭的重要政治主張。

1920 年主張改革臺灣政治體制，由林獻堂出任會長的「新民會」在東京成立，並成立以學生會員為主的「東京臺灣青年會」，創刊《臺灣青年》。1922 年以月刊《臺灣》出刊，1923 年改名以《臺灣民報》出版，由半月刊改為旬刊，至 1925 年發展為週刊。1927 年《臺灣民報》增加日文版，臺灣總督府才許可在臺灣發行，1930 年《臺灣民報》改組為《臺灣新民報》，1932 年改為日報發行，是日治時期臺灣本地人唯一擁有的報紙媒體。

在日治時期臺灣政治社會運動中，臺灣議會設置請願運動是發端，但較深入民間 ， 並較具大眾影響力的是 1921 年 10 月 17 日成立的臺灣文化協會。臺灣文化協會成立目的是在以「助長臺灣文化之發達」，其主要實際推動者為蔣渭水，認為臺灣島內應組織類似民族運動的主導團體與啟蒙組織，以擔負推動議會請願及文化啟蒙的角色，因此，臺灣文化協會是一種文化啟蒙運動。文化協會成立後，推行許多民眾啟蒙工作，其要者有：設置讀報社為據點、發刊會報、舉辦各種文化講座、開辦夏季學校、文化演講會、放映教育性電影等。臺灣文化協會對臺灣的影響有四項：㈠啟發民族意識；㈡促使臺灣青年投效祖國抗日運動；㈢開啟民智，破除迷信；㈣鼓吹婦女解放。

在臺灣文化協會成立之初，臺北已有馬克思研究會，其後有新臺灣聯盟，繼之有臺北青年、臺灣無產青年會，都是青年學生的組織，但都無足輕重。1928 年 4 月 15 日以「日本共產黨臺灣民族支部」的臺灣共產黨在上海成立，以臺灣民族獨立、建立臺灣共和國為訴求。臺共成立後，積極介入臺灣社會、文化運動，新文協及農民組合陸續成其外圍團

體。1920 年代末期日本政府開始嚴格取締左派活動，臺灣左派運動也遭到鎮壓。1931 年 6 月臺共黨員檢舉，臺共及其外圍組織的文化協會及農民組合亦遭檢舉而結束。

二、文教與社會

日本治臺後，臺灣總督府本著差別待遇、隔離政策為原則，建立臺灣的教育制度。日治時期臺灣的教育和學術，主要在於貫徹殖民政策。教育特別偏重初等教育和職業教育，學術則著重熱帶醫學研究和區域研究。初等教育是當時的發展重點，以日語教學為課程中心；中等以上教育較注重實用。初期臺灣教育並未有固定制度，是因應現實需要發展，形成臺灣人（先設國語傳習所，後設立公學校，修業六年）、原住民（設蕃童教育所、番人公學校，修業年限僅四年）及日本人（來臺日人子弟則設小學校、中學校等，施以與日本國內相同教育）等三個系統的差別待遇教育。至 1915 年因林獻堂等人的請願及捐資，才設有專門招收臺人子弟的臺中中學。

至於高等教育，1919 年以後，設有農林、工、商專科學校及臺北帝國大學（今國立臺灣大學，1928 年創校，初設文政及理農工學部，1936年增設醫學部，修業年限最短三年、最長六年）。臺灣本地人若要深造，尤以法政學科，常常必須到日本、中國大陸及歐美等其他國家。由於語言、交通及其他因素，留日學生人數遂遠較其他地區留學者可觀，影響也較大。臺灣全民義務教育體制，遲至 1943 年正式實施六年制的義務教育後，才告建立。日治時期的殖民教育是近代臺灣社會、文化變遷的主要動力，其五十年間所建立的規模和基礎，對戰後臺灣有不可忽視之影響：㈠公學校取代傳統書房教育；㈡日語教育無法取代臺語成為生活語言；㈢促進臺灣社會現代化。

　　日治時期日人對臺灣社會文化的提升，生活品質的改變有其貢獻。

　　㈠放足斷髮：日本殖民統治初期，纏足、辮髮及吸食鴉片，被總督府看作是臺灣社會三大陋習。1914 年臺灣各地成立風俗改良會，掀起放足斷髮的熱潮，臺灣總督府遂於 1915 年下令保甲規約，以保甲制度推動放足斷髮運動，與此相伴而來「易服」問題，亦即是改變服飾，穿西服非和服。放足斷髮的結果，首先使婦女獲得解放；其次，帶來崇尚新潮的易服改裝風氣；此外，審美觀念亦漸改變，婚姻擇偶漸不再以腳的大小為取捨標準。

　　㈡守時觀念和星期制作息習慣的養成：1896 年 1 月 1 日臺灣正式進入格林威治世界標準時間的系統。1910 年代初期，臺灣總督府已建立完整的全臺報時系統。1920 年代起，日本政府為了加強人們對時間觀念的認識和守時習慣的養成，乃規定每年 6 月 10 日為「時的紀念日」，以期培養準時、守時、惜時的精神。1930 年代，要求清晨六時村民必須起床參加收音機體操，每一戶需配時鐘，平時透過收音機廣播準確對時，加強社會大眾時間標準化和守時的觀念。日治以前，民眾日常生活作息規律以旬、朔望、月、季、年為期；日治時期，總督府將星期制引進臺灣，規定星期日為例假日，並規定每年另有十三天的國定假日。定時休假使社會大眾有了餘暇生活的時間，總督府並成立觀光機構，規劃觀光旅遊事宜，休閒生活漸成為日常生活不可或缺的一部分。

　　㈢守法與現代衛生觀念之建立：強烈的守法精神，加上警察、保甲制度形成的嚴密控制系統，使臺灣由一個械鬥頻繁的地區轉變成治安良好的社會，幾乎達到夜不閉戶的狀態。從後藤新平上臺開始，由警察協助檢疫工作，強制進行疫苗的接種；於 1899 年成立臺灣總督府醫學校（臺大醫學院前身），希冀臺灣中上家庭的優秀子弟，接手臺灣醫療衛生工作；後藤新平邀請英國衛生顧問巴爾頓 (W. K. Burton) 來臺規劃全島

的自來水安裝及下水道工程，開鑿水井、整治地下水道，檢查市場衛生；警察強制住戶必須打掃房舍，維持室內清潔。其結果，不但有效地防治風土病，大幅降低死亡率，使臺灣人口長期呈高自然增加率的現象；且改變臺人的醫療衛生觀念與習慣，民眾罹患疾病漸不再求神問卜轉而求醫診療；西醫漸取代中醫而較受民眾信任，臺灣社會漸建立現代的醫療衛生觀念。

　　清季臺灣漢人社會分為士紳、富豪與庶民；臺灣割日，由士紳領導臺灣民主國，希望藉由國際的承認與干預，杜絕日本依約接收。此一期望落空後，士紳階層對日本新政權所採取的態度大抵有內渡、退隱及順服。後藤新平從臺灣人的性格上發現了三項弱點，依此制定了治臺三策：㈠臺灣人怕死——要用高壓手段威嚇；㈡臺灣人愛錢——可以用小錢利誘；㈢臺灣人重面子——可以用虛名籠絡。因而日治初期，總督府即對各地士紳、富豪延攬擔任參事、街庄區長、保甲局長、保正、甲長、壯丁團長、教師等職位，將臺人社會菁英悉數納入基層行政和治安組織中，以臺人治臺，建構臺灣社會新領導階層；總督府又創設紳章制度用以籠絡社會領袖協助建立社會秩序，並誘使富豪參與殖民經濟的開發。影響所及，士紳的社會主導地位漸被富豪及與總督府合作者所取代。總督府長期固守以財富和門望作為上述職銜的選任依據，同時保障既得利益和特權，使一人一家久任不替，造成地方政治參與的壟斷和地方派系的形成，直接影響二次戰後臺灣地方政治的發展。

三、經濟發展

　　日本統治臺灣後，運用警察與保甲制度，成功地維持了治安，不僅節省了龐大的軍事支出，且使整個社會安定下來。隨著統治權的鞏固，殖民當局得以實地進行日本資本入侵臺灣的基礎工作，其重點有二：一

是以整理大租權為中心的土地調查工作;二是以臺灣銀行為基軸的貨幣金融制度的整頓。

　　臺灣清代土地制度有大租及小租之別,亦即一田二主,土地所有權相當混亂。總督府於 1898 年至 1904 年間展開土地調查,先於 1898 年頒佈〈臺灣地籍規則〉、〈臺灣土地調查規則〉,設置「臺灣臨時土地調查局」,全面實施土地調查。調查結果:一是確切掌握臺灣耕地田園面積,清出大量隱田,增加了總督府的田賦收入;二是查明土地所有狀況;三是明瞭地理形勢,土地調查的同時完成了《臺灣堡圖》,對臺灣的地理形勢更能掌握。1903 年臺灣總督府先禁止新設大租權,次年,給予大租戶低額的公債作為補償,確立小租戶作為土地唯一的所有者。土地作為商品流通的可能性大增,相對地也有利於日本人取得土地。而由於補償的代價不高,大部分的大租戶便告沒落。臺灣中部地區一些較具規模的大租戶,以取得的公債作為主要的資金,設立了由臺灣本土人士創建的彰化銀行。

　　關於土地問題,總督府同時進行兩件基礎工程,即林野調查和整頓。透過土地調查、林野調查和整頓三大工作,臺灣總督府以國家權力直接介入,掠奪臺灣大量土地和資金,並將之轉化為殖民資本。

　　臺灣自古即以對外貿易為主,並沒有統一的貨幣。從中國大陸流進的、臺灣本地官府發行的、民間私造的各式各樣的貨幣,以及外國的銀幣均在臺灣流通,混亂不堪,價值基準也不統一。日本治臺初期,為求支付龐大軍費的開銷,流入大量的日本銀行兌換券、壹圓銀幣和輔助貨幣,使臺灣的貨幣制度更加錯綜複雜。1897 年日本制定了《臺灣銀行法》,1899 年設立臺灣銀行,在 1904 年由臺灣銀行發行金本位制的銀行券,與日本完成幣制的統合。臺灣銀行的設立,達成了以下三個目標:㈠為工商業及公共事業融通資金,開發臺灣富源,促進經濟發展;㈡打

破臺灣人貨幣交易的舊習,整頓臺灣的幣制;㈢驅逐外國資本,為日本
進入臺灣而鋪路。此外,為了統一商品數量的規定,1901 年實施了度量
衡條例;1905 年為了促進商品的流通,整頓了交通、通信等機關;1905
年起實施包銷制度,使支撐臺灣總督府財政的包銷事業走上軌道;同年
10 月,進行戶籍調查,象徵日本統治臺灣的控制力量已經遍及全島,殖
民經濟體制於焉完成。

　　日治時期臺灣米糖經濟發達,大略可分為三個階段,首先是從 1898
年至 1910 年的綠色革命(農業革命)準備時期,即農民對於新的農業投
入之採用,尤以新品種以及肥料的改進為要;日本政府為了提高臺灣蔗
糖與稻米的產量,故進行甘蔗與稻米的品種改良,結果使其單位面積產
量大大提高,成為臺灣的兩大輸出品。其次是 1905 年到 1925 年的現代
化製糖業興盛時期,以蔗作農業為中心,呈現單一作物生產形態的殖民
經濟結構。第三是 1925 年至 1940 年的米糖併存而相剋時期,以蔗作和
蓬萊米為中心,呈現以米糖兩大出口商品為主軸的複合性經濟結構。米
糖相剋的問題深刻化後,臺灣總督府採取價格政策和水利政策,企圖加
以處理。所謂價格政策就是謀求人為米糖價格比率的調整;所謂水利政
策是政府透過對灌溉水的控制,使稻米、甘蔗的種植以「三年輪作制度」
的輪耕體系進行,以制約農民種植農作物的選擇權。

　　日本治臺的五十年中,就工商業論,從 1895 年到 1931 年是日本資
本家企業自由發展時期;從 1931 年到 1945 年是統制經濟時期,具有戰
時經濟的色彩。日治後期臺灣工業化過程,可分為三個階段:第一個階
段是從 1931 年至 1937 年,是工業萌芽時期。1934 年日月潭水力發電工
程完成後,新興工業逐步發展。這時期擴充鐵路、公路及港灣,應付工
業發展的需要,並從事新興工業的調查研究,與協助調整現有的工業。
第二個階段是 1937 年至 1941 年,稱之為日本備戰下臺灣工業積極發展

時期，本階段的工業發展，大都依據日本軍事動員、物資動員、擴充生產力計畫，受政府之指導與統制，大多偏重軍需工業，但亦帶動重工業及基本化學工業的發展。第三個階段是 1942 年至 1945 年，稱之為戰時工業動員時期，本階段戰時工業製品需要急迫，均著重於國防或軍需工業的擴充與建設。日治後期臺灣工業化的發展，提升了人民的一般生活，具有正面意義。先農後工，農工相輔相成，加上臺灣動力充裕、日本資金及技術支援，依附在日本的工業體系之內，故能在短時間奏效。

臺灣戰後經濟發展突飛猛進，創造了「經濟奇蹟」。之所以有此「經濟奇蹟」，與日本治臺五十年的成就息息相關，也就不能視若無睹。

首先，在公共建設的發展上有驚人的成果，建造九千多公里的道路，1908 年縱貫鐵路通車，成為臺灣陸上交通的主動脈；高雄與基隆兩港口泊船能力，對外貿易發揮最大效用；航空機場設於臺北、臺中、臺南（二處）、高雄、馬公、臺東、淡水、宜蘭等九處，有定期航班；另有廣播電臺、電話局，主要市街都鋪設自來水管。

其次，在教育的提升方面，最值得稱道的是教育設施的急速增加，有國民學校、中等學校、盲啞等各種學校、實業及師範學校、專門學校、高等學校及帝國大學。

第三，在公共衛生方面也有顯著的進步，除有總督府立醫院外，還有為數眾多的私立醫院，對臺灣的保健及衛生方面，貢獻良多。在農業生產方面，由於日本政府推動土地改革、水利建設、品種改良及化學肥料的使用，使農產品生產量大大提高。

第四，在工業發展方面，中日戰爭爆發後，在臺灣增加了工業化設施，先在高雄與汐止設置了製鐵工廠，後又新設金屬、機械、化學等工業，並擴充紡織、窯業、木材、印刷等工業設施；工業的發展，使臺灣走到了工業化社會的入口，這對臺灣社會發展有很大的意義。

　　第五，在財政的收益方面，日本殖民之初曾對臺灣財政補助及將砂
糖消費稅撥給臺灣總督府，後來臺灣總督府上繳給日本政府的財政撥款，
主要在戰費的負擔，兩者相抵，臺灣人民上繳給日本政府高達五億多圓。
另外，強制派購日本政府公債和日本公司股票，強制向日本銀行、郵局
儲蓄存款，向日本保險公司保險，詐取和搜括臺灣人民金錢，難記其數。
統治經營臺灣這個殖民地，對日本本國而言，亦有料想不到的收穫。首
先，臺灣成為日本人投資的天堂，資金與過剩人口的最佳去處。在資金
方面，特別是在日俄戰爭和第一次世界大戰後，日本國內經濟兩次陷入
衰退期，臺灣由於製糖業繁榮和興建基本建設，曾吸收了鉅額的日本過
剩資本。在過剩人口方面，臺灣總督府甚至出資成立移民村，有組織有
計畫地進行移民 ， 吸收日本的過剩人口 。 來臺日人從 1896 年的 8,633
人，到 1943 年時增至 397,090 人。在貿易方面，臺灣忠實地遵守「工業
日本、農業臺灣」的政策，充分體現殖民母國與殖民地之間的隸屬關係，
臺灣為日本的工業化盡了協助的力量。

第五節　戰後臺灣多元文化之發展

一、二二八事件

　　1945 年 8 月日本無條件投降，國民政府即成立臺灣省行政長官公署，任命陳儀為臺灣省行政長官。陳儀雖有努力建設臺灣的抱負，但面臨戰後農業、工礦業的嚴重破壞、交通停頓、生產萎縮、物價暴漲、語言隔閡、人力物力不足的狀況，加上接收人員心態不正確、冗員充斥等後天失調，遂使施政效率日益低落，而不能滿足民眾需求，導致民怨破閘而出。茲就文化、政治、經濟、社會四個方面陳述於下。

　　文化方面：臺灣自 1895 年至 1945 年間，歷經日本五十年的統治，人民無論在生活或文化中都不免帶有日本的色彩。且臺人在日治時期皆學習日語，接受日本教育，於是與來自中國大陸的行政官員有溝通上的困難。反觀中國在八年對日戰爭勝利後，雖然蔣中正實行以德報怨的政策，但一般軍民仍不免帶有仇日的情緒。他們以征服者及勝利者的姿態來到臺灣，對既有語言和文化多少抱持著敵對的心態，視臺灣人為日人奴化，急於加以改變，並未注意到臺人的觀感。而光復前臺人將祖國理想化而嚮往之，光復後才發現現實與理想的差距甚大，心理的不適與失落感油然而生。

　　政治方面：接收臺灣，陳儀未能充分關懷和容納臺人，忽視人心的接收；行政人員的任命與重要職務幾乎由中國大陸來臺人士擔任，臺人大多位居下級職務，這種不公平措施深為臺人所不滿。非臺籍人士常壟斷高位，用人牽親引戚，導致冗員充斥、貪污舞弊頻傳，加上行政缺乏效率，儘管輿論交相指責，卻仍未見改善，因而民間逐漸形成一股不滿

政府的暗潮。

　　經濟方面：最令臺人詬病的是陳儀政府不但未恢復經濟，控制通貨膨脹，解決失業恐慌，反而控制臺省內外運輸的貿易局，壟斷臺灣的民生貿易與工業發展，令一般私人企業無法經營。加上失業人口、物價指數無法控制，更引起人心惶惶。

　　社會方面：復員返鄉的軍人無法就業，逐漸形成一股不滿政府的暗潮；加上治安日益敗壞，警察破案率甚低；稅務人員紀律不良，常因細故拔槍威嚇人民，甚至開槍殺人；強買勒借，姦污婦女，亦時有所聞，使政府喪失民心。

　　總之，陳儀在臺灣施政，不無勵精圖治，建設臺灣的宏願，但實際上政治經濟各項措施，卻弊病叢生，臺胞怨聲載道，導致光復後短短一年半的光景，即爆發「二二八事件」。「二二八事件」始於 1947 年 2 月 27 日，至 5 月 15 日魏道明就任臺灣省主席，取消《戒嚴令》，結束清鄉工作，解除交通管制為止，歷時兩個多月。其中包括圓環緝煙事件、公署請願與衛兵開槍事件、二二八事件處理委員會要求政治改革、武裝鎮壓、清鄉等。

　　二二八事件影響臺灣民心和社會極為深遠，首先是造成生命財產損失慘重；其次，種下臺人對中國國民黨及外省人的疑懼心理，這種「省籍情結」的衝突，一直潛伏在臺灣社會的內部，是造成政治不安的因素；第三，由於臺灣一些社會菁英被逮捕或殺害，臺人心理產生極大恐懼感，對政治逐漸冷漠，加上當時實施一黨專政和長期戒嚴，加深臺人的疏離感，在相當長時期養成對政治不關心，讓臺灣民主運動起步延後了幾十年。

二、中原文化之繼承

　　1948 年底蔣中正派陳誠為臺灣省政府主席，積極建設臺灣。陳誠在臺灣陸續推行以穩定內部為目標的三項重要措施：第一，自 1949 年 3 月 1 日起實施出入境管制，以防止匪諜及破壞分子混入臺灣，擾亂社會秩序；第二，自 4 月 12 日起，實施「三七五減租」，為土地改革的起步；第三，於 6 月 15 日發行新臺幣，穩定幣值，以遏阻物價上漲，保障經濟安定。這三項措施使臺灣情勢趨穩，政府建設臺灣的政策得以順利開展。

　　1948 年 4 月通過《動員戡亂時期臨時條款》及臺灣當局頒佈的《戒嚴令》，仍繼續實施。1950 年蔣中正於臺北復行視事，宣稱「憲政體制絕不改變」，以維護政府的正統性與合法性。這種民主憲政與戡亂戒嚴的雙軌體制，使臺灣從此進入長達三十八年的戒嚴時期，限制了臺灣民主政治發展的速度、方向與範圍。1975 年 4 月蔣中正病逝臺北；1976 年蔣經國被推為中國國民黨主席，1978 年蔣經國當選總統。蔣經國總統主政期間，黨外力量不斷增強，群眾性演講和示威遊行不斷，遂造成 1979 年 12 月的高雄美麗島事件。1986 年 9 月民主進步黨組黨，使臺灣逐步進入政黨政治的時代。蔣經國總統晚年積極推動六大政治改革方案，1987 年 7 月解除戒嚴，開放組黨；同年 11 月開放民眾赴中國大陸探親；1988 年 1 月，解除報禁；一連串的政治改革，開啟了憲政革新的大門。

　　1949 年國民政府遷臺，帶來最大波的漢人移民，並帶來強勢的中原文化。臺灣當局對中原文化的推展，以教育作為重要的工具，說國語運動強力推行，同時抵制方言與日語的使用。透過普及化的全民義務教育，加上統一的教材與考試，類似明清科舉制度，有力的將中原的傳統價值觀念內化成全民的人格規範。以後近四十年間，中原文化成為臺灣文化主流的根源，中原文化以各種面貌無所不在的出現在臺灣各個社會角落

與文化領域。

　　自明末的十七世紀初至二十世紀末，已近四百年，其間出現兩個漢化的高峰，一是肇因滿清入主中原，造成大批大陸居民渡臺避難謀生（引進大陸邊陲之間閩粵的區域文明，帶來生活與民俗）；二是二十世紀中葉，肇因國共戰爭國民黨戰敗，再度造成大批中國大陸居民渡臺避難（引進中原文化，帶來思想與學術）。第二波漢化造就出比共產中國還要有傳統中國文化氣息的臺灣。漢人移居臺灣初期的百餘年間，移民並沒有「臺灣意識」，直到 1860 年前後，臺灣由移墾社會轉型為定居社會，住民才逐漸有「臺灣人」的自我認定。在其後的一百多年間，歷經滿清設省、日本治臺與國民政府在臺之設立政權，臺灣人在「臺灣意識」的自我認定下，先後接受不同統治政府所帶來的不同文化與價值觀念。此一局面維持到 1960 年代後期，臺灣才開始「本土文化」的自主性認知與發展。到了 1980 年代，帶有文化反省意義的「臺灣意識」已成為學人的共識，此一時期，研究臺灣歷史的文獻大量出現，更讓臺灣的知識分子開始思索臺灣的過去、現在與未來。

參考書目

壹、中國史部分

一、專　書

王志瑞，《宋元經濟史》，臺北：商務印書館，1967。

田昌五，《中國古代社會發展史論》，濟南：齊魯書社，1992。

谷霽光，《中國古代經濟史論文集》，南昌：江西人民出版社，1980。

朱家楨，《中國經濟思想史》，北京：北京人民出版社，1994。

李劍農，《中國古代經濟史稿》，武昌：武漢大學出版社，1990。

李錦綉，《唐代財政史稿》，北京：北京大學出版社，1995。

侯家駒，《中國經濟思想史》，臺北：中華文化復興運動委員會，1982。

侯家駒，《中國財金制度史論》，臺北：聯經出版事業股份有限公司，1990。

唐長孺，《魏晉南北朝隋唐史三論》，武昌：武漢大學出版社，1993。

陳寅恪，《隋唐制度淵源略論稿》，北京：中華書局，1963。

陳寅恪，《唐代政治史述論稿》，上海：上海古籍出版社，1982。

曹貫一，《中國農業經濟史》，北京：中國社會科學，1989。

傅筑夫，《中國古代經濟史概論》，北京：中國社會科學出版社，1981。

傅筑夫，《中國封建社會經濟史》，北京：北京人民出版社，1986。

傅樂成，《隋唐五代史》，臺北：中國文化大學出版部，1980。

傅樂成，《漢唐史論集》，臺北：聯經出版事業股份有限公司，1991。

童書業，《中國手工業商業發展史》，濟南：齊魯書社，1981。

漆俠，《宋代經濟史》，上海：上海人民出版社，1988。

漆俠、喬幼梅，《遼夏金經濟史》，保定：河北大學出版社，1994。

趙岡、陳鍾毅，《中國經濟制度史論》，臺北：聯經出版事業股份有限公司，
　　　1986。

趙靖，《中國古代經濟思想史講話》，北京：北京人民出版社，1986。

趙靖，《中國古代經濟管理思想概論》，南寧：廣西人民出版社，1986。

趙靖、張守軍主編，《中國商業思想史稿》，北京：中國商業出版社，1990。

趙靖主編，《中國經濟思想通史》第一、二、三卷，北京：北京大學出版社，
　　　1991、1995、1997。

鄭學檬，《簡明中國經濟通史》，哈爾濱：黑龍江人民出版社，1984。

鄭學檬主編，《中國賦役制度史》，廈門：廈門大學出版社，1994。

鄭學檬，《中國古代經濟重心南移和唐宋江南經濟研究》，長沙：岳麓書社，
　　　1996。

錢公博，《中國經濟發展史》，臺北：文景出版社，1974。

二、期刊論文

毛漢光，〈論安史亂後河北地區的社會與文化——舉在籍大士族為例〉，收入
　　　淡江大學中文系主編，《晚唐的社會與文化》，臺北：臺灣學生書局，
　　　1990，頁 99～111。

加藤繁，〈漢代國家財政和帝室財政的區別以及帝室財政的一斑〉，收入氏著，
　　　《中國經濟史考證》，臺北：稻鄉出版社，1991，頁 26～134。

杜正勝，〈中國社會史的探索——從理論、方法與資料、課題論〉，收入：國
　　　立中興大學歷史學系，《第三屆史學史國際研討會論文集》，臺中：
　　　國立中興大學歷史學系，1991，頁 25～76。

汪榮祖，〈五四與民國史學之發展〉，收入於氏編，《五四研究論文集》，臺北：
　　　聯經出版事業股份有限公司，1975，頁 221～233。

張壽安，〈清儒的考證、經世與制度重建〉，《當代史學》1：4，1998。

梁庚堯，〈從「讀書雜誌」到「食貨」半月刊——中國社會經濟史研究的興起〉，收入周樑楷（編）《結網二編》，臺北：東大圖書股份有限公司，2003，頁 285～340。

勞榦，〈漢代的亭制〉，《勞榦學術論文集‧甲編》，臺北：藝文印書館，1976，上冊，頁 735～745。

勞榦，〈漢代的縣制〉，收於氏著，《勞榦學術論文集‧甲編》，上冊，頁 783～795。

嚴耕望，〈魏晉南北朝行政制度約論〉，《大陸雜誌》，27：4，頁 101～105。

貳、臺灣史部分

一、專　書

李筱峰、劉峰松，《臺灣歷史閱覽》，臺北：自立晚報社文化出版部，1998。

李筱峰、林呈蓉，《臺灣史》，臺北：華立圖書股份有限公司，2003。

吳文星，《日據時期臺灣社會領導階層研究》，臺北：正中書局，1992。

吳文星，《臺灣社會領導階層之研究》，臺北：正中書局，1992。

吳密察，《臺灣近代史研究》，臺北：稻鄉出版社，1990。

吳密察，《臺灣通史》，臺北：時報文化出版企業股份公司，1997。

周婉窈，《臺灣歷史圖說》，臺北：聯經出版事業股份有限公司，1998。

周婉窈，《日據時代的臺灣議會設置請願運動》，臺北：自立晚報社文化出版部，1989。

林呈蓉，《近代國家的摸索與覺醒：日本與臺灣文明開化的進程》，臺北：吳三連臺灣史料基金會，2005。

林滿紅，《茶、糖、樟腦業與臺灣之社會經濟變遷 (1960～1995)》，臺北：聯經出版事業股份有限公司，1997。

若林正丈著，洪金珠、許佩賢譯，《臺灣──分裂國家與民主化》，臺北：月
　　　旦出版社，1994。

張勝彥、吳文星、溫振華、戴寶村，《臺灣開發史》，臺北：空中大學，1996。

許雪姬等，《臺灣歷史辭典》，臺北：行政院文化建設委員會，2004。

陳鴻圖，《臺灣史》，臺北：三民書局股份有限公司，2004。

黃秀政、張勝彥、吳文星著，《臺灣史》，臺北：五南圖書出版事業股份有限
　　　公司，2002。

溫振華，《清代臺北盆地經濟社會的轉變》，臺北：國立臺灣師範大學歷史研
　　　究所，1978。

薛化元，《臺灣開發史》，臺北：三民書局股份有限公司，1999。

戴寶村，《帝國的入侵──牡丹社事件》，臺北：自立晚報社文化出版部，
　　　1993。

二、期刊論文

吳文星，〈如何看待日據時代臺灣史〉，《學術演講專輯第 12 輯》，臺北：臺灣
　　　師大，1996，頁 415～426。

吳密察，〈清代臺灣的「羅漢腳」〉，《歷史月刊》7 期，頁 66～69。

李亦園，〈從文獻資料看臺灣平埔族〉，收錄於氏著，《臺灣土著民族的社會與
　　　文化》，臺北：聯經出版事業股份有限公司，1982，頁 49～76。

曹永和，〈荷蘭與西班牙佔據時期的臺灣〉，收錄於氏著，《臺灣早期歷史研
　　　究》，臺北：聯經出版事業股份有限公司，1979，頁 25～44。

曹永和，〈鄭氏時代之臺灣墾殖〉，收錄於氏著，《臺灣早期歷史研究》，臺北：
　　　聯經出版事業股份有限公司，1979，頁 255～293。

陳芳明，〈鄭成功與施琅──臺灣歷史人物評價的反思〉，收錄於張炎憲、李
　　　筱峰、戴寶村編，《臺灣史論文精選（上）》，臺北：玉山社出版事業

股份有限公司，1996，頁135～155。

劉翠溶，〈漢人拓墾與聚落之形成：臺灣環境變遷之起始〉，《積漸所至：中國環境史論文集》，臺北：中央研究院經濟史研究所，1995，頁295～347。

參、網路資源

1.史學連線 http://saturn.ihp.sinica.edu.tw/~liutk/shih/

2.中國歷史 http://sokamonline.com/indexPage/ChineseHistMain.cfm

3.臺灣史教學網站 https://web.fg.tp.edu.tw/~nancy/Taiwan/index.htm

4.中央研究院歷史語言研究所 https://www1.ihp.sinica.edu.tw/

附錄一：中國歷史文化經濟年表

年　代	大　事
西元前 4500	黃河流域產生仰韶文化。粟、黍的栽培及豬、犬的飼育。使用石製犁
4000	以黃河下游流域為中心，產生使用進步的農具、農耕技術的龍山文化
11 世紀	在此以前已懂得釀造酒
1023	周王朝成立，遷都鎬京，完成以筮竹占卜之術
770	周平王遷都雒邑，為東周之始
6 世紀	分畝栽培、以耙集約耕作、鐵犁的使用
481	周代王侯貴族在奏樂之中進食
450	弓弩已經發明
400	各國流通布錢、刀幣、圓錢等金屬貨幣。楚也使用金貨。兩層樓閣和緞子的出現
350	各地設置關所徵收行稅。齊都臨淄達戶數七萬，成為最大的都市。秦遷都咸陽
300	使用桔槔吊瓶從井中汲水
4 世紀～ 3 世紀	《楚辭》出現
247	秦莊襄王死去，政成為秦王。鄭國設置灌溉用水路
225	秦的蒙恬發明毛筆
221	始皇統一天下。實施郡縣制，統一貨幣、度量衡、文字等制度
219	始皇帝東巡，在泰山舉行封禪儀式
214	將軍蒙恬討伐匈奴，鎮壓了黃河以南。開始修復萬里長城
213	木製名片的使用
212	依照李斯的建議，斷行焚書阬儒。開始營造驪山陵、阿房宮

200	劉邦率大軍攻討匈奴戰敗，在平城被包圍。遷都長安制定驛站制度
139	武帝與大月氏結盟，為了從東西夾擊匈奴，派遣張騫到西域
136	武帝設置五經博士欲將儒教國教化
126	張騫由西域返回
121	霍去病討伐匈奴，匈奴的渾邪王降伏，漢在支配地設置四郡。此時的戶數 1,223 萬戶，人口 5,959 萬人
119	武帝實施鹽、鐵、酒的專賣
115	張騫由第二回遠征歸國，葡萄、石榴、苜蓿也傳到中國。設置酒泉、武威二郡。用桑弘羊，施行均輸法
111	滅南越，置九郡，並設置西南夷五郡
108	降伏朝鮮，設置樂浪郡等四郡
101	李廣利從大宛帶回汗血馬
97 年	司馬遷作《史記》
1 世紀	此前的連鎖抽水機「龍骨車」的發明
西元 1	劉歆完成中國最初的圖書目錄《七略》
2	中國的人口調查，1,223 萬 3,062 戶 5,959 萬 4,978 人。感染疫病者必須隔離在空屋施藥
9	禁止買賣土地奴隸的法令
10	王莽制定二十八種貨幣，貨幣經濟因而混亂
14	更改官職名、地名。邊境大饑饉
26	光武帝發佈奴隸解放令
29	在洛陽的開陽門外，設置學習經學的太學（國立大學）
30	公孫述在四川鑄造中國最古的鐵錢。杜詩發明以水力作動高溶礦爐的水力送風機（水排）
39	測量中國全土
50	洛陽已有書店。佛教流行於部分上流階級

57	只要繳納絹二十疋，就可以免除死罪
68	佛教傳來，建立白馬寺
80	王充著作《論衡》
82	班固的《漢書》完成
85	西域產的毛織物與中國產的絹的交易逐漸旺盛。渾天儀開始使用
87	與西域的交易逐漸旺盛。西域使用毛織作衣服，絹也可以當作通貨使用
97	班超派遣甘英到羅馬
100	著作中國數學古典《九章算術》。許慎著作最古的字書《說文解字》
105	蔡倫發明紙
120	羅馬使節經由印度緬甸由海路到達長安
130～132	張衡製作候風地動儀（地震計）及參車（測量道路里程的度步器）
133	由疏勒國獻上獅子給中國皇帝
140	實施人口調查，969 萬 8,630 戶 4,915 萬 220 人
144	人口 995 萬戶 4,973 萬人
147	安世高開始翻譯佛典
150	洛陽的太學生超過三萬人
166	羅馬皇帝馬古斯・奧理略的使者，由海路來到中國
169	第二次黨錮事件發生。清流派官僚由官界被追放
170	河北流行懺悔罪行，將符燃燒浸水喝下就能治病的太平道
178	設立以文學、藝術為主的鴻都門學
180	華佗施行外科手術
181	靈帝在宮中開辦以宮女扮成攤販的模擬店式宴會
184	太平道的創立者張角發起黃巾之亂
190	華佗施行麻醉外科手術。徐州的窄融建造佛寺、佛像，施行

	灌佛會及施食
196	曹操迎立獻帝，遷都許昌。在許昌開拓屯田
3 世紀	馬鐙的出現
200	張仲景著作《傷寒論》、《金匱要略》。篆書、隸書體的使用只限於碑文等禮儀之時
205	為了抑制穀物消費，實施禁酒令。曹操禁私自報仇、厚喪、建立石碑
220	魏朝制定九品官人法
235	魏國的馬鈞製作指南車，及以水力作動的傀儡玩偶
250	流行清談
260	竹林七賢的活躍
263	劉徽著作數學書《九章算術注》
265	天子出行使用以車輪的回轉數測量距離的記里鼓車，及指著南方的指南車。裴秀作成「方丈圖」（全國地圖）。相墓的觀念已經存在
280	晉統一全國，晉武帝施行戶調式及占田、課田法。此年的戶口調查，245 萬 9,840 戶 1,616 萬 3,863 人。皇甫謐撰《鍼灸甲乙經》。張華編纂《博物志》
3 世紀末	王叔和著作《脈經》
317	葛洪的《抱朴子》，及成為不死之身的呼吸法、房中術、丹藥開始流行。丹藥之中以丹砂（硫化汞）為頂極
320	將棋已經存在。貴族之間流行穿木屐
323	東晉允許漢人出家
335	後趙的石虎以佛圖澄為國師，允許漢人出家
353	王羲之在會稽蘭亭，招集貴族開辦曲水之宴
364	東晉施行土斷法
366	樂尊草創敦煌千佛洞。開始挖掘敦煌鳴砂山的石窟，營造莫高窟
390	慧遠入廬山，402 年結成白蓮社

398	北魏遷都平城
399	法顯出發到印度取經
401	鳩摩羅什在長安開始漢譯大乘教論
442	北魏的太武帝以道教為國教
446	北魏的太武帝斷行廢佛
460	雲岡石窟開始營造
485	北魏實施均田制、三長制
493	北魏從平城遷都到洛陽。實施漢化政策
494	龍門石窟開始營造
606	人口 891 萬戶 4,602 萬人
757	891 萬戶 5,292 萬人
842	廢佛及三夷教的禁壓。到 845 年之間，大小寺院被毀壞，二十六萬的僧尼被迫還俗。祆教、基督教、摩尼教的傳教師，及入唐僧圓仁等也被迫還俗
950	纏足的風俗開始
955	後周的世宗廢佛。沒收銅器、佛像等器物鑄造銅錢
963	禁止火葬的敕令
970	設置便錢務，發行官吏匯票。四川流通鐵錢，禁止使用銅錢
973	科舉增加殿試
989	鑄造淳化元寶，以後每次改元就改鑄錢幣
992	科舉實施糊名法
997	禁止民間發行匯票
1004	遼聖宗南下，進攻宋國開封。宋以銀十萬兩、絹二十萬匹為歲幣贈予遼，締結了宋為兄、遼為弟的契約，保持了一百二十年間的和平
1036	西夏創始，公佈西夏文字
1041～1049	畢昇以膠泥（粘土）為原料製作泥瓦活字，但未曾使用在一般生活上

1044	曾公亮、丁度等完成《武經總要》
1064	英宗為了調整價格設立穀倉
1067	禁止輸出火藥原料的硫磺及硝石
1069	王安石實施新法
1070	制定河倉法，支給從來沒有俸祿的低級官吏俸金
1071	施行太學生三舍法
1074	解禁銅錢的輸出，以後銅錢急劇流出，造成國內錢不足的現象
1079	1,485 萬戶 3,330 萬人
1083	設置官營的紡織工場「錦院」
1084	司馬光完成《資治通鑑》
1087	在泉州設置市舶司
1092	蘇頌和韓公廉完成水運儀象臺。沈括執筆《夢溪筆談》
1096	刊行《脈經》、《千金翼方》、《金匱要略方》、《補注本草》、《圖經本草》等醫藥書
1110	宋開封的繁盛達到頂點
1260	元世祖發行「中統元寶交鈔」
1270	北京開設廣惠司（以伊斯蘭系醫學治療疾病）
1271	蒙古建立元朝。北京設立伊斯蘭系的天文臺
1275	馬可波羅滯留中國
1276	元朝的郭守敬等受命改曆，組織太史局，著手作成《授時曆》
1281	《授時曆》完成
1299	朱世傑著作《算數啟蒙》
1310	發行記有巴斯巴文的「大元通寶」
1313	元朝最初實施科舉
1314	王禎以木版活字刊行自著的《農書》二十二卷，是出現在文獻上最古的木版活字本
1335	終止科舉

1337	禁止漢人、南人攜帶武器,並沒收馬匹。也禁止蒙古人、色目人學習文字
1340	科舉復興
1344	黃河大氾濫
1351	改修黃河。河南發生紅巾之亂
1353	工部尚書黃魯開始修復黃河
1385	南京設置觀象臺
1393	1,065 萬 2,870 戶,6,054 萬 5,812 人(《明史‧食貨志》)。藍玉之獄
1397	公佈「六諭」,鄉里老人必須一月六次敲打木鐸,讓農民復唱。制定明律
1405	鄭和開始南海遠征,在遼東設置北方民族的馬匹與中國物產的交易市場——「馬市」
1411	鑄造永樂錢
1420	設置特務機關東廠
1421	遷都北平(順天府)稱為北京
1430	景德鎮流行官窯
1438	在大同開馬市與瓦剌部通商
1445	道家的教典正統版《道藏》完成
1474	開始萬里長城的構築、補修
1477	設置情報機關西廠
1478	遼東的馬市再開
1485	江南實施匠戶(手工業者)必須在國工場勞動一定期間的徭役,可以納銀免除的「班銀制」
1488	全國施行均徭法
1491	人口 911 萬戶,3,328 萬 1,158 人
1539	《水滸傳》的刊行
1550	算盤普及

1578	1,062 萬戶 6,069 萬人
1584	明朝皇子朱載育發明音樂的平均律，其理論普及於歐洲
1661	鄭成功趕走荷蘭人占據臺灣
1675	鄭經許可英國人在廈門貿易
1683	鄭氏滅亡，清領有臺灣
1684	設置四海關，允許外國貿易
1699	允許英國在廣東貿易
1708	北京的圓明園營造開始。康熙派遣傳教士到全國各地，實測中國全領域
1711	男丁（成年男子）2,417 萬 999 人。根據此時的人丁數，從翌年增加的人丁可以免除人頭稅
1715	英國東印度協會在廣州設置商館。義大利的耶穌會教士，也是畫家的郎世寧來到北京，成為清朝的宮廷畫家，臣事康熙、雍正、乾隆三帝
1716	《康熙字典》完成
1718	康熙下令以歐洲的測量法製作的《皇輿全覽圖》完成
1720	清領有西藏。在廣州設立公行。成立獨占與歐洲諸國貿易的官商特許商社。康熙命法國傳教士翻譯的歐洲解剖醫學書《各體全錄》完成
1723	雍正嚴禁天主教。為了防止貪污，在山西省試驗性的支給官吏養廉銀。施行解放山西省的「樂戶」，浙江省的「墮民」等賤民解放令
1725	中國最大的百科全書《古今圖書集成》編纂完成
1727	印刷《古今圖書集成》的銅刷版六十四部
1729	禁止鴉片的販賣及開設煙館。販賣鴉片者處死刑
1730	為了供應中國沿岸增多的人口，泰國米的輸入達到顛峰（泰國米的米價，約是中國米的五分之一）
1736	《清明上河圖》的畫院合作本成立
1739	《明史》刊行

1740	禁止漢人入墾滿洲（封禁政策）。荷蘭為了獨占砂糖的權利，在爪哇的巴達維亞一帶大量虐殺中國人
1745	吳敬梓完成《儒林外史》
1749	人口 1 億 7,749 萬人
1750	被稱為「揚州八怪」的個性派文人畫家在揚州活躍
1753	在福建省武邵縣，為了計量佃米的容量，佃戶組成鐵尺會，發起抗租運動
1757	外國貿易只限廣州一港
1767	《乾隆大清會典》成書。法國傳教士蔣友仁刊刻《坤輿全圖》
1772	乾隆設置四庫全書館
1775	以包公為主人公的「龍圖公案」刊行
1776	浙江省的佃戶抗租與官府發生衝突。怪談集《聊齋誌異》刊行
1782	《四庫全書》完成。錢大昕完成《二十二史考異》
1786	臺灣發生林爽文等組織的天地會的反亂
1787	乾隆敕命編纂滿、藏、蒙、回、漢五種言語的對照辭典《五體清文鑑》全三十六卷
1792	曹雪芹的遺作及高鶚續作的《紅樓夢》一百二十回本刊行
1793	英國使節馬戛爾尼謁見乾隆。強化駐藏大臣的權限
1796	嘉慶即位。發生白蓮教之亂，同年禁止輸入鴉片
1800	禁止鴉片的輸入、吸飲、栽培。紀昀的文言小說《閱微草堂筆記》刊行
1805	禁止歐洲出版、傳道活動
1806	禁止八旗的養女和漢人結婚
1808	英國船攻擊澳門
1811	禁止傳佈天主教，及歐洲人居住內地
1813	禁止販賣鴉片。禁止民間聚眾結社
1814	編纂總集唐、五代詩文的《全唐文》一千卷

1815	嚴禁鴉片的輸入。禁止歐洲人販賣珍奇物品
1816	英國使節阿美士德拜訪北京，被命退京
1818	禁止把農田當作通路。禁止匿名密告
1820	修復各省的社倉、義倉。從此時起，江南、江北間米糧的海運輸送逐漸旺盛。京劇的基礎確立。英國傳教士莫理遜編纂《中國語辭典》。李汝珍的小說《鏡花緣》刊行。漢學者阮元設立教學研究學校「學海堂」
1823	禁止民間栽培罌粟製造鴉片
1825	上海設置海運總局。主張男女平等
1827	嚴禁滿洲人的漢化
1828	禁止使用外國通貨
1829	阮元刊行總集清代經解的《皇清經解》
1830	顧祿所著的《清嘉錄》記述了清代中期蘇州的日常生活
1831	鴉片的大量輸入，白銀開始流出。龔自珍、魏源、林則徐等讀書人、官僚結成詩作社團「宣南詩社」
1832	福建、臺灣發生反亂。章學誠的史學理論書《文史通義》刊行
1833	英國解散東印度公司廣東事務所，設置貿易監督官
1839	林則徐沒收廢棄英國商人所有的鴉片
1840～1842	鴉片戰爭
1842	締結《南京條約》，決定割讓香港，及開廣州、廈門、福州、寧波、上海五港。魏源受林則徐之託，刊行介紹海外事情的《海國圖志》
1843	洪秀全創設上帝會。上海開港
1844	清與美國締結《望廈通商條約》，與法國締結《黃埔條約》。魏源完成《海國圖志》五十卷。英國的女性傳教士安達西在寧波開設女學校
1848	俄國被拒絕在上海貿易
1850	咸豐即位。上帝會在廣西省金田村蜂起，開始太平天國之亂

	（直到 1864 年為止）。北京語的說書式小說《兒女英雄傳》成書。上海最初的新聞《北華報》創刊
1851	人口 4 億 3,216 萬 4,047 人
1858	與俄國締結《璦琿條約》。俄國事實上獲得了烏蘇里江東側的土地。與英國、法國、美國締結《天津條約》。新開了南京等十港，並允許外國公使駐在北京，及參與關稅行政等權利。又逼迫清朝將鴉片「合法化」，改名為「洋藥」。並承認天主教在中國傳教
1860	與英、法、俄締結《北京條約》。俄國又獲得烏蘇里江西側的約四十萬平方公里的土地。圓明園被英、法軍破壞
1862	北京設立同文館（外國語學校）
1867	《中國教會新報》（1874 年改為《萬國公報》）在上海創刊
1872	李善蘭撰《考數根法》
1874	日本對臺灣出兵。日本的人力車流入上海
1876	英國人約瀚·忽來雅在上海開設格致書院，實施西洋科學及工業技術教育
1878	正蒙書院設立
1882	不能使用上海共同租界的下水道的中國民眾，將黃浦江的水加入明礬澄清再煮沸使用
1885	康有為上奏改革國政。王先謙編纂《續皇清經解》。上海的黃浦公園掛著顯示外國人橫暴的「狗和中國人不能進入」的招牌
1891	康有為發表《新學偽經考》，認為古文的經書是偽作的
1894	撤回封禁政策允許漢人入殖黑龍江省等省
1895	締結《馬關條約》，支付日本賠償金及割讓臺灣。三國干涉。康有為等開始變法運動。嚴復抄譯達爾文的《進化論》為《天演論》
1896	梁啟超創刊中國人置辦的最初的雜誌《時務報》。上海上映最初外國電影。京師大學堂（後來的北京大學）創立。在河南省安陽縣小屯的殷都發現甲骨文字。此時發現敦煌文書

1898	法國租借廣州灣。英國租借九龍。戊戌變法後慈禧太后再度掌握實權
1899	美國提倡中國開放門戶
1900	八國聯軍占領北京
1911	發生辛亥革命。中華民國成立

附錄二：臺灣歷史文化經濟年表

年　代	大　事
西元前 8000	舊石器時代晚期文化──長濱文化（代表遺址為八仙洞遺址）
7000	新石器時代代表文化──大坌坑文化（代表遺址為大坌坑遺址）、圓山文化、卑南文化（代表遺址為卑南遺址）
6000	屬於南島語系的臺灣原住民開始在臺灣活動
2000	金屬器時代代表文化──十三行文化、蔦松文化、靜浦文化
西元 230	孫權派衛溫等航行到達夷州
607	隋朝將軍朱寬橫渡臺灣海峽，到達流求
1281	元朝於澎湖設巡檢司，隸屬福建同安
1387	明朝因東南沿海長年海盜倭寇為患，追剿無功，澎湖反成盜寇巢穴，遂依部將湯和所請，行徙民墟地政策，廢巡檢司，將原有居民遷至泉、漳二州安置
1544	臺灣被航經臺灣海峽的葡萄牙船員命名為「福爾摩沙」(Ilha Formosa)，是葡語「美麗之島」的意思
1563	明朝名將俞大猷痛擊占澎海賊與倭寇，駐偏師於澎湖，朝廷依其所奏復設澎湖巡檢司，唯俞大猷去職後巡檢司也被廢止
1580	西班牙耶穌會教士前往澳門，歸途遇颱風抵臺
1592	日本海盜侵擾臺灣雞籠、滬尾（基隆、淡水）
1593	日本豐臣秀吉派家臣原田孫七郎到臺灣催促納貢未成
1604	荷蘭人韋麻郎率大船三艘開入澎湖，是時澎湖無兵駐守，即登陸，半商半軍，在媽祖宮（現今馬公）開洋貨攤。明朝朝廷派浯嶼都司沈有容諭退韋麻郎，有石碑記錄之，現存於澎湖馬公天后宮內
1609	荷蘭商船至澎湖，適逢澎湖汛兵戍守期，無法登陸而離去
1621	顏思齊率鄭芝龍等二十六人在北港登岸

1622	荷蘭聯合東印度公司占領了澎湖，作為東亞貿易的轉口基地
1624	荷蘭人和明朝官方達成協議，轉移至臺灣島，明朝則不干涉荷蘭對臺灣的占領。荷蘭人占臺以後，在「一鯤身」（今臺南安平）築起了「熱蘭遮城」，以此作為統治臺灣的中心
1626	西班牙人占領了臺灣北部的雞籠（今基隆），並於社寮島（今和平島）築城而稱之為聖薩爾瓦多城
1627	臺灣史上第一個傳教士——荷蘭籍的甘治士 (Georgius Candidius)——抵達臺灣進行傳教工作
1628	西班牙人占滬尾，並建「聖多明哥城」（今紅毛城原址）。日本人濱田彌兵衛俘荷蘭臺灣長官 Nyuts，即所謂的「濱田彌兵衛事件」
1632	西班牙人溯淡水河進入臺北平原；西班牙人占蛤仔難沿岸
1639	由於德川幕府的鎖國政策，日本、臺灣間貿易中斷
1642	荷蘭人奪取「聖多明哥城」，將西班牙人趕離臺灣
1649	荷蘭人購一百二十頭牛來臺，牛於是成為臺灣耕種與交通工具
1652	以郭懷一為領袖的漢移民對臺灣的荷蘭人政府展開大規模的反抗事件，不幸失敗，約六千名漢人被荷人所殺害，史稱「郭懷一事件」
1653	荷蘭人加強「普羅民遮城」工事
1661	鄭成功攻臺，立臺灣為東都，赤崁為承天府，置天興、萬年二縣
1662	鄭成功正式攻下「熱蘭遮城」，荷蘭人投降。鄭成功歿，其弟鄭世襲自立，其子鄭經在思明即位，不久入東都
1664	鄭經改東都為東寧，天興、萬年改為州，形成獨立王國
1666	鄭經接受名臣陳永華的建議，在寧南坊（在今臺南市南門路）興建孔廟；又仿明制，三年科考一次
1670	鄭經與英國人簽訂通商條款
1673	沈光文設私塾教育平埔族人
1674	清朝發生「三藩之亂」，鄭經乘機從海上出兵，遭失敗

1680	鄭經撤出廈門，完全退守臺灣
1681	鄭經歿，鄭克塽繼位
1683	施琅率清軍攻臺灣，鄭克塽投降，鄭氏王朝滅亡。施琅上呈〈臺灣棄留疏〉，反對放棄臺灣
1684	將臺灣納入清朝版圖，成為福建省臺灣府，下設臺灣、諸羅、鳳山三縣。清朝依施琅之議，即時公佈《臺灣編查流寓則例》，其內容含有嚴格規定臺灣居民及漢人渡臺三禁令
1686	清朝下令「臺灣駐防兵丁，三年之中陸續更換」，即所謂「班兵」。客家人至下淡水平原（今屏東）開墾。墾首施東之子施世榜，利用濁水溪的河水，從該年開始建設，一直到三十四年後，才築成大埤圳，灌溉了半線地區的田園，稱為「八堡圳」，又稱「施厝圳」
1693	清朝商人陳文、林侃因船遇風暴漂至岐萊（今花蓮），居留經年，為漢人首次至花東地區
1709	陳賴章墾號墾殖大佳臘（臺北一帶），這是臺北盆地被漢人墾殖的開端。施琅完成《靖海紀事》
1714	西洋教士雷孝思 (J. B. Regis)、馮秉正 (Jos de Mailla)、德瑪諾 (R. Hinderer) 等三人，在臺灣實地探勘了三十三天，完成臺灣部分的《皇輿全覽圖》
1716	平埔族原住民頭目阿穆，指揮當地同族協助漢人開墾臺中地方
1719	施厝圳（或稱八堡圳）完工，為清代臺灣最大水利工程
1721	朱一貴反清，稱中興王。這是臺灣民變中唯一占有全臺的事件
1723	置諸羅分縣為彰化（縣治半線）、置淡水、澎湖廳
1725	「臺南三郊」成立，這種商業組織使它所經營的商品更深入農村社會，而外銷的增加，又促使農業生產量（米、糖等）的增加
1727	改分巡臺廈道為臺灣道
1766	南北兩路理番同知設立，專門負責平埔族相關事務

1776	清廷廢止官員不許攜眷來臺的規定，此時清朝已統治臺灣九十四年
1784	清廷設鹿港為新港口，鹿港始成為臺灣中北部政治、文化、經濟重鎮
1786	鹿港龍山寺落成。林爽文起義
1796	吳沙至蛤仔難（今宜蘭縣）開墾
1805	大龍峒保安宮落成
1808	吳沙等人將業已在宜蘭開拓的人，製成住民戶口清冊，攜至臺北艋舺呈繳給閩浙總督方維甸，要求把蛤仔難編入清朝版圖
1810	清政府核准設「噶瑪蘭廳」，廳治設在五圍（今之宜蘭市），首次正式對臺灣東北部的宜蘭進行直接統治
1860	《北京條約》規定臺灣開放淡水及安平港為通商口岸
1862	戴潮春起義。滬尾正式開港
1863	雞籠正式開港
1864	安平和打狗（今高雄）正式開港
1865	英國長老會馬雅各開始在南部傳教
1866	英人陶德在淡水種茶，改善臺茶產銷，展開臺灣茶葉黃金開發期
1867	美國駐廈門領事李仙得和原住民族長卓杞篤締結《災難救助條約》
1871	原住民殺害船難漂流之琉球居民而引起牡丹社事件。加拿大長老會的馬偕抵達淡水，開始在北部傳教
1874	日本出兵臺灣。日本與清朝締結《北京專約》，清承認日本的行動為保民之舉。沈葆楨奉派至臺灣，清朝對臺灣的經營轉為積極
1875	清廷取消內地人民渡臺耕墾禁令，臺灣正式全面開放。除原有的臺灣府以外，另置臺北府，轄淡水、新竹、宜蘭三縣及基隆廳；另於恆春半島設置恆春縣，東部設卑南廳，南投地區設埔里社廳。在沈葆楨的奏請和監督下，總兵吳光亮完成

	橫貫臺灣東西部的八通關古道
1877	架設臺南至旗後電線
1882	馬偕創設牛津學堂
1884	清法戰爭，法軍砲轟基隆
1885	因清法戰爭，臺灣建省，劉銘傳就任首任臺灣巡撫。在六年任期內，使臺灣成為全清最進步的一省。《臺灣府城教會報》創刊
1886	劉銘傳著手清賦事業，創設保甲制度
1887	設鐵路總局於臺北城，開辦臺灣鐵路，中國第一條官辦客運鐵路
1888	開辦臺灣郵政；並在臺北設置水力發電廠，為臺灣電力之創始
1895	清日締結《馬關條約》，將臺灣、澎湖割讓給日本。臺灣總督府成立，樺山資紀為首任總督。臺灣民主國發表獨立宣言，舉行獨立儀式（5 月 25 日），唐景崧任總統。日本近衛師團在澳底登陸。日本軍占領基隆，同日，臺灣民主國總統唐景崧逃亡廈門。日軍未遇抵抗即進入臺北（6 月 7 日）。臺灣總督府在臺北舉行始政儀式，定此日為「始政紀念日」（6 月 17 日）。臺灣民主國大將軍劉永福逃至廈門，臺灣民主國崩潰。樺山總督向大本營報告全島敉平
1896	原敬向臺灣事務局提出「臺灣問題二案」。「六三法」實施。總督府設立「撫墾署」，處理原住民事務
1897	「住民去就決定日」臺灣住民的國籍選擇最後期限
1898	兒玉源太郎總督，後藤新平民政長官赴臺就任。保甲制度、壯丁團設立，以輔助警力之不足。土地調查業務開始。〈匪徒刑罰令〉實施
1899	臺灣總督府醫學校（今國立臺灣大學醫學院前身）正式成立。臺灣銀行開始營業。師範教育在臺開始萌芽
1900	中醫師黃玉階在臺北大稻埕成立「臺北天然足會」。三井投資的臺灣製糖株式會社設立，為臺灣第一家新式製糖工廠
1901	頒佈〈臺灣公共埤圳規則〉。新渡戶稻造提出《臺灣糖業改良

	意見書》。頒佈〈臨時臺灣舊慣調查會規則〉
1905	土地調查業務結束。臺灣總督府已不再需要接受中央政府的補助款。龜山發電所完工，為臺灣首座發電廠。臺灣實施戶口調查
1906	「六三法」改為「三一法」
1907	新竹北埔事件
1908	縱貫鐵路（基隆至高雄）全線通車
1911	阿里山鐵路開通
1912	竹農攻擊日本人，爆發林圯埔事件。臺灣總督府新官衙動工
1913	臺北市開始通行公共汽車（臺北至圓山）。羅福星事件爆發
1914	臺灣同化會成立
1915	臺灣同化會解散。余清芳西來庵事件（又稱「噍吧哖事件」）
1918	中央山脈橫貫公路完成
1919	頒佈〈臺灣教育令〉，確立日本在臺的教育制度。臺灣總督府新建築完成。臺灣電力株式會社設立。臺灣總督府首任文官總督田健治郎到任
1920	以在日臺灣人留學生為核心，在東京成立新民會，林獻堂、蔡惠如為會長，開始推動政治改革運動。在日臺灣人留學生刊行《臺灣青年》雜誌。臺灣地方改制，大量更改臺灣地名，確立臺灣行政區劃。連橫《臺灣通史》出版
1921	向日本帝國議會提出第一次〈臺灣議會設置請願書〉。「三一法」改為「法三號」。由臺北鐵道株式會社集資興建的臺北新店線鐵路完工通車。臺灣文化協會成立，從事文化啟蒙運動
1922	《治安警察法》在臺灣實施
1923	《臺灣民報》於東京創刊。攝政皇太子裕仁（昭和天皇）視察臺灣
1925	桃園大圳竣工。蔗農爭取權益，發生「二林事件」
1927	臺灣文化協會分裂，部分人士另組「臺灣民眾黨」，為臺灣人第一個政治團體，要求地方自治

1928	總督府設立臺北帝國大學，為臺灣大學前身。「臺灣共產黨」（日本共產黨臺灣民族支部）成立於上海法國租界
1929	臺灣總督府開始刊行《臺灣關係史料》
1930	嘉南大圳正式通水啟用。霧社事件
1931	臺灣民族運動領袖蔣渭水逝世
1932	臨海道路（今蘇花公路）竣工
1934	臺灣文藝協會成立。日月潭水力發電廠完工
1935	首屆臺灣地方議員選舉
1936	楊逵創刊《臺灣新文學》雜誌
1937	臺灣總督府開始禁止新聞的漢文欄。中日戰爭爆發，日政府派武官總督。日月潭第二期發電所竣工。臺灣軍伕奉召至中國戰場
1940	臺灣人的改姓名開始。臺灣第一座交通號誌在臺北御成町運轉
1941	「臺灣革命同盟會」在重慶成立。推動皇民化「皇民奉公會」
1942	第一批臺灣人志願兵入伍
1943	開始實施六年制義務教育。盟軍開始空襲臺灣
1944	殖民政府對臺灣人開始實施徵兵制
1945	中華民國政府代表盟軍接收臺灣（10 月 25 日）
1946	臺灣實施地方自治
1947	二二八事件
1949	三七五減租。軍警憲衝入國立臺灣大學及臺灣省立師範學院男生宿舍逮捕百餘名學生，是為「四六事件」（4 月 6 日）。全省戒嚴。發行新臺幣。中華民國政府撤退來臺

巫者的世界

林富士　著

咒法祭儀、占卜吉凶——古代巫者肩負溝通天、地、人、鬼的職責，以「神靈代言人」的身分接近政治權力核心，甚至能為人們消災解厄、醫病除疾。然而，隨著時代進展，巫者卻因技能奇巧、神秘難測，漸被貶斥為怪力亂神，成為社會邊緣人。為何巫者的地位與角色會歷經如此翻天覆地的轉變？本書由巫者的政治、社會地位與形象切入，以豐富的文獻、嚴謹的學術考證與多元角度，深度刻畫巫覡信仰在漫漫歷史中的起落無常，帶領讀者穿過奇幻詭譎的迷霧，重新認識這群人類文明中最古老卻鮮活的角色。

清代科舉

劉兆璸　著

「十年寒窗無人問」，科舉考試大不易；擠破頭、考到老，只求「一舉成名天下知」！中國科舉制度始於隋唐，自此成為歷代統治者擇賢取士的重要管道，也是統治者用來安定政治、攏絡人才的工具，尤其發展至清一代，為了金榜題名鐵飯碗，天下學子花招百出，因此科舉制度在相關規範及防弊措施上更為嚴謹、周全。本書以「清代科舉」為論述中心，內容蒐羅廣袤、徵引有據，期能作為歷代科舉制度的概見，而且作者立意取材精要、用詞淺白，適合當作中國典章制度的入門書籍，幫助讀者認識科舉制度之大要。

解讀梁啟超

楊照　策劃｜主編

中國現代思想的形成無不受梁啟超的影響與啟發，其論述是歷史中的轟鳴巨響，這些觀念對今日的我們而言，依然深具閱讀與思索的價值。本書以「啟迪民智」為核心，選錄四十餘篇梁啟超最具代表性與影響力的文章，依主題分類為學術思想、社會文化觀點與人生觀等，並由主編楊照老師撰寫導讀與提要，引領讀者體會梁啟超寫作的初衷，及字裡行間對國家、對人民進步前行的殷切期盼。

解讀章太炎

楊照　策劃│主編

在民初劇烈的政治動盪中，章太炎從一位純粹的學者，轉型成為革命的知識分子。 在學術上，章太炎與康有為等維新派相對立，受現實刺激而大張排滿旗幟寫革命文章，和鼓吹立憲的梁啟超又是不同立場。因政治而歷經的曲折，促使一位以考據自矜的樸學大師，從國故、宗教當中翻找出能因應時局的迫切需求，而成為為改變時勢而治學的文化使者。今日讀他的文章，或可從中西之學的激盪之中，找到因應時局變遷的方法。

解讀陳垣

楊照　策劃│主編

清末民初，知識分子將學問重點從傳統經學、理學轉向史學，試圖在西化被奉為一切圭臬的潮流裡，透過歷史來闡述中國文化的價值。人才輩出的年代，陳垣博覽群書、詳考細究，在宗教史、目錄學等方面累積豐富成果。然而他不止於著述，更勇於擔負知識分子的責任，毅然投身政治界、學術界的活動，貢獻己力推動變革。透過本書，從陳垣的身上窺見時代變亂如何塑造學者典範，學者又如何以學、思、行回應時代不安。

解讀呂思勉

楊照　策劃│主編

呂思勉受民族史學與白話文潮流影響，撰述第一本白話中國通史與多本中學歷史教科書。有別於傳統以帝王將相為主的史觀，他從多民族、社會、文化學術、政治制度等主題切入，期望展現更宏觀、更有系統的中國史，同時透過對歷史人物的重新評價、比對歷史與現實的異同，藉以傳達其對現實的關照。本書選錄三十餘篇呂思勉的文章看他如何奮勉問學、堅持他的學術與教育理念，進而理解其關照、改變現實的殷切盼望。

國家圖書館出版品預行編目資料

中國古代文化經濟史／張永昇編著.－－二版一刷.－
－臺北市：三民，2023
面； 公分.

ISBN 978-957-14-7655-1 （平裝）

1. 文化史 2. 經濟史 3. 中國

630   112009323

中國古代文化經濟史

編 著 者	張永昇
發 行 人	劉振強
出 版 者	三民書局股份有限公司
地　　址	臺北市復興北路 386 號 (復北門市) 臺北市重慶南路一段 61 號 (重南門市)
電　　話	(02)25006600
網　　址	三民網路書店 https://www.sanmin.com.tw
出版日期	初版一刷 2007 年 9 月 初版七刷 2016 年 1 月 二版一刷 2023 年 8 月
書籍編號	S630210
I S B N	978-957-14-7655-1

三民書局